엑스포지멘터리

시가서 개론

엑스포지멘터리 시가서 개론

초판 1쇄 발행 2014년 8월 20일
개정판 1쇄 발행 2023년 4월 20일

지은이 송병현

펴낸곳 도서출판 이엠
등록번호 제25100-2015-000063
주소 서울시 강서구 공항대로 220, 601호
전화 070-8832-4671
E-mail empublisher@gmail.com

내용 및 세미나 문의 스타선교회: 02-520-0877 / EMail: starofkorea@gmail.com / www.star123.kr

ISBN 979-11-86880-97-5 93230

※ 가격은 표지 뒷면에 있습니다.

「이 도서의 국립중앙도서관 출판시 도서목록(CIP)은 서지정보유통지원시스템 홈페이지(http://seoji.nl.go.kr)와 국가자료공동목록시스템(http://www.nl.go.kr/kolisnet)에서 이용하실 수 있습니다. (CIP제어번호:CIP2015000753)」

엑스포지멘터리

시가서 개론

| 송병현 지음 |

EXPOSItory comMENTARY

EM Exposi Mentary

한국 교회를 위한 하나의 희망

저의 서재에는 성경 본문 연구에 관한 많은 책이 있습니다. 그중에는 주석서들도 있고 강해서들도 있습니다. 그러나 그중에 송병현 교수가 시도한 이런 책은 없습니다. 엑스포지멘터리, 듣기만 해도 가슴이 뛰는 책입니다. 설교자와 진지한 성경 학도 모두에게 꿈의 책이 아닐 수 없습니다. 이런 책이 좀 더 일찍 나올 수 있었다면 한국 교회가 어떠했을까를 생각해 봅니다. 저는 이 책을 꼼꼼히 읽어 보면서 가슴 깊은 곳에서 큰 자긍심을 느꼈습니다.

이 책은 지금까지 복음주의 교회가 쌓아 온 모든 학문적 업적을 망라하고 있을 뿐만 아니라 한국 교회 강단이 목말라하는 모든 실용적 갈망에 해답을 던져 줍니다. 이 책에서는 실제로 활용할 수 있는 충실한 신학적 정보가 일목요연하게 제시됩니다. 그러면서도 또한 위트와 감탄을 자아내는 감동적인 적용들도 제공됩니다. 얼마나 큰 축복이며 얼마나 신나는 일이며 얼마나 큰 은총인지요. 저의 사역에 좀 더 일찍 이런 학문적 효과를 활용하지 못한 것이 아쉽기만 합니다. 진실로 한국 교회의 내일을 위해 너무나 소중한 기여라고 생각합니다.

일찍이 한국 교회 1세대를 위해 박윤선 목사님과 이상근 목사님의 기여가 컸습니다. 그러나 이제 한국 교회는 새 시대의 리더십을 열어야 하는 교차로에 서 있습니다. 저는 송병현 교수가 이런 시점을 위해 준비된 선물이라고 생각합니다. 진지한 강해 설교를 시도하고자 하는 모든 이와 진지한 성경 강의를 준비하고자 하는 모든 성경공부 지도자에게 어떤 대가를 지불하고서라도 우선 이 책을 소장하고 성경을 연구하는 책상 가까운 곳에 두라고 권면하고 싶습니다. 앞으로 계속 출판될 책들이 참으로 기다려집니다.

한국 교회는 다행스럽게 말씀과 더불어 그 기초를 놓을 수 있었습니다. 이제는 그 말씀으로 어떻게 미래의 집을 지을 것인가를 고민하고 있습니다. 이 〈엑스포지멘터리 시리즈〉는 분명한 하나의 해답, 하나의 희망입니다. 이 책과 함께 성숙의 길을 걸어갈 한국 교회의 미래가 벌써 성급하게 기다려집니다. 더 나아가 한국 교회 역사의 성과물 중의 하나인 이 책이 다른 열방에도 나누어졌으면 합니다. 이제 우리는 복음에 빚진 자로서 열방을 학문적으로도 섬겨야 하기 때문입니다. 이 책을 한국 교회에 허락하신 우리 주님께 감사와 찬양을 드립니다.

이동원 | 지구촌교회 원로목사

총체적 변화를 가져다줄 영적 선물

교회사를 돌이켜 볼 때, 교회가 위기에 처해 있었다면 결국 강단에서 하나님의 말씀이 제대로 선포되지 못한 데서 그 근본 원인을 찾을 수 있습니다. 영적 분별력이 있는 사람이라면 모두 이에 대해 동의할 것입니다. 사회가 아무리 암울할지라도 강단에서 선포되는 말씀이 살아 있는 한, 교회는 교회로서의 기능이 약화되지 않고 오히려 사회를 선도하고 국민들의 가슴에 희망을 안겨 주었습니다. 백 년 전 영적 부흥이 일어났던 한국의 초대교회가 그 좋은 예입니다. 이러한 영적 부흥은 살아 있는 하나님의 말씀이 강단에서 영적 권위를 가지고 "하나님께서 이렇게 말씀하셨다"라고 선포되었을 때 나타났던 현상입니다.

오늘날에는 날이 갈수록 강단에서 선포되는 말씀이 약화되거나 축소되고 있습니다. 이런 상황 속에서 출간되는 송병현 교수의 〈엑스포지멘터리 시리즈〉는 한국 교회와 전 세계에 흩어진 7백만 한인 디아스포라에게 주는 커다란 영적 선물이 아닐 수 없습니다. 이 시리즈는 하나님의 말씀을 쉽게 이해할 수 있도록 풀이한 것으로, 목회자와 선교사는 물론이고 평신도들의 경건생활과 사역에도 큰 도움이 될 것입니다. 무엇보다도 저는 이 시리즈가 강단에서 원 저자이신 성령님의 의도대로 하나님 나라 복음이 선포되게 하여 믿는 이들에게 총체적 변화(total transformation)를 다시 경험할 수 있는 계기를 마련해 주리라 확신합니다.

송병현 교수는 지금까지 구약학계에서 토의된 학설 중 본문을 석의하는 데 불필요한 내용들은 걸러내는 한편, 철저하게 원 저자가 전하고자 하는 메시지를 현대인들이 가장 잘 이해할 수 있도록 전하고자 부단히 애를 썼습니다. 이 시리즈를 이용하는 모든 이에게 저자의 이런 수고와 노력에 걸맞은 하나님의 축복과 기쁨과 능력이 함께하실 것을 기대하면서 이 시리즈를 적극 추천합니다.

이태웅 | GMTC 초대 원장, 글로벌리더십포커스 원장

주석과 강해의 적절한 조화를 이뤄낸 시리즈

한국 교회는 성경 전체를 속독하는 '성경통독' 운동과 매일 짧은 본문을 읽는 '말씀 묵상'(QT) 운동이 세계 어느 나라 교회보다 활성화되어 있습니다. 얼마나 감사한 일인지 모릅니다. 그러나 상대적으로 책별 성경연구는 심각하게 결핍되어 있는 것이 사실입니다. 때때로 교회 지도자들 중에도 성경해석의 기본이 제대로 갖춰져 있지 않아 성경 저자가 말하려는 의도와 상관없이 본문을 인용해서 자신이 하고 싶은 말을 하는 분들이 적지 않음을 보고 충격을 받은 일도 있습니다. 앞으로 한국 교회가 풀어야 할 과제가 '진정한 말씀의 회복'이라면 이를 위해 가장 중요한 것은 바른 말씀의 세계로 인도해 줄 좋은 주석서와 강해서를 만나는 일일 것입니다.

좋은 주석서는 지금까지 축적된 다른 성경학자들의 연구 결과가 잘 정돈되어 있을 뿐 아니라 저자의 새로운 영적·신학적 통찰이 번뜩이는 책이어야 합니다. 또한 좋은 강해서는 자기 견해를 독자들에게 강요하는(impose) 책이 아니라, 철저한 본문 석의 과정을 거친 후에 추출되는 신학적 • 사회과학적 연구가 배어 있는 책이어야 할 것이며, 글의 표현이 현학적이지 않은, 독자들에게 친절한 저술이어야 할 것입니다.

그러나 솔직히 말씀드리면, 저는 서점에서 한국인 저자의 주석서나 강해서를 만나면 한참을 망설이다가 내려놓게 됩니다. 또 주석서를 시리즈로 사는 것은 어리석은 행동이라는 말을 신학교 교수들에게 들은 뒤로 여간해서 시리즈로 책을 사지 않습니다. 이는 아마도 풍성한 말씀의 보고(寶庫) 가운데로 이끌어 주는 만족스러운 주석서를 아직까지 발견하지 못했기 때문일 것입니다. 그러나 제가 처음으로 시리즈로 산 한국인 저자의 책이 있는데, 바로 송병현 교수의 〈엑스포지멘터리 시리즈〉입니다.

송병현 교수의 〈엑스포지멘터리 시리즈〉야말로 제가 가졌던 좋은 주석서와 강해서에 대한 모든 염원을 실현해 내고 있습니다. 이 주석서는 분명 한국 교회 목회자들과 평신도 성경 교사들의 고민을 해결해 줄 하나님의 값진 선물입니다. 지금까지 없었던, 주석서와 강해서의 적절한 조화를 이뤄낸 신개념의 해설주석이라는 점도 매우 신선하게 다가옵니다. 또한 쉽고 친절한 글이면서도 우물 깊은 곳에서 퍼 올린 생수와 같은 깊이가 느껴집니다. 이 같은 주석 시리즈가 한국에서 나왔다는 사실에 저는 감격하지 않을 수 없습니다. 이 땅에서 말씀으로 세상에 도전하고자 하는 모든 목회자와 평신도에게 이 주석 시리즈를 적극 추천합니다.

이승장 | 예수마을교회 목사, 성서한국 공동대표

시리즈 서문

"너는 50세까지는 좋은 선생이 되려고 노력하고, 그 이후에는 좋은 저자가 되려고 노력해라." 내가 시카고 근교에 위치한 트리니티 신학교(Trinity Evangelical Divinity School) 박사과정을 시작할 즘에 지금은 고인이 되신 스승 맥코미스키(Thomas E. McComiskey)와 아처(Gleason L. Archer) 두 교수님께서 주신 조언이었다. 너무 일찍 책을 쓰면 훗날 아쉬움이 많이 남는다며 하신 말씀이었다. 박사학위를 마치고 1997년에 한국에 들어와 신대원에서 가르치기 시작하면서 나는 이 조언을 마음에 새겼다. 사실 이 조언과 상관없이 내가 당시에 당장 책을 출판한다는 일은 불가능한 일이었다. 중학교를 다니던 70년대 중반에 캐나다로 이민을 갔다가 20여 년 만에 귀국하여 우리말로 강의하는 일 자체가 당시 나에게는 매우 큰 도전이었으며, 책을 출판하는 일은 사치로 느껴졌기 때문이다.

세월이 지나 어느덧 나는 선생님들이 말씀하신 50을 눈앞에 두었다. 1997년에 귀국한 후 지난 10여 년 동안 나는 구약 전체에 대한 강의안을 만드는 일을 목표로 삼았다. 내 자신에게 동기를 부여하기 위하여 내가 몸담고 있는 신대원 학생들에게 매 학기마다 새로운 구약 강해과

목을 개설해 주었다. 감사한 것은 지혜문헌을 제외한 구약 모든 책의 본문관찰을 중심으로 한 강의안을 13년 만에 완성할 수 있었다는 점이다. 앞으로 수년에 걸쳐 이 강의안들을 대폭 수정하여 매년 2-3권씩을 책으로 출판하려 한다. 지혜문헌은 잠시 미루어두었다. 시편 1권(1-41편)에 대하여 강의안을 만든 적이 있었는데, 본문관찰과 주해는 얼마든지 할 수 있었지만, 무언가 아쉬움이 남았다. 삶의 연륜이 가미되지 않은 데서 비롯된 부족함이었다. 그래서 나는 지혜문헌에 대한 주석은 60을 바라볼 때쯤 집필하기로 작정했다. 삶을 조금 더 경험한 후로 미루어 놓은 것이다. 아마도 이 시리즈가 완성될 때쯤이면, 자연스럽게 지혜문헌에 대한 책들을 출판할 때가 되지 않을까 싶다.

이 시리즈는 설교를 하고 성경공부를 인도해야 하는 중견목회자들과 평신도 지도자들을 마음에 두고 집필한 책들이다. 나는 이 시리즈의 성향을 exposimentary('해설주석')이라고 부르고 싶다. Exposimentary라는 단어는 내가 만들어낸 용어이다. 해설/설명을 뜻하는 expository라는 단어와 주석을 뜻하는 commentary를 합성하였다. 대체적으로 expository는 본문과 별 연관성이 없는 주제와 묵상으로 치우치기 쉽고, commentary는 필요이상으로 논쟁적이고 기술적일 수 있다는 한계를 의식해서 이러한 상황을 의도적으로 피하고 가르치는 사역에 조금이나마 실용적이고 도움이 되는 교재를 만들기 위하여 만들어낸 개념이다. 나는 본문의 다양한 요소와 이슈들에 대하여 정확하게 석의하면서도 전후 문맥과 책 전체의 문형(文形; literary shape)을 최대한 고려하여 텍스트의 의미를 설명하고 우리의 삶과 연결하려고 노력했다. 또한 히브리어 사용은 최소화했다.

이 시리즈를 내놓으면서 감사할 사람이 참 많다. 먼저, 지난 25년 동안 나의 인생의 동반자가 되어 아낌없는 후원과 격려를 해주었던 아내 임우민에게 감사한다. 아내를 생각할 때마다 참으로 현숙한 여인을(cf. 잠31:10-31) 배필로 주신 하나님께 감사할 뿐이다. 아빠의 사역을 기도와 격려로 도와준 지혜, 은혜, 한빛에게도 고마운 마음을 표한다. 평생 기도와 후원을 아끼지 않은 친가와 처가 친척들에게도 감사하다는 말을 전하고 싶다. 항상 옆에서 돕고 격려해 준 평생친구 장병환·윤인옥 부부에게도 고마움을 표하는 바이며, 시카고 유학시절에 큰 힘이 되어 주셨던 이선구 장로님·최화자 권사님 부부에게도 이 자리를 빌려 평생 빚진 마음을 표하고 싶다. 우리 가족이 20여 년 만에 귀국하여 정착할 수 있도록 배려를 아끼지 않으신 백석학원 설립자 장종현 목사님에게도 감사하는 바이다. 우리 부부의 영원한 담임목자이신 이동원 목사님에게도 고마움을 표하고 싶다.

2009년 겨울 방배동에서

감사의 글

『엑스포지멘터리 시가서 개론』을 허락하신 하나님께 감사드립니다. STAR 선교회의 사역에 물심양면으로 헌신하여 오늘도 하나님의 말씀이 온 세상에 선포되는 일에 기쁜 마음으로 동참하시는 백영걸, 정진성, 장병환, 임우민, 정채훈, 강숙희 이사님들께도 감사의 마음을 전하고 싶습니다. 이사님들의 헌신이 있기에 세상은 조금 더 살맛 나는 곳이 되고 있습니다.

2014년 세월호 희생자들을 기리며 방배동에서

일러두기

엑스포지멘터리(exposimentary)는 '해설/설명'을 뜻하는 엑스포지토리(expository)라는 단어와 '주석'을 뜻하는 코멘터리(commentary)를 합성한 단어이다. 본문의 뜻과 저자의 의도와는 별 연관성이 없는 주제와 묵상으로 치우치기 쉬운 엑스포지토리(expository)의 한계와 필요 이상으로 논쟁적이고 기술적일 수 있는 코멘터리(commentary)의 한계를 극복하여 목회 현장에서 가르치고 선포하는 사역에 실질적으로 도움이 되도록 하는 새로운 장르이다. 본문의 다양한 요소와 이슈들에 대하여 정확하게 석의하면서도 전후 문맥과 책 전체의 문형(文形; literary shape)을 최대한 고려하여 텍스트의 의미를 설명하고 성도의 삶과 연결하려고 노력하는 설명서이다. 엑스포지멘터리는 다음과 같은 원칙을 바탕으로 인용한 정보를 표기한다.

1. 참고문헌을 모두 표기하지 않고 선별된 참고문헌으로 대신한다.
2. 출처를 표기할 때 각주(foot note) 처리는 하지 않는다.
3. 출처 표기는 괄호 안에 하되 페이지는 밝히지 않는다.
4. 여러 학자가 동일하게 해석할 때 모든 학자를 표기하지 않고 일부

만 표기한다.

5. 한 출처를 인용하여 설명할 때, 설명이 길어지더라도 문장마다 출처를 표기하지 않는다.

주석은 목적과 주 대상에 따라 인용하는 정보 출처와 참고문헌 표기가 매우 탄력적으로 제시되는 장르이다. 참고문헌이 없이 출판되는 주석들도 있고, 각주가 전혀 없이 출판되는 주석들도 있다. 또한 각주와 참고문헌이 없이 출판되는 주석들도 있다. 엑스포지멘터리 시리즈는 이 같은 장르의 탄력적인 성향을 고려하여 제작된 주석이다.

선별된 약어표

개역	개역성경
개역개정	개역성경개정판
공동	공동번역
새번역	표준새번역 개정판
현대	현대인의 성경
아가페	아가페 쉬운성경
BHK	Biblica Hebraica Kittel
BHS	Biblica Hebraica Stuttgartensia
ESV	English Standard Version
CSB	Nashville: Broadman & Holman, Christian Standard Bible
KJV	King James Version
LXX	칠십인역(Septuaginta)
MT	마소라 사본
NAB	New American Bible
NAS	New American Standard Bible
NEB	New English Bible

NIV	New International Version
NRS	New Revised Standard Bible
TNK	Jewish Publication Society Tanakh
TNIV	Today's New International Version
AAR	American Academy of Religion
AB	Anchor Bible
ABCPT	A Bible Commentary for Preaching and Teaching
ABD	The Anchor Bible Dictionary
ABR	Australian Biblical Review
ABRL	Anchor Bible Reference Library
ACCS	Ancient Christian Commentary on Scripture
AJSLL	American Journal of Semitic Languages and Literature
AJT	Asia Journal of Theology
ANET	J. B. Pritchard, ed., The Ancient Near Eastern Texts Relating to the Old Testament. 3rd ed Princeton: Princeton University Press, 1969
ANETS	Ancient Near Eastern Texts and Studies
AOTC	Abingdon Old Testament Commentary
ASORDS	American Schools of Oriental Research Dissertation Series
ASTI	Annual of Swedish Theological Institute
BA	Biblical Archaeologist
BAR	Biblical Archaeology Review
BASOR	Bulletin of the American Schools of Oriental Research
BBR	Bulletin for Biblical Research
BCBC	Believers Church Bible Commentary
BCL	Biblical Classics Library
BDB	F. Brown, S. R. Driver & C. A. Briggs, A Hebrew and

	English Lexicon of the Old Testament Oxford: Clarendon Press, 1907
BETL	Bibliotheca Ephemeridum Theoloicarum Lovaniensium
BETS	Bulletin of the Evangelical Theological Society
BibOr	Biblia et Orientalia
BibSac	Bibliotheca Sacra
BibInt	Biblical Interpretation
BJRL	Bulletin of the John Rylands Library
BJS	Brown Judaic Studies
BLS	Bible and Literature Series
BN	Biblische Notizen
BO	Berit Olam: Studies in Hebrew Narrative & Poetry
BR	Bible Review
BRS	The Biblical Relevancy Series
BSC	Bible Student Commentary
BT	The Bible Today
BTCB	Brazos Theological Commentary on the Bible
BV	Biblical Viewpoint
BZAW	Beihefte zur Zeitschrift für die alttestamentliche
CAD	Chicago Assyrian Dictionary
CBC	Cambridge Bible Commentary
CBSC	Cambridge Bible for Schools and Colleges
CBQ	Catholic Biblical Quarterly
CBQMS	Catholic Biblical Quarterly Monograph Series
CB	Communicator's Bible
CHANE	Culture and History of the Ancient Near East
CJ	Concordia Journal

DSB	Daily Study Bible
EBC	Expositor's Bible Commentary
ECC	Eerdmans Critical Commentary
EncJud	Encyclopedia Judaica
EvJ	Evangelical Journal
EvQ	Evangelical Quarterly
ET	Expository Times
ETL	Ephemerides Theologicae Lovanienses
FCB	Feminist Companion to the Bible
FOTL	Forms of Old Testament Literature
GCA	Gratz College Annual of Jewish Studies
GKC	E. Kautszch and A. E. Cowley, Gesenius' Hebrew Grammar. Second English edition. Oxford: Clarendon Press, 1910
GPT	Growing Points in Theology
GTJ	Grace Theological Journal
HALOT	L. Koehler and W. Baumgartner, The Hebrew and Aramaic Lexicon of the Old Testament. Trans. by M. E. J. Richardson. Leiden: E. J. Brill, 1994–2000
HBT	Horizon in Biblical Theology
HMS	Hearing the Message of Scripture: A Commentary on the Old Testament
HSM	Harvard Semitic Monographs
HOTC	Holman Old Testament Commentary
HR	History of Religions
HUCA	Hebrew Union College Annual
IB	Interpreter's Bible

IBC	Interpretation Bible Commentary
IBS	Irish Biblical Studies
ICC	International Critical Commentary
IDB	Interpreter's Dictionary of the Bible
ISBE	G. W. Bromiley (ed.), The International Standard Bible Encyclopedia. 4 vols. Grand Rapids: 1979–88
ITC	International Theological Commentary
J–M	P. Joüon–T. Muraoka, A Grammar of Biblical Hebrew. Part One: Orthography and Phonetics. Part Two: Morphology. Part Three: Syntax. Subsidia Biblica 14/I–II. Rome: Editrice Pontificio Istituto Biblico, 1991
JAAR	Journal of the American Academy of Religion
JANES	Journal of Ancient Near Eastern Society
JNES	Journal of Near Eastern Studies
JBL	Journal of Biblical Literature
JBQ	Jewish Bible Quarterly
JESOT	Journal for the Evangelical Study of the Old Testament
JJS	Journal of Jewish Studies
JSJ	Journal for the Study of Judaism
JNES	Journal of Near Eastern Studies
JSOT	Journal for the Study of the Old Testament
JSOTSup	Journal for the Study of the Old Testament Supplement Series
JPSTC	JPS Torah Commentary
LB	Linguistica Biblica
LCBI	Literary Currents in Biblical Interpretation
LJRC	Listening: Journal of Religion and Culture

MHUC	Monographs of the Hebrew Union College
MJT	Midwestern Journal of Theology
MOT	Mastering the Old Testament
MSG	Mercer Student Guide
MSJ	The Master's Seminary Journal
NAC	New American Commentary
NCB	New Century Bible Commentary
NCBC	New Collegeville Bible Commentary
NEAEHL	E. Stern (ed.), The New Encyclopedia of Archaeological Excavations in the Holy Land. 4 vols. Jerusalem: Israel Exploration Society & Carta, 1993
NIB	New Interpreter's Bible
NIBC	New International Biblical Commentary
NICOT	New International Commentary on the Old Testament
NIDOTTE	W. A. Van Gemeren, ed., The New International Dictionary of Old Testament Theology and Exegesis. Grand Rapids: Zondervan, 1996
NIVAC	New International Version Application Commentary
OBC	Oxford Bible Commentary
Or	Orientalia
OTA	Old Testament Abstracts
OTE	Old Testament Essays
OTEv	Old Testament for Everyone
OTG	Old Testament Guides
OTL	Old Testament Library
OTM	Old Testament Message
OTS	Oudtestamentische Studiën

OTWAS	Ou–Testamentiese Werkgemeenskap in Suid–Afrika
PBC	People's Bible Commentary
PEQ	Palestine Exploration Quarterly
PRR	The Presbyterian and Reformed Review
PSB	Princeton Seminary Bulletin
RevExp	Review and Expositor
RTR	Reformed Theological Review
SBJT	Southern Baptist Journal of Theology
SBLDS	Society of Biblical Literature Dissertation Series
SBLMS	Society of Biblical Literature Monograph Series
SBLSymS	Society of Biblical Literature Symposium Series
SHBC	Smyth & Helwys Bible Commentary
SJOT	Scandinavian Journal of the Old Testament
SJT	Scottish Journal of Theology
SSN	Studia Semitica Neerlandica
TBC	Torch Bible Commentary
TynBul	Tyndale Bulletin
TD	Theology Digest
TDOT	G. J. Botterweck and H. Ringgren (eds.), Theological Dictionary of the Old Testament. Vol. I–. Grand Rapids: Eerdmans, 1974–
TGUOS	Transactions of the Glasgow University Oriental Society
THAT	Theologisches Handwörterbuch zum Alten Testament. 2 vols. Munich: Chr. Kaiser, 1971–1976.
TJ	Trinity Journal
TOTC	Tyndale Old Testament Commentaries
TS	Theological Studies

TWAT	Theologisches Wörterbuch zum Alten Testament. Stuttgart: W. Kohlhammer, 1970–
TWBC	The Westminster Bible Companion
TWOT	R. L. Harris, G. L. Archer, Jr., and B. K. Waltke (eds.), Theological Wordbook of the Old Testament, 2 vols. Chicago: Moody, 1980
TZ	Theologische Zeitschrift
UBT	Understanding Biblical Themes
VE	Vox Evangelica
VT	Vetus Testament
VTSup	Vetus Testament Supplement Series
W–O	B. K. Waltke and M. O'Connor, An Introduction to Biblical Hebrew Syntax. Winona Lake: Eisenbrauns, 1990
WBC	Word Biblical Commentary
WBCom	Westminster Bible Companion
WCS	Welwyn Commentary Series
WEC	Wycliffe Exegetical Commentary
WTJ	The Westminster Theological Journal
ZAW	Zeitschrift für die alttestamentliche Wissenschaft

차례

추천의 글 • 4
시리즈 서문 • 10
감사의 글 • 13
일러두기 • 14
선별된 약어표 • 16

시가서 개론

선별된 참고문헌 • 25

시가서 개론 서론 • 39

욥기 • 83
시편 • 123
잠언 • 183
전도서 • 229
아가 • 263

선별된 참고문헌
(Select Bibliography)

Aitken, K. T. *Proverbs*. DSB. Louisville, KY: Westminster John Knox Press, 1986.

Albertson, R. G. "Job and Ancient Near Eastern Wisdom Literature." Pp. 214–230 in *Scripture in Context II*. Ed. by W. W. Hallo. Winnona Lake, Ind.: Eisenbrauns, 1983.

Alden, R. *Proverbs*. Grand Rapids: Baker Books, 1983.

Alden, R. *Psalms*, 3 vols. Chicago: Moody Press, 1974–1976.

Allen, L. C. *Psalms 101-150*, 2nd ed. WBC. Waco, Tex.: Word, 1983.

Allender, D. B.; T. Longman III. *Bold Purpose: Exchanging Counterfeit Happiness for the Real Meaning of Life*. Wheaton, Ill.: Tyndale, 1998.

Alter, R. *The Wisdom Books*. New York: Norton, 2010.

Andersen, F. I. *Job, An Introduction and Commentary*. Downers Grove, Ill.: InterVarsity Press, 1976.

Anderson, A. A. *Psalms*, 2 vols. NCB. Grand Rapids: Eerdmans, 1972.

Anderson, B. W.; S. Bishop. *Out of the Depths: The Psalms Speak for Us*

Today. Louisville, KY: Westminster John Knox Press, 2000.

Anderson, W. H. U. *Qoheleth and Its Pessimistic Theology: Hermeneutical Struggles in Wisdom Literature*. Lewiston, NY: Mellen Biblical Press, 1997.

Archer, G. *A Survey of Old Testament Introduction*. Chicago: Moody Press, 1964.

Astell, A. W. *The Song of Songs in the Middle Ages*. Ithaca, N. Y.: Cornell University Press, 1990.

Ayo, N. *Sacred Marriage: The Wisdom of the Song of Songs*. New York: Continuum, 1997.

Ballard, W.; D. Tucker, eds. *Introduction to Wisdom Literature and the Psalms*. Festschrift for Marvin E. Tate. Macon, GA.: Mercer University Press, 2000.

Bartholomew, C. G. *Reading Ecclesiastes: Old Testament Exegesis and Hermeneutical Theory*. AnBib. Rome: Pontificio Istituto Biblico, 1998.

Barton, G. A. *A Critical and Exegetical Commentary on the Book of Ecclesiastes*. ICC. New York: Scribner, 1908.

Bellinger, W. H. *Psalms. Reading and Studying the Book of Praises*. Peabody, Mass.: Hendrickson, 1990.

Bergant, D. *Job, Ecclesiastes*. OTM. Collegeville, Minn.: Liturgical, 1990.

Bergant, D. *Song of Songs: The Love Poetry of Scripture*. Spiritual Commentaries. Hyde Park, N. Y.: New City Press, 1998.

Bickerman, E. J. *Four Strange Books of the Bible: Jonah, Daniel, Koheleth, Esther*. New York: Schocken, 1967.

Bloch, A.; C. Bloch. *Song of Songs*. New York: Random House, 1995.

Blommerde, A. C. M. *Northwest Semitic Grammar and Job*. Biblica et orientalia. Rome: Pontifical Biblical Institute, 1969.

Boadt, L. *Sayings of the Wise: The Legacy of King Solomon*. CBS. New York: St. Martin's, 1999.

Boadt, L., ed. *The Song of Solomon: Love Poetry of the Spirit*. CBS. New York: St. Martin's, 1999.

Bottoms, L. *Ecclesiastes Speaks to Us Today*. Atlanta: John Knox, 1979.

Brenner, A. *The Song of Songs*. OTG. Sheffield: JSOT Press, 1989.

Bricker, D. P. "Innocent Suffering in Mesopotamia." TynBul 52(2001): pp. 121-142.

Brueggemann, W. *The Message of the Psalms*. Philadelphia: Augusburg Press, 1984.

Bullock, C. H. *An Introduction to the Old Testament Poetic Books*. Chicago: Moody Press, 1979.

Bullock, C. H. *Encountering the Book of Psalms: A Literary and Theological Introduction*. Grand Rapids: Baker Books, 2001.

Burrell, D. B. *Deconstructing Theology: Why Job Has Nothing to Say to the Puzzle of Suffering*. Grand Rapids: Brazos Press, 2007.

Buttenweiser, M. *The Book of Job*. London: Hodder and Stoughton, 1922.

Carr, G. L. *The Song of Solomon*. TOTC. Downers Grove, Ill.: InterVarsity, 1984.

Ceresko, A. *Job 29-31 in the Light of Northwest Semitic*. Rome: Pontifical Biblical Institute, 1980.

Cheney, M. *Dust, Wind and Agony: Character, Speech and Genre in Job*. Lund: Almqvist &Wiksell, 1994.

Chistianson, E. S. *A Time to Tell: Narrative Strategies in Ecclesiastes*.

JSOTSS. Sheffield: Sheffield Academic Press, 1998.

Chittister, J.; A. Swanson. *There Is a Season*. Maryknoll, N. Y.: Orbis, 1995.

Clifford, R. *Proverbs*. OTL. Louisville, KY: Westminster John Knox Press, 1999.

Clines, D. J. A. "Psalm Research Since 1955." TynBul. 20 (1969): pp. 105-125.

______. *Job 1-20*. WBC. Dallas: Word, 1989.

Collins, J. J. *Proverbs, Ecclesiastes*. KPG. Atlanta: John Knox, 1980.

Cooke, G. A. *A Critical and Exegetical Commentary on the Book of Ecclesiastes*. ICC. Edinburgh: T. & T. Clark, 1959.

Crenshaw, *J. L. Ecclesiastes: A Commentary*. OTL. Philadelphia: Westminster, 1987.

Dahood, M. *Ugaritic-Hebrew Philology*. Rome: Pontifical Biblical Institute, 1965.

Davidson, A. B. *The Book of Job*. CBC. Cambridge: Cambridge University Press, 1918.

Davidson, R. *Ecclesiastes and the Song of Solomon*. DSBOT. Edinburgh: Saint Andrew, 1986.

De Moor, R. *God's Backyard: A Fresh Look at Ecclesiastes*. Grand Rapids: CRC Publications, 1993.

Delitzsch, F. *Commentary on the Song of Songs and Ecclesiastes*. Keil & Delitzsch. Grand Rapids: Eerdmans, 1968.

Delitzsch, F. *Job: Biblical Commentary on the Old Testament*. repr. Grand Rapids: Eerdmans, 1971.

Dick, M. B. "The Neo-Assyrian Royal Lion Hunt and Yahweh's Answer to Job." JBL 125(2006): pp. 243-270.

Dillows, S. J. *Solomon on Sex*. New York: Nelson, 1977.

Driver, S. R. *Introduction to the Literature of the Old Testament*. Edinburgh: T. & T. Clark, 1909.

Driver, S. R.; G. B. Gray. *A Critical and Exegetical Commentary on the Book of Job*. ICC. 2nd ed. Edinburgh: T & T Clark, 1950.

Eaton, J. H. *Psalms*. TBC. London: SCM Press, 1967.

Eaton, M. A. *Ecclesiastes: An Introduction and Commentary*. TOTC. Downers Grove, Ill.: InterVarsity Press, 1983.

Elder, D. *The Song of Songs and Enlightenment: A Metaphysical Interpretation*. Marina del Rey, Calif.: DeVorss, 1988.

Elliott, M. T. *The Literary Unity of the Canticle*. New York: Peter Lang, 1989.

Ewald, G. H. A. *Commentary on the Book of Job*. Trans. by J. F. Smith. Edinburgh: Williams & Norgate, 1982.

Exum, J. C. "A Literary and Structural Analysis of the Song of Songs." ZAW 85(1973): pp. 47–79.

Falk, M. *Love Lyrics from the Bible: A Translation and Literary Study of the Song of Songs*. Sheffield: Almond Press, 1982.

Farmer, K. A. *Proverbs and Ecclesiastes*. ITC. Grand Rapids: Eerdmans, 1991.

______. *Who Knows What Is Good? A Commentary on the Books of Proverbs and Ecclesiastes*. ITC. Grand Rapids: Eerdmans, 1991.

Fox, M. V. *Proverbs 1-9: A New Translation with Introduction and Commentary*. New York: Doubleday, Dell Publishing Group, 2000.

______. *Qohelet and His Contradictions*. JSOTSS. 71. Sheffield: Sheffield Academic Press, 1989.

_____. *The Song of Songs and the Ancient Egyptian Love Songs*. Madison, Wis.: University of Wisconsin Press, 1985.

Fredericks, D. C. *Coping with Transience: Ecclesiastes on Brevity in Life*. Sheffield: JSOT Press, 1993.

Fretheim, T. E. *Creation Untamed*. Grand Rapids: Baker Books, 2010.

Fuerst, W. J. *Ruth, Esther, Ecclesiastes, the Song of Songs, Lamentations*. CBC. Cambridge: Cambridge University Press, 1975.

Garrett, D. A. *Proverbs, Ecclesiastes, Song of Songs*. NAC. Nashville: Broadman, 1993.

Gerstenberger, E. S. *Psalms, Part 2 and Lamentations*. FOTL. Grand Rapids: Eerdmans, 2001.

_____. *Psalms*, vol. 1. FOTL. Grand Rapids: Eerdmans, 1988.

Gillingham, S. E. *The Poems and Psalms of the Hebrew Bible*. Oxford: Oxford University Press, 1994.

Ginsberg, C. D. *The Song of Songs and Coheleth (Commonly Called the Book of Ecclesiastes)*. The Library of Biblical Studies. New York: Ktav, 1970.

Glatzer, N. N. *The Dimensions of Job: A Study and Selected Readings*. New York: Schocken, 1969.

Gledhill, T. *The Message of the Song of Songs: The Lyrics of Love*. BST. Downers Grove, Ill.: InterVarsity Press, 1994.

Glickman, S. C. *A Song for Lovers*. Downers Grove, Ill.: InterVarsity Press, 1976.

Gollwitzer, H. *Song of Love: A Biblical Understanding of Sex*. Philadelphia: Fortress, 1979.

Goppelt, L. *Typos: The Typological Interpretation of the Old Testament in the New*. Grand Rapids: Eerdmans, 1982.

Gordis, R. *Koheleth--The Man and His World: A Study of Ecclesiastes*. 3rd ed.

New York: Schocken, 1968.
_____. *The Book of God and Man: A Study of Job*. Chicago: University of Chicago Press, 1965.
_____. *The Song of Songs and Lamentations*. Rev. ed. New York: Ktav, 1974.
Goulder, M. D. *The Song of Fourteen Songs*. JSOTSup. Sheffield: JSOT Press, 1986.
Gray, J. "The Book of Job in the Context of Near Eastern Literature." ZAW 82(1970): pp. 251–269.
Guilleaume, A. *Studies in the Book of Job*. Annual of the Leeds University Oriental Society Supplement. Leiden: E. J. Leiden: E. J. Brill, 1968.
Habel, N. C. *The Book of Job*. OTL. Philadelphia: Westminster Press, 1985.
Hall, J.; E. A. Matter; G. T. Sheppard. *Solomon's Divine Arts*. PCC. Cleveland: Pilgrim, 1991.
Handy, L. K. "The Authorization of Divine Power and the Guilt of God in the Book of Job: Useful Ugaritic Parallels." JSOT 60(1993): pp. 107–118.
Hartley, J. E. *Job*. NICOT. Grand Rapids: Eerdmans, 1988.
Hengstenberg, E. W. *Commentary on Ecclesiastes*. Philadelphia: Smith, 1860.
Hoffman, Y. "Ancient Near Eastern Literary Conventions and the Restoration of the Book of Job." ZAW 103(1991): pp. 399–411.
Holloway, G. *The Main Thing: A New Look at Ecclesiastes*. Abilene, Tex.: Abilene Christian University Press, 1997.
Hubbard, D. A. *Beyond Futility: Messages of Hope from the Book of*

Ecclesiastes. Grand Rapids: Eerdmans, 1976.

_____. *Proverbs*. Waco, Tex.: Word, 1989.

Jackson, D. R. *The Gospel According to Job: Crying Out for Vindication*. Phillipsburg, N. J.: Presbyterian and Reformed Publishing, 2007.

Janzen, J. G. *Job*. Interpretation. Louisville: John Knox Press, 1985.

Jastrow, M. *The Book of Job*. Philadelphia: J. B. Lippencott, 1920.

Kaiser, W. C. *Ecclesiastes: Total Life*. Chicago: Moody, 1979.

Kaufmann, Y. *History of the Religion of Israel from the Babylonian Captivity to the End of Prophecy*. Trans. by C. E. Froymsen. New York: Ktav, 1976.

Keel, O. *The Song of Songs*. CC. Trans. by F. J. Gaiser. Minneapolis: Fortress, 1994.

Kidner, D. *A Time to Mourn, and a Time to Dance: Ecclesiastes and the Way of the World*. BST. Downers Grove, Ill.: InterVarsity, 1976.

_____. *Proverbs*. TOTC. Downers Grove, Ill.: InterVarsity Press, 1964.

_____. *Psalms*, 2 vols. TOTC. Downers Grove, Ill.: InterVarsity Press, 1973–1975.

Kissane, E. J. The Book of Job. Dublin: Browne and Nolan, 1939.

Kline, M. "Job." Pp. 459–490 in *Wycliffe Bible Commentary*. Ed. by E. F. Harrison and C. F. Pfeiffer. Chicago: Moody Press, 1962.

Knight, G. A. F. *Psalms*, 2 vols. DSB. 1982–1983.

Knight, G. A. F.; F. W. Golka. *Revelation of God: A Commentary on the Books of the Song of Songs and Jonah*. ITC. Grand Rapids: Eerdmans, 1988.

Konkel, A. H. "Job." Pp. 1–249 in *Job, Ecclesiastes, Son of Songs*. Ed. by P. W. Comfort. Downers Grove, Ill.: Tyndale, 2006.

Koptak, P. *Proverbs*. NIVAC. Grand Rapids: Zondervan, 2003.

Kramer, S. N. "'Man and His God': A Sumerian Variation on the 'Job' Motif." Pp. 170–182 in *Wisdom in Israel and in the Ancient Near East*. Ed. by M. Noth and D. W. Thomas. Leiden: E. J. Brill, 1955.

Kramer, S. N. *The Sacred Marriage Rite*. Bloomington, Ind.: Indiana University Press, 1969.

Kraus, H–J. *Psalms*, 2 vols. Minneapolis: Fortress, 1987–1989.

Kreeft, P. *Three Philosophies of Life: Ecclesiastes--Life As Vanity, Job--Life As Suffering, Song of Song--Life As Love*. San Francisco: Ignatius, 1989.

Krüger, T. *Qoheleth: A Commentary*. Trans. by O. C. Dean, Jr. Hermeneia. Minneapolis: Fortress, 2004.

Lacocque, A. *Romance, She Wrote: A Hermeneutical Essay on Song of Songs*. Harrisburg, Pa.: Trinity Press International, 1998.

Lambert, W. G. *Babylonian Wisdom Literature*. Oxford: Clarendon, 1960.

Landy, F. *Paradoxes of Paradise: Identity and Difference in the Song of Songs*. Sheffield: Sheffield Academic Press, 1983.

Loader, J. A. *Ecclesiastes*. Tex and Interpretation. Grand Rapids: Eerdmans, 1986.

Lohfink, N. *Qoheleth*. CC. Minneapolis: Fortress, 2002.

Long, A. *Job 28 as Rhetoric: An Analysis of Job 28 in the Context of Job 22-31*. VTS. Leiden: E. J. Brill, 2003.

Longman, T. *How to Read Proverbs*. Downers Grove, Ill.: InterVarsity Press, 2002.

_____. *The Book of Ecclesiastes*. NICOT. Grand Rapids: Eerdmans, 1998.

_____. *Job*. Grand Rapids: Baker Books, 2012.

MacLeish, A. *Job, A Play in Verse*. Boston: Houghton Mifflin, 1957.

Magdalene, F. R. *On the Scales of Righteousness: Neo-Babylonian Trial Law and the Book of Job*. Brown Judaic Studies. Providence, R. I.: Brown Judaic Studies, 2007.

Maloney, G. A. *Singers of the New Song: A Mystical Interpretation of the Song of Songs*. Notre Dame, Ind.: Ave Maria, 1985.

Mason, M. *The Mystery of Marriage*. Portland: Multnomah, 1985.

Mattingly, G. L. "The Pious Sufferer: Mesopotamia's Traditional Theodicy and Job's Counselors." Pp. 305–348 in *The Bible in the Light of Cuneiform Literature: Scripture in Context III*. Ed. by W. W. Hallo, B. W. Jones, and G. L. Mattingly. Lewiston, N. Y.: Mellen, 1990

Mays, J. L. *Psalms*. Interpretation. Louisville: John Knox Press, 1994.

McKane, W. *Proverbs: A New Approach*. OTL. Louisville, KY: Westminster John Knox Press, 1970.

Meek, T. "The Song of Songs and the Fertility Cult." Pp. 48–79 in *The Song of Songs: A Symposium*. Ed. by W. H. Schoff. Philadelphia: The Commercial Museum, 1924.

Meyer, F. B. Choice Notes on the Psalms. Grand Rapids: Kregel, 1984.

Michel, W. L. *Job in the Light of North West Semitic*, vol. 1. Rome: Pontifical Biblical Institute, 1987.

Munro, J. L. *Spikenard and Saffron: A Study in the Poetic Language of the Song of Songs*. JSOTSup. Sheffield: Sheffield Academic Press, 1995.

Murphy, R. E. *Ecclesiastes*. WBC. Dallas: Word, 1992.

______. *The Gift of the Psalms*. Peabody, Mass.: Hendrickson, 2000.

______. *The Song of Songs*. Hermeneia. Minneapolis: Fortress, 1990.

Neusner, J. *Israel's Love Affair with God: Song of Songs*. Valley Forge, Pa.:

Trinity Press International, 1993.

Newsom, C. A. *The Book of Job: A Contest of Moral Imaginations*. New York: Oxford University Press, 2003.

Ogden, G. *Qoheleth. Readings--A New Biblical Commentary*. Sheffield: Sheffield Academic Press, 1987.

Parsons, G. W. "Guidelines for Understanding and Proclaiming the Psalms. BibSac 147 (1990): pp. 169–187.

Parsons, G. W. "Guidelines for Understanding and Proclaiming the Book of Proverbs." BibSac 150 (1993): pp. 151–170.

Parsons, G. W. "Guidelines for Understanding and Proclaiming the Psalms. BibSac 147 (1990): pp. 169–187.

Perdue, L. *Proverbs*. Interpretation. Louisville, KY: Westminster John Knox Press, 2000.

Perry, T. A. *Dialogues with Kohelet: The Book of Ecclesiastes: Translation and Commentary*. University Park: Pennsylvania State University Press, 1993.

Pope, M. H. *Job*. AB. 3rd ed. New York: Doubleday, 1973.

Pope, M. H. *Song of Songs*. AB. Garden City, N. Y.: Doubleday, 1977.

Provan, I. *Ecclesiastes, Song of Songs*. NIVAC. Grand Rapids: Zondervan, 2001.

Robertson, D. *The Old Testament and the Literary Critic*. Philadelphia: Fortress, 1977.

Ross, A. P. "Proverbs." Pp. 883–1136 in *Expositor's Bible Commentary*, vol. 5. Ed. by F. E. Gaebelein. Grand Rapids: Zondervan, 1991.

Rowley, H. H. "The Interpretation of the Song of Songs." JTS 38 (1937): pp. 337–363.

Rowley, H. H. *The Book of Job*. NCBC. Grand Rapids: Eerdmans, 1980.

Sarna, N. M. "Epic Substratum in the Prose of Job." JBL 76 (1957): pp. 13–25.

Sawyer, J. F. A. "The Authorship and Structure of the Book of Job." pp. 253–257 in *Studia Biblica 1978/1*. Ed. by E. A. Livingstone. JSOTSS. Sheffield: JSOT, 1979.

Schoors, A., ed. *Qohelet in the Context of Wisdom*. BETL. Leuven: Leuven University Press, 1998.

Schwab, G. M. "Song of Songs." Pp. 367–431 in *The Expositor's Bible Commentary Revised Edition*. Vol. 6. Grand Rapids: Zondervan, 2008.

Scott, R. B. Y. *Proverbs, Ecclesiastes*. AB. Garden City, N. Y.: Doubleday, 1965.

Seow, C. L. *Ecclesiastes: A New Translation with Introduction and Commentary*. AB. New York: Doubleday, 1997.

Shea, W. H. "The Chiastic Structure of the Song of Songs." ZAW 92(1980): pp. 378–396.

Shepherd J. E. "Ecclesiastes." Pp. 253–365 in *The Expositor's Bible Commentary Revised Edition. Vol. 6*. Grand Rapids: Zondervan, 2008.

Shields, M. A. "Malevolent or Mysterious: God's Character in the Prologue of Job." TynBul 61(2010): pp. 255–270.

Smick, E. B. "Job." Pp. 675–921 in *The Expositor's Bible Commentary Revised Edition Vol. 4*. Ed.., by T. Longman III & D. E. Garland. Grand Rapids: Zondervan, 2010.

Snaith, J. G. *The Song of Songs*. NCB. London: Marshall Pickering, 1993.

Stadelmann, L. I. J. *Love and Politics: A New Commentary on the Song of Songs*. New York: Paulist, 1992.

Stek, J. "Proverbs: An Introduction." CTJ 36 (2001): pp. 342–371.

Tate, M. E. *Psalms 51-100*. WBC. Waco, Tex.: Word, 1991.

Ticciati, S. *Job and the Disruption of Identity*. London: T & T Clark/ Continuum, 2005.

Towner, W. S. "The Book of Ecclesiastes: Introduction, Commentary, and Reflections." Pp. 265–360 in *The New Interpreter's Bible*. Nashville: Abingdon Press, 1997.

Trible, P. *God and the Rhetoric of Sexuality*. Philadelphia: Fortress Press, 1978.

Tsevat, M. "The Meaning of the Book of Job." HUCA. 37(1966): pp. 73–106.

Turner, D. *Eros and Allegory: Medieval Exegesis of the Song of Songs*. Kalamazoo, Mich.: Cistercian Publications, 1995.

VanGemeren, W. A. "Psalms." in The Expositor's Bible commentary, vol. 3. Ed. by Frank E. Gaebelein. Grand Rapids: Zondervan, 1991.

Waltke, B. K. *The Book of Proverbs*. 2 vol. NICOT. Grand Rapids: Eerdmans, 2005.

Walton, J. H. *Job*. NIVAC. Grand Rapids: Zondervan, 2012.

Waterman, L. *The Song of Song*. Ann Arbor: University of Michigan Press, 1948.

Webster, E. C. "Patterns in the Song of Songs." JSOT 22 (1982): pp. 73–93.

Weems, R. T. "The Song of Songs: Introduction, Commentary, And Reflections." Pp. 361–434 in *The New Interpreter's Bible*. Vol. 5. Nashville: Abingdon Press, 1997.

Weinfled, M. "Job and Its Mesopotamian Parallels––A Typological

Analysis." Pp. 217–226 in *Text and Context: Old Testament and Semitic Studies for F. C. Fensham*. Ed. by W. Claassen. JSOTSS. Sheffield: JSOT, 1988.

Weiss, M. *The Story of Job's Beginning--Job 1-2: A Literary Analysis*. Jerusalem: Magnes, 1983.

Westermann, C. *The Psalms: Structure, Content and Message*. Philadelphia: Augsburg Press, 1980.

______. *The Structure of the Book of Job: A Form Critical Analysis*. Minneapolis: Fortress, 1981.

White, J. B. *A Study of the Language of Love in the Song of Song and Ancient Egyptian Poetry*. SBLDS. Missoula, Mont.: Scholars Press, 1978.

Whitley, C. F. *Koheleth*. Berlin: Walter de Gruyter, 1979.

Whybray, R. N. *Ecclesiastes*. OTG. Sheffield: JSOT Press, 1989.

______. *The Book of Proverbs*. CBC. Cambridge: Cambridge University Press, 1972.

Wilson, G. H. *Job*. NIBC. Peabody, Mass.: Hendrickson, 2007.

Zerafa, P. P. *The Wisdom of God in the Book of Job*. Rome: Herder, 1978.

Zimmermann, F. *The Inner World of Qohelet*. New York: Ktav, 1973.

Zuck, R. B., ed. *Sitting with Job: Selected Studies on the Book of Job*. Grand Rapids: Baker Books, 1992.

엑스포지멘터리
시가서 개론

서론

EXPOSItory comMENTARY

서론

본 개론서에서 살펴보고자 하는 정경 다섯 권—욥기, 시편, 잠언, 전도서, 아가—은 결코 어떠한 주제나 제목으로 해서 하나로 묶을 수 있는 책들이 아니다. 이 다섯 권을 "지혜서"로 취급하면 시편과 아가서가 문제가 된다. 전통적으로 구약의 지혜 문헌은 욥기, 잠언, 전도서 세 권만 해당되기 때문이다.[1] 만일 "시가서"라는 명칭으로 이 책들을 묶고자 한다면, 책의 상당 부분이 시가 아니라 내러티브로 구성된 전도서와 시작과 끝이 내러티브로 구성된 욥기가 문제가 될 수 있다.[2]

사실 이 다섯 권의 정경이 지니고 있는 유일한 공통점은, 모세오경-선지서-성문서 등 세 섹션으로 나누는 히브리어 성경에서 모두 성문서(כְּתוּבִים; Writings)에 속한다는 것과 기독교 정경에서는 역사서와 선지서 사이에 위치해 있다는 것 외에는 없다. 그렇다고 해서 이 책들을 유

1 일부 학자들은 에스더서를 지혜 문헌에 포함해야 한다고 하지만, 학자들 사이에 큰 지지를 얻는 견해는 아니다. 또한 학자들은 외경에 속한 집회서(Ecclesiasticus)와 지혜서(Wisdom of Solomon)를 지혜서 논의에 포함하기도 한다(cf. Murphy; Fox).

2 중세기 마소렛 학파는 욥기-잠언-시편을 시작하는 첫 번째 히브리어 글자들을 모으면 히브리어 단어 "에메트"(אֱמֶת; viz., 진리)가 된다고 해서 이 세 권을 "진리의 책"(The Book of Truth)이라는 이름으로 하나로 묶기도 했다(Bullock).

태인들의 구분에 따라 "성문서"라고 부를 수도 없다. 이 책들 외에도 성문서에 속하는 책이 여덟 권 더 있기 때문이다. 그럼에도 불구하고 한 학자는 시편을 "성문서의 심장"(the heart of the Ketuvim)으로, 지혜서들(잠언, 전도서, 욥기)을 "성문서의 영혼"(soul)이라며 연관성을 강조한다(Ballard).

히브리어 성경은 구약을 세 섹션으로 나누는 데 반해 구약의 헬라어 번역본인 칠십인역(LXX)과 기독교 정경은 구약을 네 파트로 나누었는데, 이 책들은 두 번째 섹션인 역사서와 네 번째 섹션인 선지서 사이에 삽입되어 있다. 기독교 정경의 장르별 구분은 히브리어 성경이 아니라, 칠십인역을 따르고 있다. 또한 구약에서 고유 이름이 부여된 다른 섹션들과는 달리(viz., 모세오경, 역사서, 선지서) 이 책들을 하나로 아우르는 호칭도 정확하지 않다(cf. Ballard & Tucker). 게다가 책들이 나열되는 순서도 히브리어 성경과 현저한 차이를 보인다. 히브리 정경에서 성문서 섹션에 등장하는 순서는 시편–잠언–욥기–아가–전도서이다. 반면에 기독교 정경에서는 욥기–시편–잠언–전도서–아가의 순서로 전개된다.

그렇다면 기독교 정경에서 이 책들은 어떻게 오늘날의 순서를 갖게 된 것일까? 위에서 언급한 것처럼 칠십인역은 이 책들을 역사서와 선지서 사이에 두었으며 다음과 같은 순서로 나열했다. 시편–잠언–전도서–아가–욥기. 반면에 라틴어 번역본인 불가타(Vg.)는 칠십인역에서 마지막 자리를 차지하는 욥기를 이 섹션의 처음 책으로 위치를 조정했다. 기독교 정경은 이 불가타의 순서에 따라 욥기–시편–잠언–전도서–아가 순으로 나열하게 된 것이다.

불가타가 이 책들의 순서를 정리할 때 연관된 시대적 순서를 최우선으로 고려했다. 욥은 아브라함 시대에 살았던 것으로 간주되므로 가장 오래전에 살았던 사람이다. 그러므로 그와 연관된 책이 가장 먼저 나온다. 뒤를 잇는 시편은 상당한 부분이 아브라함 시대로부터 수백 년이 흐른 이스라엘의 왕정 시대에 다윗에 의해 저작되거나 다윗과 연관된 것들이다. 잠언-전도서-아가는 모두 솔로몬과 연관이 있다는 가정(假定) 아래 이 섹션의 마지막 부분에 자리하게 되었다.[3]

예전에는 텍스트의 내용과 의미 분석에만 치중하던 학계가 오늘날에는 책들의 순서와 각 책을 형성하는 장(章)의 순서에도 관심을 갖고 연구하는 분위기다. 특히 시편과 소선지서 학계에서 이런 연구가 매우 활발하게 진행되고 있다. 예를 들면 소선지서 학계에서 연구하고 있는 주제 중 하나가 소선지서 열두 권의 순서로, 누가 어떤 목적(viz., 신학과 메시지)을 가지고 이 열두 권의 순서를 정했는가이다.

사실 지난 2천 년 동안 교회는 이 책들의 정경적 순서에 별 관심을 갖지 않았다. 그러나 최근에 들어 학자들은 책들의 순서는 곧 그 순서를 정한 사람의 고유 관점을 반영할 수도 있다는 생각을 하게 된 것이다. 실제로 히브리 정경은 구약을 모세오경-선지서(우리가 역사서라고 하는 전선지서와 예언서라고도 하는 후선지서로 형성됨)-성문서로 구분함으로써 그들의 역사관과 선지서와 역사서의 관계를 반영했다. 반면에 기독교 정경은 모세오경-역사서-시가서-선지서 등 네 파트로 구분하여 선지서 섹션을 가장 뒤에 둠으로써 구약과 신약을 잇는 다리 역할을 하도록 했다. 신약 시대 교회는 우연히 탄생하게 된 것이 아니라, 구약 예언의 성취에 따라 탄생했음을 암시하는 것이다. 이처럼 정경의 순서도 편집자의 메시지와 관점을 반영할 수 있다.

그렇다면 기독교 정경이 이 다섯 권의 순서를 히브리 정경의 순서와는 현저히 다르게 욥기-시편-잠언-전도서-아가 순으로 한 것에는 어떤 관점이나 의도가 반영되어 있는 것일까?[4] 자세한 것은 더 많은 연구를 통해 확인해보아야 하겠지만, 욥기는 삶의 가장 큰 미스터리라

3 오늘날에는 전도서를 솔로몬이 저작한 것으로 간주하는 학자는 거의 없다.

4 히브리 정경의 세 번째 섹션인 성문서에 반영된 이 책들의 순서까지 논하는 것은 별 의미가 없다. 성문서에는 여기서 언급하는 책들 외에도 여덟 권이 더 있으며, 이 여덟 권은 여기서 논하는 책들 사이에 섞여 있기 때문이다.

고 할 수 있는 고난을 중심 주제로 삼는다. 시편은 성도들이 인생의 사계절에 부를 찬송가이다. 잠언은 사람들이 살아가는 데 필요한 실용적인 지혜와 가치관을 강조한다. 전도서는 균형감을 잃어버린 이론적이고 분석적인 지혜가 지닌 문제에 대해서 경고한다. 마지막으로 아가는 삶에서 가장 큰 지혜가 필요한 부부관계에 대해서 노래한다.

이러한 관점에서 분석해보면 이 다섯 권의 책은 구약의 어느 책보다도 우리 삶의 실질적인 면모와 매우 깊은 연관이 있을 뿐만 아니라, 주의 백성으로서 이 땅에서 어떻게 살아갈 것인가에 관한 실용적인 지침을 제시한다. 또한 이 책들의 순서는 편집자들이 주는 삶에 관한 교훈을 어느 정도 반영하고 있다. 성도들이 살면서 가장 당혹스러워하는 '고통'에 관해서, 첫 번째 책인 욥기는 고통을 당하거든 답을 찾거나 함부로 논하지 말고, 인간의 고통은 창조주의 고유 영역에 속했음을 인정하고 말을 아끼라고 한다. 고통이 임할 때 우리에게는 조용히 묵상하는 지혜가 필요하다. 그렇다면 고통을 당한 사람은 어떻게 해야 하는가? 두 번째 책인 시편은 창조주 하나님을 찬송하라는 지혜를 제시한다. 찬송은 기쁠 때만 하는 것이 아니다. 성도들은 슬플 때도 찬송해야 하며 아플 때도 찬송해야 한다. 찬송은 우리 삶에서 경험하는 모든 일에 우리를 보호하고 하나님과 관계를 유지하는 효과를 발휘하기 때문이다.

어려운 일을 당할 때도 하나님을 찬양하라는 시편의 권면이 모순적으로 생각될 수도 있다. 이러한 상황에서는 하나님을 찬송하는 것이 쉽지 않으며, 오히려 원망이 앞설 수 있기 때문이다. 그러나 가만히 생각해보면 어려움을 겪고 있는 사람이 드리는 찬송은 가장 순수한 신앙고백이며, 마음에서 불안감과 불신을 씻어내는 데 가장 효과적이다. 이것이 시편이 제시하는 '위기 탈출'의 지혜이다. 그러므로 혹독한 고통이 임하면 주님을 찬양하기가 쉽지 않은 것이 사실이지만, 그래도 찬양해야 한다는 것이 시편 기자의 실용적인 가르침이다. 하나님은 인간의 신음이 섞인 찬양을 귀하게 여기시기 때문이다.

의미 있고 아름다운 인생을 사는 것은 오직 여호와의 참 지혜를 지닌 사람들만이 할 수 있다는 것이 세 번째 책 잠언의 가르침이다. 또한 잠언은 하나님의 모양과 형상대로 만들어진 사람이 삶의 모든 영역에 필요한 지혜를 제시한다. 그래서 잠언은 종교적인 지혜뿐만 아니라, 모든 사람이 살면서 활용할 수 있는 일반적인 지혜도 제시한다. 그러나 네 번째 책인 전도서는 지혜를 추구하는 일에 있어서 지나치면 오히려 해가 될 수 있다고 경고한다. 마지막 책 아가서는 가정(viz., 부부관계)이 지혜의 정점이며, 가장 중요한 열매임을 암시한다.

더 나아가 필자가 이 다섯 권을 "시가서 개론"이라는 이름으로 하나로 묶고자 하는 것은 실용적인 이유에서이다.[5] 필자는 이 다섯 권을 제외한 구약 정경 서른네 권의 책에 대한 전반적인 내용을 이미 세 권의 개론서에 담았다. 개론서의 주목적은 신학교에서 교재로 사용하는 것이다. 이제 구약 정경 중 남은 다섯 권에 대한 개론을 한 권으로 마무리하고자 한다. 그러므로 비록 이 다섯 권이 장르에 있어서 어느 정도의 차이를 보이지만, 하나로 묶고자 한다. 또한 실제로 하나로 묶고 보면 기대 이상의 통일성을 지닌 것도 발견하게 된다.

1. 공통적인 성향

시가서로 묶인 다섯 권의 책이 장르, 중심 주제, 이스라엘 종교에서 사용된 목적 등이 너무나도 다르기 때문에 통일성을 찾기는 쉽지 않다. 그럼에도 불구하고 이 책들은 다음과 같은 공통점들을 지녔다.

5 이러한 노력의 결과로 불록(C. Hassell Bullock)도 *An Introduction to the Old Testament Poetic Books: The Wisdom and Songs of Israel*이라는 제목으로 이 다섯 권을 하나로 묶었다.

(1) 아래서 위로 올라가는 계시

시가서를 구성하고 있는 다섯 권의 책도 정경에 속한 다른 책들처럼 하나님의 영감에 의해 사람들이 기록한 책으로 어떠한 오류도 없는 하나님의 말씀이다. 그러나 출발점에 있어서 이 책들은 다른 책들과 현저한 차이가 있다. 우리는 전반적으로 성경을 하나님이 선지자 등 성경 저자들을 통해 "하늘로부터 이 땅에 내려주신 계시"라고 한다. 반면에 이 책들은 "이 땅에서 하늘을 향해 올라간 계시"라고 할 수 있다(cf. Bullock).

욥기는 자신이 경험하고 있는 고통이 어디서 어떤 이유로 온 것인지에 관해서 고뇌와 혼란을 겪으며 솔직하게 표현한 책이다. 욥기는 고난에 대한 신학적인 답을 제시해주기보다는, 하나님의 자녀도 세상 사람들처럼 이 땅에서 고통당할 수 있다는 사실을 확인해준다. 하나님의 자녀라 해서 또는 믿음이 좋다고 해서 고통이 덜한 것은 아니다. 주의 자녀도 세상 사람들처럼 고통을 당하면 아프고 견디기 힘든 것은 마찬가지이다. 그렇다면 주의 백성은 고통을 당할 때 어떻게 해야 하는가? 욥기는 이 이슈에 대해서, 즉 고통 속에 있는 주의 자녀가 자신의 경험 속에서 하나님을 찾아가는 이야기이다.

시편은 "이스라엘의 찬송가"로써 구약 성도들이 인생의 사계절에 부른 노래들이다. 죄로 오염된 세상에서 사는 한 고통은 인간의 삶의 일부이다. 시편은 주의 자녀들이 개인적으로, 또한 공동체적으로 경험하는 삶의 희로애락(喜怒哀樂)을 노래한다. 시편은 찬송을 통해 주의 자녀들이 삶에서 경험한 갖가지 일을 창조주 하나님의 주권과 연결하려는 시도이다. 하나님은 주의 백성의 찬송 중에 임하심으로 백성들의 노력에 응답하신다.

잠언은 하나님이 자기 모양과 형상에 따라 창조하신 인간에게(viz., 주님을 알고 경외하든 그렇지 않든) 주신 지혜와 통찰력으로 구성되어 있다.

그러므로 잠언은 사람이 창조된 세상(viz., 자연)에 반영된 하나님의 성품(viz., 형상과 모양)을 관찰한 결과를 토대로 만든 책이다. 이러한 일이 가능한 것은 피조물들과 창조된 세상을 지배하는 이치가 창조주의 성향을 반영하고 있기 때문이다. 물론 사람이 자연을 관찰해서 얻을 수 있는 하나님에 관한 지식은 완전하지도 충분하지도 않다. 그러나 삶과 세상은 창조된 인간이 창조주 하나님을 찾아 나서는 단서와 계기가 될 수 있다.

전도서는 하나님을 경외하고 주님을 중심으로 하는 건전한 절제에 관한, 그리고 한계를 초월한 지혜가 지닌 문제에 관한 인간의 묵상이다. 지혜는 분명 하나님의 선물이며, 경건한 사람은 지혜롭다. 그러므로 지혜를 잘 사용하면 하나님에 관해서 많은 것을 알 수 있다. 인간은 하나님을 찾아가는 여정의 상당 부분을 지혜를 통해 채울 수 있다. 그러나 지혜가 하나님의 계시보다 더 우선되면 안 된다. 절제되지 않은 지혜는 사람의 발걸음을 창조주가 아니라 허무주의로 인도할 것이다. 전도서는 이런 지혜는 주의 백성의 삶과 하나님을 알아가는 일에 있어서 전혀 도움이 되지 않는다고 하며, 절제되고 계시의 지배를 받는 경건한 지혜를 추구할 것을 권면한다.

아가서는 우리 삶에서 가장 큰 지혜가 필요한 영역은 가정(부부관계)이라는 통찰력을 제시한다. 이 땅에서 우리가 얻을 수 있는 지혜를 가장 실용적으로 적용하는 곳이 가정이다. 또한 가정은 하나님이 인류에게 주신 처음이자 가장 중요한 축복이다(cf. 창 1-2장). 구약에서 주의 백성이 시내산에서 하나님과 언약을 맺은 일을 결혼으로 묘사하는 것도 결혼이 창조주의 매우 큰 축복임을 알게 한다. 우리는 창조주께서 특별히 축복하신 가정을 통해 하나님을 상당 부분 알 수 있다. 하나님이 결혼이라는 축복의 통로를 통해 말씀하시기 때문이다. 그러므로 아가서 역시 인간이 결혼(가정)을 통해 하나님을 찾아 나서는 계기를 제공하며, 완전하지 않지만 하나님을 아는 지식을 상당 부분 제공한다.

이처럼 시가서는 분명 하나님의 말씀이고 주님께서 주신 계시지만, 구약의 그 어떤 책들보다도 사람이 주님께서 창조하신 세상에 살면서 얻은 통찰력을 바탕으로 하고 있다. 이 책들은 하나님이 창조하신 자연 세계와 주님의 모양과 형상에 따라 창조된 인간을 관찰하여 얻어낸 하나님과 그분이 창조하신 창조 세계에 대한 진리들을 대거 내포하고 있다. 저자들은 이렇게 얻은 진리를 바탕으로 하나님을 찬양하기도 하고, 도움을 청하는 기도를 드리기도 하며, 하나님에 대한 진리를 선포하기도 한다.

시가서에 속한 책들이 인간이 자연의 이치와 창조된 세상에 남아있는 하나님의 흔적을 통해 하나님을 찾아 나서는 일을 상당 부분 반영하고 있지만, 시가서에 반영된 하나님을 아는 지식의 100%가 모두 자연과 인간의 삶을 관찰해서 얻은 것이라 할 수 없다. 아래에서 위로 올라가는 계시만으로는 하나님을 온전히 알 수 없기 때문이다. 그러므로 하나님에 관한 인간의 지식을 온전하게 하려면 꼭 하늘에서 이 땅으로 내려주시는 계시가 필요하다.

이러한 사실을 감안하면, 이 책들에 기록된 내용 중 어느 정도는 하나님이 하늘에서 세상으로 내려주신 계시이다. 특히 시편에 자주 등장하는 메시아에 관한 예언 등은 하나님이 '위에서 아래로 내려온' 계시를 바탕으로 한 것이 확실하다. 그러나 이 책들에 기록된 내용의 대부분은 '아래서 위로 올라가는' 계시라고 할 수 있다. 하나님의 영감과 감동을 받은 저자들이 자연 세계 곳곳에서 포착되는 하나님에 대한 지식과 이해를 수집하고 체계화하여 계시로 성화시킨 것이다.

(2) 보편성

시가서가 지니고 있는 두 번째 공통점은 보편성이다. 이 책들이 분명 창조주 하나님과 그분의 구원에 관해서 논하고는 있지만 이러한 논의는 극히 제한적이다. 이 책들은 대부분 창조주 하나님, 이스라엘과 언약을 맺으신 여호와에 관한 이해나 믿음에 상관없이 설명하고 삶에 적용할 수 있는 이성적이고 합리적인 가르침과 원리들로 구성되어 있다. 그래서 일부 학자들은 이 책들을 가장 비(非)이스라엘적인 책이라고 한다(Murphy). 정경 중에서 가장 '종교적 냄새'가 나지 않는 책이라는 뜻이다.[6]

그러나 어떤 면에서는 시가서(특히 지혜 문헌들)는 가장 높은 경지에 이른 믿음 생활에 관한 것이라 할 수 있다. 대부분 사람의 믿음 생활을 생각해보면 당면한 위기 해결에 급급한 일종의 "위기관리 신앙"이다. 그래서 죄의 수렁에서 헤어나지 못하던 우리는 하나님의 은혜로 말미암아 구원에 이르게 되었고, 매일 지은 죄를 회개하고 위기에 빠진 하나님과의 관계를 재정비해나가는 데 온갖 힘을 기울인다. 그러다 보니 더 고상하고 아름다운 성령의 열매를 맺을 겨를이 없이 살아간다. 반면에 시가서는 하나님이 창조하신 세계에서 인간이 누릴 수 있는 행복한 삶의 비결을 우리에게 제시한다. 시가서는 죄 문제를 어느 정도 초월하여 조금 더 고귀한 신앙생활을 추구하는 자들에게 주신 교본이라 할 수 있다. 그러므로 '신앙적 냄새'가 나지 않는다고 해서 신앙적으로 더 낮은 가치를 지닌 것이라고 단정하는 것은 옳지 않다.

욥기가 중심 주제로 삼고 있는 인간의 고통은 창조주 하나님에 관한 믿음을 가진 사람이든 가지지 않은 사람이든 상관없이 이 땅에 사는 모든 사람이 고민하는 이슈이다. 사실 고통은 믿지 않는 자들보다 믿는 자들에게 더 큰 문제이다. 고통을 당하는 성도들에게 신학적인 위

6 다음은 한 학자(Crenshaw)가 수집한 아프리카의 격언들이다. 성경의 잠언들과 얼마나 유사한지를 생각해보라.

1. 세상은 벌집이다. 우리는 같은 문을 통해 들어오지만 서로 다른 셀(cell)에서 산다.
2. 필요한 양보다 더 많으면, 남은 것은 낭비된다.
3. 오늘의 포만감은 내일의 배고픔이다.
4. 함께 묶인 막대기들은 부러지지 않는다.
5. 모래터 위에 세운 집 마당은 아무리 쓸어도 모래가 사라지지 않는다.

기감을 조성할 수 있기 때문이다. 선하신 하나님이 어찌 사랑하는 자녀가 고통을 당하도록 내버려두신단 말인가? 저자는 인간의 고통이 어디에서 시작되었는가에 관해서 꼭 알려고도 함부로 논하지도 말고, 삶의 신비로 남겨둘 것을 권면한다. 우리는 고통에 관해서 모든 것을 알 수 없을 뿐만 아니라, 하나님이 말씀해주셔도 온전히 이해할 수 없기 때문이다. 인간의 고통은 창조주 하나님의 고유 영역에 속한 신비로운 것이다.

시편은 사람이 세상을 살면서 경험할 수 있는 모든 상황을 언급한다. 기쁨과 슬픔, 행복과 불행, 축복과 심판, 개인과 민족, 건강과 질병, 신뢰와 배신 등등 다양한 주제들에 관한 기도와 묵상이 시편을 구성하고 있다. 잠언은 사람이 자연에서 관찰해 얻을 수 있는 지혜와 원리들로 가득하다. 더 나아가 잠언의 상당 부분은 세상의 많은 민족과 문화에서 전해 내려오는 격언 혹은 속담들과 비슷한 성향을 지녔다. 잠언 대부분은 하나님과 연관하지 않고 읽고 적용할 수 있는 것이다. 전도서 역시 창조주 하나님을 종종 언급할 뿐, 대부분의 내용은 신앙과 상관없이 읽고 묵상할 수 있다. 지혜는 유대교-기독교뿐만 아니라, 범세계적으로 연구하고 논쟁하는 주제이기 때문이다. 아가서는 신앙인이든, 아니든 상관없이 모든 사람의 삶에서 가장 중요한 이슈 중 하나인 가정에 관해서 노래한다.

이와 같이 시가서는 온 인류가 당면하고 고민하는 보편적인 주제들을 다루고 있다. 그래서 일부 진보적인 신학자들은 오래전부터 이 문헌들을 통해 다른 종교나 문화와 대화를 시도하기도 했다. 한 예로 전도서는 세상에서 일어나는 모든 일이 덧없는 반복이라는 느낌을 준다. 이러한 반복을 불교의 윤회설(輪廻說)과 연관시켜 불교도들과 대화를 시도한 신학자들도 있다.

(3) 실용성

시가서가 지니고 있는 세 번째 특징은 실용성이다. 하나님의 말씀인 성경은 주의 백성이 이 세상에서 어떻게 살아야 하는가에 관한 지침이다. 그러나 대부분의 경우 성도들은 이 지침을 성경 말씀에서 스스로 추출해서 삶에 적용해야 한다. 반면에 시가서는 실용적인 지침을 확실하고 구체적인 언어로 제시한다. 욥기는 경건하고 의로운 사람도 고난을 겪을 수 있음을 경고한다. 또한 고난이 임하면 경솔히 행하지 말고 조용히 창조주를 찾을 것을 권면한다.

시편은 창조주이자 세상의 통치자이신 하나님께 우리의 희로애락을 맡기고, 그분을 찬양하고 예배할 것을 지시한다. 잠언은 비유를 통해서도 삶의 지혜를 제시하지만, 구체적인 권면을 통해 어떻게 사는 것이 슬기로운 삶인가를 정의하며, 독자들에게 이러한 삶을 살 것을 강요한다. 여호와를 경외하는 삶이 어떤 것인가를 구체적으로 설명하고 우리에게 그러한 삶을 살도록 유도하는 것이다. 전도서는 아무리 좋은 것이라도 지나치면 차라리 부족한 것만 못하다는 과유불급(過猶不及)의 원리를 유념하는 삶을 살 것을 도전한다. 아가서는 삶에서 가장 소중한 것은 가정이라는 현실적인 진리를 외치고 있다.

(4) 시사성

구약 정경의 대부분은 역사적 정황을 알려 주고 시작하거나 전제한다. 그러므로 그 책들을 제대로 이해하려면 각 책이 저작된 시기의 역사적 정황 등을 고려해서 해석해야 한다. 이와는 달리 시가서의 네 번째 공통점은 역사적인 정황의 부재(不在)이다. 이 책들의 저자들은 분명 역사적 인물이며, 그들만의 역사적 정황이 있었다(Murphy). 일부 시편들은 구체적인 역사적 사건들을 배경으로 저작되었다. 그러나 전반적인 성향을 살펴볼 때, 시가서 저자들은 자신들의 글에 이렇다 할 구체적인 역사적 정황을 제시하지 않는다. 이 책들이 지니고 있는 메시지를 해석하는 데 역사적 정황이 크게 작용하지 않기 때문이다. 또한 저자들은 자신들의 가르침을 보편화하고 일상화함으로써 별다른 역사적 상황을 고려해서 해석하지 않고 곧장 삶에 적용할 수 있게 했다. 시가서는 구약 정경 중 유일하게 역사적 정황이 해석에 큰 영향을 미치지 않는다.

2. 고대 근동과 지혜

지혜는 단지 이스라엘뿐만 아니라, 고대 근동의 여러 나라에서 성행했던 주제이다. 오래전부터 이집트와 메소포타미아의 여러 나라에는 지혜를 가르치는 전문가들이 있었으며, 이스라엘에도 전문적인 지혜자들(sages)이 활동했다(Crenshaw). 고대 사람들은 이처럼 지혜를 통해 반복적이고 우연의 연속인 듯 보이는 자연 세계에서 원리와 패턴을 발견해 갔고, 이 속에서 삶의 의미와 통찰력을 얻었다. 무의미했던 인간의 삶이 지혜로 인해 창조주의 걸작품이 되었다. 그래서 과학이 자연 세계의 비밀을 풀 수 있다고 생각하는 오늘날의 정서와는 달리, 고대 사람들은 지혜가 창조 세계의 구조와 질서를 설명할 수 있다고 생각했다. 다음 도표를 참조하라(Bartholomew & O'Dowd).

근동의 여러 나라 중 가장 오래전부터 광범위하게 지혜를 논한 나라는 이집트이다. 그래서 이집트의 지혜 문헌은 종류와 내용에 있어서 매우 다양하다. 특히 고왕국 시대(Old Kingdom; ca. 3000-2500 BC)와 신왕국 시대(New Kingdom; ca. 1555-945 BC)에 저작된 많은 지혜 문헌이 오늘날까지 보존되어 있다. 이집트 지혜문헌의 특징은 잠언이나 짤막한 문장들을 사용하지만, 지시/가르침(instruction)을 중심으로 하고 있다는 점이다(Weeks).

이집트는 고대 근동의 여러 나라 중에서 이스라엘의 지혜에 가장 큰 영향을 미친 나라이기도 하다. 학자들은 구약 곳곳에서 이집트 지혜의 영향을 감지하였고, 특히 잠언 22:17-24:22의 상당 부분은 이집트의 지혜 문헌을 인용해서 저작한 것으로 판단된다(Fox, Shupak, cf. Emerton). 이집트의 지혜가 이스라엘에 지속적으로 영향을 미친 데에는 여러 가지 이유가 있다. 첫째, 이집트는 아브라함과 요셉 등 선조 시대부터 이스라엘의 삶과 밀접한 연관이 있었다. 둘째, 야곱의 자손들이 이집트에서 수백 년을 지낸 것도 한몫했다. 셋째, 이집트는 고대 사회의 최고 강대국으로 이스라엘뿐 아니라 온 가나안 지역에 지속적으로 영향력을 행사했다.

메소포타미아 지역에서는 이집트에서처럼 지혜 문학이 활성화되지는 않은 것으로 생각되며, 이 지역의 지혜를 대표하는 족속은 수메리아와 바빌론이다. 그러나 이 두 나라의 지혜 문헌은 이집트처럼 많이 그리고 잘 보존되어 있지 않다. 이집트 문헌들은 지시/가르침(instruction)을 중심으로 구성되었지만, 메소포타미아의 지혜 문헌들은 잠언과 짤막한 문장들이 주를 이룬다(Weeks).

수메리아는 비(非)셈족들(Shemites)이 세운 나라로, 남메소포타미아 지역에 세워졌던 위대한 문명 중 첫 번째이다. 수메리아는 바빌론처럼 제국을 세우지 않았지만, 주변 국가들에 문화적으로 큰 영향을 끼쳤다. 수메리아에서 지혜 문학은 주전 3000년대부터 시작되었으나, 오늘날까지 발굴된 문헌들은 대부분 주전 18세기 니뿌르(Nippur)의 것이다. 수메리아가 쇠퇴한 다음에 남메소포타미아 지역에 세워진 바빌론은 셈족들(Shemites)이 세운 나라였다. 바빌론은 여러 면에서 수메리아의 문화적 혜택을 누렸다. 바빌론에서 발굴된 지혜 문헌들은 주로 주전 2000년대에 저작된 것들이다.

메소포타미아 지역 서부에서는 주전 2000년대 후반에 이르러 국가와 문명들이 꽃피었으며 이들의 흔적은 우가릿(Ugarit; 오늘날의 Ras Shamra)에 고스란히 남아있다. 우가릿 문헌들은 구약의 지혜 문헌과 비슷한 면모를 지니고 있어 구약의 지혜 문헌과 시편 연구에 지대한 공헌을 했다. 종주인 이집트 왕과 종속자인 시리아-팔레스타인 지역 왕들이 주전 14세기에 주고받은 것으로 알려진 엘아마르나 서신들(El Amarna Letters)도 지혜 문헌을 포함한 구약 전체에 사용된 언어를 연구하는 데 도움이 되는 부분이 있다(Bullock). 고대 근동 지혜 문헌에서 구약의 지혜 문헌 해석에 도움이 될만한 유형으로는 찬양(Hymns), 잠언(Proverbs), 사색 문학(cf. 전도서)을 꼽을 수 있다.

3. 구약과 지혜

이스라엘뿐만 아니라 고대 근동 사회에서 지혜에 관한 문학적·종교적 관심과 연구는 매우 일상화되어 있었다. 구약도 지혜에 대한 고대 사회의 관심과 열정을 암시한다. 구약은 지혜 혹은 지혜자와 연관해서 에돔 사람들(렘 49:7; 옵 8장), 두로와 시돈 사람들(겔 28장; 슥 9:2), 애굽 사람들(사 19:11-13), 바빌론 사람들(사 44:25, 47:10; 렘 50:35, 51:57; 단 2:12-13), 아시리아 사람들(사 10:13), 페르시아 사람들(에 1:13, 6:13)을 언급한다.

이집트의 지혜자들은 이미 요셉 시대(창 41:8)와 모세 시대(출 7:11)에 사회에서 높은 지위를 누렸다. 이처럼 온 세상에 팽배했던 지혜와 지혜자에 관한 관심의 한 중앙에 이스라엘 왕 솔로몬이 있다. 열왕기 기자는 솔로몬에 관해서 다음과 같이 증언한다. "솔로몬의 지혜가 동쪽 모든 사람의 지혜와 애굽의 모든 지혜보다 뛰어난지라"(왕상 4:30).

지혜자들은 이스라엘 종교에서도 매우 중요한 위치를 차지했다. 선지자 예레미야와 에스겔 시대에 이르러서 지혜자들은 제사장, 선지자와 함께 중요한 종교 지도자들로 자리를 잡았다. 어느덧 이스라엘에서 지혜는 예언이나 율법과 어깨를 나란히 하고 있었던 것이다.

> 그들이 말하기를 오라 우리가 꾀를 내어 예레미야를 치자 제사장에게서 율법이, 지혜로운 자에게서 책략이, 선지자에게서 말씀이 끊어지지 아니할 것이니 오라 우리가 혀로 그를 치고 그의 어떤 말에도 주의하지 말자 하나이다(렘 18:18; cf. 겔 7:26)

그런데 이스라엘의 주변 국가들은 지혜를 서로에게서 배워가며 발전시켰지만, 이스라엘의 경우 창조주이자 세상의 통치자이신 여호와 하나님께로부터 지혜를 선물로 받았다(Bartholomew & O'Dowd). 그러므로 지혜는 출처가 다르기는 하지만 이스라엘 고유의 문화라 할 수 없다. 그렇다면 당시 하나님을 믿지 않던 세상에도 만연해 있던 지혜는 창조주 여호와를 주님으로 고백하는 이스라엘 신앙에 어떤 영향을 미쳤는가? 지혜는 주의 백성이 여호와께서 창조하신 세상의 질서와 원리에 순응하며 별 어려움 없이 살아갈 수 있게 해준다. 주의 백성은 지혜와 율법을 상호보완적인 것으로 보았지, 결코 대립하는 것으로 생각하지 않았다.

지혜는 항상 외적(外的) 세계와 내적(內的) 세계를 직시하게 한다. 사람이 자기 주변의 세계를 관찰해서 하나님이 천지를 창조하실 때 피조세계의 한 부분으로 만들어 놓으신 원리와 질서를 깨닫게 한다. 또한 자기 내면을 직시해서 주변 세계를 관찰해서 얻은 통찰력과 원리들에 따라 자신의 삶에 변화를 주고, 세상이 질서와 균형에 따라 움직이는 것처럼 하모니를 추구하며 살게 한다.

(1) 지혜의 종류

구약은 "지혜"라는 개념을 크게 두 가지로 정의하고 사용한다. 첫째, "지혜"는 실용적인 기술과 예술을 뜻한다. 사람이 지향해야 할 "올바른 삶" 혹은 "효과적인 삶"에 대한 것이다. 그래서 학자들은 이것을 "실용적 지혜"(practical wisdom)라고 하기도 한다(Crenshaw, Berry). 구약에서 명사 "지혜"(חָכְמָה)와 연관된 형용사 "지혜로운"(חָכָם)은(cf. HALOT) 성막과 성막 도구들을 제작한 브살렐과 오홀리압(출 35:30-36:1), 아론의 제사장 옷을 만든 기술자(출 28:3), 옷감을 짠 여인들(출 35:25-26)을 묘사하며 사용되었다. 더 나아가 이 용어들은 금을 다루는 장인(goldsmith)(렘 10:9), 항해사(시 107:27; 겔 27:8), 애가를 부르는 여인(렘 9:17), 요술가와 점쟁이들(창 41:8; 사 44:25), 군사적 전략가들과 관료들(삼하 20:22; 사 10:13, 29:14, 47:10; 렘 49:7; 단 1:4)이 지닌 기술과 연관해서 매우 폭넓은 의미로 사용되었다. 성경은 수많은 노래와 잠언을 제작한 솔로몬의 기술과 예술성을 평가하면서(왕상 4:31-32), 또한 그의 통치 능력을 가리키며 이 용어를 사용했다(왕상 2:6, 3:28, 5:26, 11:4ff.; 대하 1:20-12). 또 이 단어가 여호수아와 다윗의 통치력을 표현할 때 사용되기도 했다(신 34:9; 삼하 14:20).

지혜는 인간, 도시, 농업, 가족, 학업, 정부 등 우리가 상상할 수 있는 모든 것을 생명과 번영으로 인도하는 길이라 할 수 있다. 그러므로 지혜는 경험을 통해 얻어진 여러 가지 실천적 지식(Crenshaw)을 뜻하기도 하지만, 지혜는 근본적으로 삶의 방식이자(von Rad), 삶의 모든 것이다(van Leeuwen). 성경에서는 잠언이 이 유형의 대표작으로 거론된다. 실용적 지혜는 삶에 관해서 매우 긍정적이다. 올바른 삶을 추구하며 열심히 살면 행복하고 형통할 것이라는 메시지를 선포한다.

둘째, "지혜"는 특별한 장르의 문헌들과 연관된 용어이다. 학자들은 이것을 "사색적 지혜"(speculative wisdom)라고 하기도 한다(Crenshaw; Berry). 이 문헌들은 사람들이 오랜 세월 동안 자연을 관찰하거나 자신들이 세상에서 경험한 일들을 통해 얻은 통찰력과 지식을 축적해놓은 것이다(von Rad). 사색적 지혜의 가장 기본적인 기능은 첫 번째 유형의 지혜인 "실용적 지혜"(practical wisdom)가 지나치게 기계적으로 적용된 것에 대해서 문제를 제기하는 일이다. 그래서 이 유형의 지혜는 "반성적 지혜"(reflective wisdom), 혹은 "실존적 지혜"(existential wisdom)라고 불리기도 하며 실용적 지혜에 비해서 고등 지혜(higher wisdom)로 간주된다.

이 지혜는 사색적인 지혜다 보니 세상과 삶에 대해서 상당히 회의적인 성향을 보인다. 사색적인 지혜는 의롭게 살아도 고난과 불이익을 당할 수 있고, 악하게 살아도 형통할 수 있는 현실에 대해서 많이 묵상하고 고민한다. 그러다 보니 자연스럽게 신정론(theodicy)과 깊은 연관이 있다. 성경에서는 욥기와 전도서가 이 유형의 대표적인 책들이다.

지혜 문헌들은 처음에는 언약 공동체였던 유대교에서, 그 후에는 교회에서 중요한 자리를 차지하고 있다. 이 문헌들과 연관해서 구약은 히브리어 단어 "마샬"(מָשָׁל)로 잠언/속담, 수수께끼, 비유와 비교를 드러내고자 하는 이야기 등을 표현한다. "마샬"은 "~같이 되다, 비교하다"를 뜻하는 동사(משׁל)에서 유래한 것이며(HALOT), 지혜자들의 가르침을 담고 있는 작품/글을 지명하는 개념이 되었다. 지혜자들은 주로 간단명료한 잠언과 경구(aphorism)를 사용해서 자신들의 생각과 가르침을 전했다. 그래서 학자들은 잠언을 "재치의 시"(poetry of wit)라고 한다(Alter). "수수께끼"는 지혜를 가름하는 어려운 유형이다. 삼손이 블레셋 사람들을 상대로(삿 14:10-14), 시바 여왕이 솔로몬을 시험하는 데 사용했다(왕상 10:1). "잠언/속담" 유형의 마샬은 긴 설명보다 훨씬 더 효과적이고 기억하기가 쉬웠다. 그렇다고 해서 지혜 문헌이 모두 간단명료한 것은 아니며, 상당히 자세하게 전개되기도 한다.

이 문헌들이 제시하는 지혜가 항상 쉽게 이해되는 것은 아니다. 때로는 많은 연구와 묵상이 필요하다. 더 나아가 세상은 이 문헌들이 제시하는 지혜에 동의하지 않을 수도 있다. 실제로 성경적 지혜는 인간의 이성과 제도들이 추구하는 것들과 정반대일 때도 있다(Bartholomew & O'Dowd). 성경적 지혜는 신학화되고 윤리화되어 있기 때문에 세상이 지향하는 가치관들과 대립될 수 있는 것이다.

(2) 지혜의 대상

지혜 문헌의 목적은 온 공동체를 가르치는 것이 아니라 개인적인 차원에서 사람들에게 삶에 대한 통찰력을 주는 것이었다. 그렇다 보니 국가적·민족적 이슈는 지혜 문헌의 뒷전에 서려 있을 뿐 중심은 되지 못했다. 이러한 특성상 지혜 문헌은 국가적·공동체적 이슈들을 중심으로 구성된 율법이나 선지서와 현저한 차이를 보인다. 그러므로 지혜 문헌은 역사를 어떻게 이해하고 간주할 것인가를 논할지언정, 실제로 있었던 역사적 사건을 언급하는 일은 거의 없다.

그렇다면 지혜 문헌은 누구를 가르치고 훈련시키기 위한 것이었을까? 가장 쉽게 생각되는 그룹은 아이들이다. 지혜는 교육을 통해 사회의 모든 아이에게 삶의 질을 높일 수 있는 길을 제시했다. 기본적인 가르침은 각 가정에서 부모가 자녀를 양육하는 과정에서 이루어진 것이 확실하다(Whybray). 그러나 더 전문적이고 체계적인 교육은 학교 등 다른 곳에서 이루어졌다(Crenshaw, Clark).

불행하게도 모든 아이가 교육의 수혜자는 아니었다. 당시 문맹률이 90% 이상에 달했던 점을 감안할 때, 체계적인 교육을 받았던 아이들의 수가 그렇지 못한 아이들의 수에 비해 월등히 적었을 것이다. 학자들이 당시에 지혜를 체계적으로 가르친 "지혜 학교"(wisdom school)의 수혜자들을 왕족이나 상류층 자녀들로 제한하는 이유도 여기에 있다(Whybray, Crenshaw). 교육이 대부분 왕족이나 중상류층 자녀들을 대상으로 하고 있었던 점을 감안할 때, 지혜 교육은 사회의 미래 리더들을 육성하는 과정이었다고 할 수 있다(Weeks, Murphy, Clark). 지혜 문헌, 특히 잠언이 서기관을 훈련하는 학습자료였다는 주장도 있다(Sneed).

물론 글을 읽고 쓰는 것만이 교육의 전부는 아니다. 교육은 읽고 쓰는 것 외에 구전(口傳)으로도 이루어질 수 있다. 특히 지혜 문헌의 대부분을 구성하고 있는 격언들이나 짤막한 말씀들은 일상에서 한 세대에 의해 다음 세대에게 손쉽게 전달되고 타당성이 논의되었을 것이다. 지혜의 중심 주제들이 가정, 자녀 양육, 집안의 평안과 책임 등이라는 사실을 고려하면 지혜 교육은 모든 사람의 사랑을 받았음이 확실하다.

또한 당시 사람들은 일상생활 중에 끊임없이 서로 지혜를 가르치고 논한 것으로 생각된다. 시장에서 장사를 하다가도, 밭에서 농사를 짓다가도 기회만 되면 지혜를 논한 것이다. 고대 근동 사회에 지혜 문헌이 매우 다양하고 광범위하게 분포되었던 점을 감안하면 이러한 결론이 나온다. 이러한 맥락에서 솔로몬의 왕궁에서도 지혜에 관한 대화와 논쟁이 활발했다는 느낌을 주며(cf. 왕상 4:29-34), 세바의 여왕이 솔로몬의 궁에서 벌어지는 일을 보고 왕에게 하는 말에서도 이 같은 사실이 역력히 드러나는 듯하다.

복되도다 당신의 사람들이여
복되도다 당신의 이 신하들이여
항상 당신 앞에 서서 당신의 지혜를 들음이로다(왕상 10:8)

(3) 지혜의 보존

고대 이스라엘에서 지혜를 가르치고 다음 세대를 위해서 문서로 보존하는 일은 서기관들의 몫이었다. 성경에서 서기관(סֹפֵר)은 법, 종교, 정치, 문학 문서들을 기록하고 보관하는 사람들을 뜻한다(Murphy). 서기관들은 또한 왕궁에서 일하며 왕의 행적을 기록하는 일을 맡았으며, 왕족 자녀들을 가르치는 선생 역할을 했다. 거의 모든 사람이 읽고 쓰지 못했던 사회에서 자유자재로 글을 읽고 쓰던 서기관들은 존경의 대상이었으며, 왕궁에서도 매우 중요한 위치에 있었다(cf. 삼하 8:17, 20:25; 왕하 12:10, 18:18; 대상 27:32; 렘 36:12, 37:15).

서기관들이 왕족과 상류층 자녀들을 가르쳤다는 것은 이들이 지혜 선생이었음을 암시한다. 생각해보자. 그들이 아이들에게 글을 읽고 쓰는 것을 가르치기 위해서 무엇을 교재로 사용했을까? 지혜 문헌들이 미래 지도자를 양성하는 교본으로 사용되었다는 점을 감안할 때, 당연히 지혜 문헌을 교재로 사용했다. 또한 지혜 문헌을 보존하는 것은 이들의 생업과 연관된 이슈이다. 그러므로 서기관들이 앞장서서 지혜 문헌을 보존한 것을 상상할 수 있다. 그래서 학자들은 서기관들이 왕들의 행적을 기록한 사람들일 뿐만 아니라, 지혜를 가르치는 선생들이었다고 한다.

서기관들이 왕족들과 사회 지도층의 자녀들을 가르쳤다는 사실을 감안하면, 그들이 보존하고 훗날 정경으로 도입된 지혜 문헌은 이스라엘 사회의 미래 지도자들을 교육하는 데 사용한 지혜였음을 암시한다. 학자들은 성경의 지혜 문헌들이 자주 고아와 과부 등 사회 약자들에 대한 배려를 언급하는 이유를 여기서 찾는다. 성경에 보존된 지혜서들은 사회 지도자들을 양성하기 위한 교본이었기 때문에 당연히 사회의 약자들에 대한 배려를 논한다는 것이다(Crenshaw).

(4) 지혜와 성전

지혜는 신앙과 상관없이 일상에서 사람들이 접할 수 있는 상황을 바탕으로 한다. 그래서 지혜는 이렇다 할 종교적인 가이드라인과 상관없이 논의되고 적용될 수 있다. 특히 구약 율법의 상당 부분을 차지하고 있는 예배와 제물에 대한 규례는 지혜와 전혀 상관없어 보인다. 그렇다면 지혜는 종교적인 토양에서 유래한 것일까, 아니면 종교와 무관하게 발전한 것일까? 이 이슈에 관해서 두 가지 견해가 맞서있다. 첫째, 이스라엘을 포함한 고대 근동에서 지혜를 가르치던 지혜자들은 정치인 등 종교 지도자가 아닌 사회 지도자들이라는 주장이다(McKane). 그렇기 때문에 이 지혜자들의 제안이나 가르침이 대부분 종교적인 가치와 세계관에 근거한 것이 아니라고 한다. 그렇다면 이 지혜자들은 어떤 삶의 정황(Sitz-im-Leben)에서 사람들에게 지혜를 가르치고 논한 것일까? 종교와 전혀 연관 없는 곳에서 종교와 상관없이 가르친 것이라고 주장한다.

둘째, 지혜는 처음부터 성전 등 종교적인 장소에서 시작되었다는 주장이다(Von Rad). 지혜의 목적은 예식화된 종교가 채워주지 못하는 부분을 채워주기 위함이었다. 예식화된 종교는 예배를 어떻게 드리고, 제물은 어떻게 준비해야 하는가에 관해서는 확고한 기준을 제시하지만, 예배자들의 실질적인 삶에 대해서는 별 제안이나 가르침이 없었다. 이러한 상황을 보완하기 위해서 시작된 것이 지혜자들의 가르침이다. 지혜는 예배자들의 개인적 이슈를 포함한 삶의 전반에 적용할 수 있는 실질적인 가르침을 주었다. 지혜는 처음부터 예배자들에게 삶에 관한 통찰력을 주기 위해서 종교적인 정황에서 시작되었다.

위 두 학설 중에 더 설득력 있는 것은 폰 라트(von Rad)가 주장한 후자이다. 성경의 지혜 문헌이 지속적으로 "여호와를 경외함"을 가르치는 것을 목적으로 한다는 것이 이 같은 사실을 뒷받침한다. 또한 지혜가 종교적인 정황에서 시작된 것이 아니라는 주장은 당시 사회가 모두 종교 중심적이었던 점을 감안할 때에도 큰 설득력이 없어 보인다. 그렇다면 제사장들과 지혜자들은 어떤 관계를 유지했단 말인가? 정확히 알 수는 없지만 제사장들이 지혜자들의 사역을 반대할 이유도, 반대한 증거도 없는 것으로 보아 서로 공존하며 협력하는 관계를 유지했던 것으로 생각된다(Scott).

(5) 지혜와 선지자들

제사장들과 지혜자들은 서로 협력하는 관계를 유지했다면, 선지자들과 지혜자들의 관계는 어떠했을까? 일부 학자들은 지혜자들이 가르치는 것과 선지자들이 선포한 하나님의 말씀이 서로 대립하는 경우가 자주 있었기 때문에 이들은 앙숙이었다고 한다(McKane). 선지서를 보면 흔하지 않지만 선지자들이 지혜자들과 갈등을 빚은 일을 기록하고 있다. 다음 예를 참조하라.

> 너희가 어찌 우리는 지혜가 있고 우리에게는 여호와의 율법이 있다 말하겠느냐 참으로 서기관의 거짓의 붓이 거짓되게 하였나니 지혜롭다 하는 자들은 부끄러움을 당하며 두려워 떨다가 잡히리라 보라 그들이 여호와의 말을 버렸으니 그들에게 무슨 지혜가 있으랴(렘 8:8-9)

그러나 이러한 예는 흔치 않다. 선지자와 지혜자들이 갈등을 빚는 경우는 자신들의 가르침이 하나님의 말씀을 대체하려고 할 때로 제한되어 있다(Lindblom). 잘못된 일에 대해서 선지자들이 비난하는 것은 유독 지혜자들에게만 국한되어 있는 것은 아니다. 제사장들도 때로는 선지자들의 맹렬한 비난을 받았다. 그렇다고 해서 선지자들과 제사장들이 서로 앙숙이었다고 할 수는 없다. 이와 같이 지혜자들과 선지자들이 종종 대립했다고 해서, 그들이 항상 적대적인 관계를 유지했다고 보는 것은 옳지 않다. 게다가 지혜자들이 가르치는 것 대부분이 하나님이 모든 이에게 주신 일반적인 진리/계시라는 사실을 감안하면 더욱 그렇다(cf. 사 28:23-28; 렘 10:12). 선지자들도 하나님의 말씀을 대언할 때 지혜자들의 스타일과 지혜에 대한 이해를 바탕으로 하기도 했다(cf.

사 49:24; 렘 13:12, 15:12, 23:28, 31:29; 겔 16:44, 18:2). 지혜자들과 선지자들의 관계는 제사장들과 지혜자들의 관계와 비슷한 차원에서 이해하는 것이 바람직하다.

(6) 지혜와 시편

이스라엘의 찬송가라고 할 수 있는 시편은 분량이 많고 언급하는 주제도 매우 다양하다. 시편이 언급하는 주제 중 최소한 세 가지는 지혜와 직접적인 연관이 있는 것들이다. (1) 인과응보(retributive justice)(시 37, 49, 73편), (2) 의인이 축복받을 것이라는 사실(시 1, 112, 127, 128, 133, 144:12-15), (3) 여호와의 율법이 삶의 지침이라는 것(시 1, 19, 119편). 이 외에도 학자들에 따라 지혜시로 구분되는 시편도 상당수에 달한다.

일부 학자들은 지혜와 시편들의 연관성을 근거로 서기관들이 시편의 편집자들이라고 한다. 이 서기관들은 시편을 최종 편집할 때 시편 1편, 127편 등 이스라엘의 예배에서 사용된 적 없는 자신들의 시 몇 편을 삽입했다고 한다(Mowinckel).[7]

시편과 지혜의 관계를 명확하게 규명하기는 결코 쉽지 않다. 설령 일부 학자들이 주장하는 것처럼 이스라엘의 예배나 예식에서 사용된 적이 없는 지혜시들이 시편에 삽입되었다 할지라도, 언제 누구에 의해서 이 시들이 시편에 들어오게 되었는지는 알 수 없다. 한 가지 확실한 것은 시편의 최종 형태가 편집되는 과정에서 지혜자들의 영향을 받았다는 것이다. 시편 중에 섞여 있는 지혜시들이 이것을 암시한다(cf. Bullock).

7 이 외에도 모빙클(Mowinckel)은 시편 34, 37, 49, 78, 105, 106, 111, 112편을 서기관들이 시편을 편집하던 중 삽입한 것이라고 했다. 그가 이 같은 주장을 펼치게 된 것은 이 시들의 내용을 보면 성전 예배나 예식과 별로 상관없을 듯한 내용으로 구성되어 있기 때문이었다.

(7) 지혜와 아가

앞에서 언급한 것처럼 아가서는 지혜 문헌에 속하지 않는다. 아가서는 고대 이스라엘에서 불린 남녀간의 사랑 노래 중 보존된 몇 개를 수집해놓은 것이다. 오늘날로 말하면 일종의 유행가 혹은 대중가요이다. 그렇기 때문에 이 책에 기록된 노래들을 종교와 직접적으로 연관시키는 것은 매우 어려운 일이다(Gordis). 아가서에는 지혜 문헌에 자주 등장하는 주제인 "여호와 경외"도 없다.

그럼에도 불구하고 이 책이 취하는 문학적 형식과 쓰여진 목적은 지혜 문헌에 매우 가깝다는 것이 학자들의 견해이다. 아가서는 지혜 문헌처럼 시/노래 형식을 취하고 있다. 저작 목적은 지혜서들처럼 분명 가르치기 위함이다. 이 책이 도덕성과 신실함의 중요성을 강조하는 것 또한 지혜 문헌들과 맥을 같이하고 있다고 할 수 있다. 더 나아가 우리에게 지혜의 실용성에 대해서 다시 한 번 생각하게 한다. 세상에서 가장 지혜가 필요한 곳이 어디일까? 즉, 인간의 삶에서 지혜가 진가를 발휘해야 하는 영역이 어디일까? 아가서는 가정, 특히 부부관계라고 말한다. 지혜의 결정체가 가정에서 드러나야 한다는 것이 다소 의외라고 생각될 수도 있다. 그러나 가만히 생각해보면 참으로 옳은 말씀이다. 가정이 화목해야 모든 일이 잘 된다는 "가화만사성"(家和萬事成)이라는 말도 있지 않은가!

4. 신학과 메시지

시가서의 범위와 다양성 때문에 이 책들의 신학을 논하는 것이 결코 쉽지 않다. 그러나 책들의 신학적 윤곽만이라도 염두에 두고 책을 읽으면 도움이 될 것이다.

(1) 하나님

한 학자는 고대 이스라엘 사람들은 구원과 축복이라는 두 가지 개념을 통해 하나님을 이해했다고 한다(Westermann). 또한 지혜서와 시편을 제외한 구약의 모든 문헌이 주의 백성을 구원하시는 하나님을 설명하거나 묘사하고 있다고 한다. 반면에 시편과 지혜서는 인간을 포함한 세상 모든 생명을 축복하는 하나님을 설명하고 묘사한다고 한다(Westermann). 그러나 현실은 이렇게 간단하지 않다. 시가서는 그동안 정경의 다른 책들을 통해 익숙한 하나님에 대한 이해와는 다소 차이가 있는 면모를 제시하기 때문이다.

하나님은 전능한 분이시며, 인간을 무척 사랑하는 분이시다. 물론 하나님이 인간을 사랑하시는 것이 항상 우리 눈에 볼 수 있는 현상으로 나타나는 것은 아니며, 우리가 기뻐하고 좋아할 만한 일들을 통해서만 드러나는 것도 아니다. 지혜 문헌들은 더 나아가 하나님의 사랑과 능력이 인간의 기대와 예측을 불허하는 신비로운(mysterious) 방법으로 표현되기도 한다고 이야기한다. 심지어는 하나님은 인간을 사랑하고 보호하기는커녕 이 땅에서 어떤 일이 일어나고 있는지 알지 못하고, 공의와 정의에 관심이 없고, 곧 능력과 도덕성에 있어서 한계와 문제가 있다고 묘사하기도 한다. 전도서와 욥기에서 욥이 세 친구와 대화하는 중 이러한 면모가 확연히 드러난다.

시가서가 "땅에서 하늘로 올라가는 계시"라는 점을 감안할 때 인간의 입장에서 이렇게 하나님을 간주하는 것은 가능한 일이다. 인간들은 세상 일을 자신의 계획과 섭리에 따라 실현해가시는 하나님을 볼 수 없기 때문이다. 특히 지혜 문헌처럼 하나님에 대한 경험을 이성과 논리로 설명하려고 하면 이런 결론에 도달할 수 밖에 없다. 그러나 이 같은 결론이 진실은 아니다. 인간은 자신을 껴안고 계신 하나님의 품에서 "하나님 어디 계십니까?" 하고 울부짖기 일쑤다. 특히 성도의 삶에 고통이 있을 때는 더욱 그렇다. 이런 차원에서 시가서들은 매우 인본주의적(humanistic)이면서 동시에 인도주의적인(humane) 하나님의 말씀이다.

그래서 여러 가지 이유로 하나님께 실망하거나 상처받은 성도들이 시가서를 묵상하면서 치유와 회복을 경험하는 것을 목격한다. 스펄전(C. Spurgeon)도 시편을 여러 가지 고민으로 잠을 이루지 못하는 영혼들에게 들려오는 "나이팅게일의 노랫소리"라고 했다. 시가서가 강조하고자 하는 하나님에 대한 면모는 다음과 같다.

① 창조주 하나님

시가서가 가장 강조하는 것은 하나님의 창조 사역이다(cf. 욥 28:23, 25-27, 38:4-39:30; 잠 3:19-20, 8:22-34). "인간은 어떻게 해서 이 땅에 거하게 되었는가?"라는 실존적 질문에 답하려고 할 때 지혜 문헌에서 창조주 하나님이 부각되는 것은 자연스러운 현상이다. 시가서는 우리가 어디를 향해 가고 있는가(viz., 종말론)가 중심 주제인 선지서와는 현저히 다른 책이며, 종말론 보다는 우리가 왜 여기에 와 있는가(viz., 실존론)를 더 집중적으로 조명하고 있다.

시가서도 선지서처럼 윤리와 도덕에 관해서 많은 가르침을 제시한다. 그러나 선지서는 하나님의 공의에 근거해서 윤리와 도덕을 강조하는 반면, 시가서는 창조주 하나님에 근거해서 그것을 부각한다(Rankin). 사람이 사람을 사람으로 대해야 하는 이유는, 창조주가 모든 사람을 동일하게 만드셨기 때문이다. 지혜 문헌은 하나님과 인간 사이의 가장 원초적 관계는 창조주와 피조물의 관계이며, 세상의 모든 것과 일은 하나님이 천지를 창조하신 태초에서 유래한 것들이라고 말한다.

창조론이 우선적으로 또한 중점적으로 언급되다 보니 구속론은 일부 시편을 제외하고는 시가서에서 상세히 논의되지 않는다. 그렇다고 해서 시가서가 구속론을 등한시하는 것은 아니다. 오히려 이 책들은 인류를 구속하시는 하나님이 바로 창조주이심을 강조한다. 이러한 차원에서 창조론은 인간의 구원자이신 하나님과 그분의 자비로운 구속의 대상이 되는 사람을 하나로 묶는 역할을 한다. 창조론은 구원론의 서막인 것이다.

한 학자는 신학에서 창조론의 위치가 재정비될 필요가 있다면서 다음과 같이 말한다(Spykman).

> 신학은 예수 그리스도를 세상의 구세주로 선언하는 일은 열정적으로 하지만, 아버지 하나님이 천지를 창조하실 때 하신 일에 대해서는 상당히 무관심하다. 빨리 십자가에 도달하고 그것을 논하고자 창조론을 지나치다시피 한다. … 이러한 자세는 잘못된 것이며 깊이 생각하지 않은 접근법이다. 성경이 우리의 죄 문제에 대해서 얼마나 심각하게 말씀하시며, 회심과 경건의 중요성에 대해서 무엇을 말씀하시는가, 우리의 미래에 관해서 무엇을 근거로 확고한 소망을 제시하시는가는, 하나님이 천지를 창조하실 때 어떤 일을 하셨는가에 관한 확실한 이해가 바탕이 되어야만 제대로 해석될 수 있기 때문이다.

이러한 주장이 일리가 있는 것은 예수님의 십자가와 부활의 영향력은 우리를 죄에서 구원하는 일에만 미친 것이 아니기 때문이다. 그리스도의 십자가와 부활은 창조 세계를 우리가 영원히 살게 될 장소로 회복시키기도 한다(Bartholomew & O'Dowd). 그러므로 시가서들이 논하고 있는 창조주 하나님과 창조 세계는 우리의 미래와도 연관되어 있는 중요한 주제이다.

② 지혜의 창시자

하나님은 시가서에서 직접적인 계시보다는 인간이 주님의 창조 세계에서 스스로 깨달을 수 있는 지혜를 통해 말씀하신다. 지혜의 근원이신 하나님이 자신이 창조한 세계에 온갖 지혜와 통찰력을 더해놓으셨기 때문이다. 잠언은 이 같은 사실을 "여호와께서는 지혜로 땅에 터를 놓으셨으며 명철로 하늘을 견고히 세우셨고"(잠 3:19)라고 표현한다(cf. 잠 8:22ff.; 욥 28장, 38장). 학자들은 이것을 "자연 계시" 또는 "일반 계시"라고 한다. 또한 성경은 창조주 하나님은 지혜로운 분이시며(욥 9:4), 지혜를 지니셨을 뿐만 아니라(욥 12:13), 인간에게 지혜를 주신다는 말을 자주 한다(잠 2:6; 전 2:26). 하나님만이 지혜의 장소와 그곳에 이르는 길을 알고 계시기 때문이다(욥 28:23).

학자들이 지혜를 일반 계시라고 하는 것은 여호와를 주인으로 인정하고 고백하는 사람들에게만 주어진 것이 아니라, 하나님을 믿지 않는 사람들에게도 동일하게 주셨기 때문이다. 물론 이러한 계시를 접하는 사람들이 모두 창조주 하나님을 인정할 필요는 없다. 하나님을 인정하지 않는 사람들은 이러한 계시를 "자연의 원리", "세상의 이치" 등으로 다양하게 부른다.

반면에 우리는 이것도 하나님이 인간과 교통하기 위해서 창조하신 하나의 방법이라고 확신한다. 하나님이 피조물 중 오직 인간만 자기 모양과 형상대로 만드시고, 하나님의 모양과 형상을 어느 정도 공유하고 있는 인간만이 누리고 깨달을 수 있는 원리와 지혜를 창조 세계에 심어두신 것이다. 학자들은 이 원리와 지혜를 "우주의 이성"(rationale of the cosmos)이라고 하며(Rankin) 이것이 없으면 세상과 인간의 삶은 무의미해진다고 생각한다.

하나님이 창조하셔서 세상 곳곳에 두신 지혜가 예언은 아니다. 그러나 이 지혜가 예언적인 기능을 한다. 잠언은 지혜가 "여자 선지자처럼" 거리 곳곳에서 외친다고 한다(잠 1:20; 8:1). 지혜는 하나님이 천지를 창조하실 때 온 우주와 인간들이 살아가는 사회적 질서에 만연하도록 하신 힘이다(잠 2:1-15, 8:22). 하나님이 창조하신 지혜는 자연 세계와 인간의 경험에 기록된 하나님의 말씀인 것이다(Bullock). 그래서 시가서는 자연과 역사를 지배하는 지혜와 원칙을 창조하신 분은 바로 하나님이라고 한다(욥 9:4, 11:6, 12:13, 32:8, 37:16; 잠 2:6, 8:22-31).

모세오경은 사람이 율법에 어떻게 반응하느냐가 그의 운명을 결정짓는다고 한다. 선지서는 사람이 선지자들의 말씀에 어떻게 반응하느냐가 그의 미래를 결정짓는다고 한다. 시가서는 창조주 하나님의 계시의 도구인 지혜에 사람이 어떻게 반응하느냐에 따라 그의 행복과 삶의 질이 결정된다고 한다. 지혜에 긍정적으로 반응하는 것은 곧 그 지혜를 창조하신 하나님께 긍정적으로 반응하는 것이며, 창조주에게 긍정적으로 반응하는 것은 곧 그에게 행복과 평안이 임한다는 것이다. 그러나 우리는 지혜의 저자이신 창조주·구세주 하나님이 우리를 돕지 않으시면 이 지혜를 깨달을 수 없음을 알아야 한다(von Rad, Bartholomew & O'Dowd).

③ 여호와 경외

시가서에서 가장 중요한 주제 중 하나가 바로 여호와에 대한 경외이다. 성경은 여호와를 경외하는 것이 지혜의 시작이라고 한다(시 111:10; 잠 1:7, 9:10). 지혜를 얻으려면 지혜의 창시자이신 여호와에 대한 올바른 자세에서 시작해야 하기 때문이다. 시가서는 여호와에 대한 경외가 시작일 뿐만 아니라, 인간이 자연 만물을 잘 관찰하면 자연스럽게 얻어지는 최종 결과이기도 하다. 하나님이 자신의 지혜로 세상을 창조하셨기 때문이다(cf. 잠 3:19). 잠언은 여호와에 대한 경외가 지혜의 시작이자 최종적인 목표라는 사실을 강조하기 위해서 책의 시작에(cf. 1:7), 책의 중요한 섹션인 1-9장과 10-29장의 분기점에(9:10), 그리고 끝에(31:30) 여호와에 대한 경외를 언급한다(Bartholomew & O'Dowd). 더 나아가 여호와에 대한 경외는 인간과 창조주의 관계를 묘사한다. 유대교-기독교의 근본적인 목적도 창조된 인간의 마음과 삶에 창조주에 대한 경외를 불어넣는 것이다.

중요한 것은 "여호와 경외"가 단순히 하나님에 대한 두려움, 공포, 외경을 뜻하는 것이 아니라는 사실을 깨닫는 것이다. 한 학자는 "여호와 경외"는 하나님의 "[두렵고] 압도적인 신비"(mysterim tremendum)와 "신비로운 끌림"(mysterium fascinans)의 결합이라고 한다(Eichrodt). 여호와에 대한 경외는 그의 백성에게 두려움을 느끼게 하지만, 동시에 주님께 끌리게 하는 매력을 지닌 개념이다. 그래서 우리는 하나님에 대해 말할 때 그분이 베풀어주시는 무한한 은혜와 냉혹한 심판을 동시에 말한다(Bartholomew & O'Dowd).

여호와에 대한 경외는 하나님에 대한 인간의 예배를 요약할 뿐만 아니라, 창조된 인간과 창조주 하나님의 관계를 가장 적절하게 표현하는 종교적 개념이다(Bullock). 또한 여호와에 대한 경외는 곧 지혜이며(욥 28:28), 지혜의 근본/시작이다(시 111:10; 잠 9:10, cf. 잠 1:7, 15:33). 지혜는 인간에게 행복과 만족한 삶을 안겨주는 도구라는 점을 감안할 때, 지혜의 근원이 되는 하나님에 대한 경외는 인간의 행복과 만족하는 삶의 비결이라 할 수 있다(cf. 잠 10:27, 14:26-27, 15:16, 19:23). 그러나 여호와를 경외하는 것은 인간을 행복한 삶으로 인도할 뿐만 아니라, 인간 삶의 근본적인 목표이기도 하다. 사람은 여호와를 경외하는 것을 삶의 가장 중요한 목표로 삼아야 한다.

(2) 인간

공동체의 중요성을 강조하는 율법이나 선지서와는 달리 시가서는 대체로 개인적인 차원의 영성과 경건을 강조한다. 개인이 경건하고 지혜로워야 그가 속한 공동체가 안정적이고 평안할 수 있다는 것이 이 문헌들의 가르침이다. 그래서 지혜자들은 사회에 속한 각 개인의 변화를 통해 사회적 변화를 추구한다(Bullock). 인간은 창조주께서 이성을 포함한 많은 것을 선물로 주신 피조물이며, 인간은 스스로의 결정과 행동에 대해 창조주 앞에서 책임을 져야 한다는 점을 고려할 때, 지혜자들이 사회적 변화를 유도하는 과정에서 사람들을 개인적으로 접근하는 것은 당연한 일이다.

인간이 스스로의 결정과 행동에 대해 창조주 앞에서 책임을 져야 한다는 사실은, 삶에서 그가 해야 할 일과 준수해야 할 가이드라인이 있음을 전제한다. 그러므로 지혜는 게으름, 탐욕, 음란함, 방탕 등을 비윤리적인 것들로 규정한다. 하나님이 허락하신 시간과 선물을 잘못 사용하여 창조주께 책임을 다하지 못한 것들이기 때문이다. 일부 학자들은 이스라엘 종교에서 처음에는 공동체적인 책임만 강조했을 뿐, 개인적인 책임 요구는 매우 늦게 발전된 개념이라고 하지만(cf. Rankin), 십계명이 이미 2인칭 단수 "너"를 사용해서 구성되어 있고, 구약 윤리의 절정이라고 할 수 있는 "네 이웃 사랑하기를 네 자신과 같이 사랑하라"(cf. 레 19:17-18, 33-34)는 원칙 역시 2인칭 단수를 사용하고 있음을 감안할 때, 그것은 전혀 설득력이 없는 주장이다. 율법이 전반적으로 공동체의 책임과 윤리를 논하는 반면 시가서는 개인적인 책임과 도덕을 중점적으로 다룬다는 특징은, 강조하고자 하는 바가 다를 뿐이지 한쪽이 다른 쪽을 배제한다는 것은 아니다.

시가서가 공동체를 배제하지 않는다는 점은 모든 사람이 동일하게 경험하는 일들을 원리적으로 언급하는 것에서도 역력히 드러난다. 예를 들면, 욥은 자신이 개인적으로 경험한 일에서 세상 모든 사람이 경험해야 하는 원리를 터득한다(욥 14:1-22; cf. 7:3-10). 그는 다음과 같이 말한다.

여인에게서 태어난 사람은
그 사는 날이 짧은데다가,

그 생애마저
괴로움으로만 가득 차 있습니다.
피었다가 곧 시드는 꽃과 같이,
그림자 같이,
사라져서 멈추어 서지를 못합니다(욥 14:1-2, 새번역).

전도서 저자 역시 자신의 경험에서 온 인류가 경험하는 일을 말한다.

사람이 세상에서 아무리 수고한들,
무슨 보람이 있는가?(전 1:3, 새번역)

그는 또한 사람이 늙으면 모두 경험하는 일을 통해 인생의 덧없음을 표현한다.

높은 곳에는
무서워서 올라가지도 못하고,
넘어질세라
걷는 것마저도 무서워질 것이다.
검은 머리가 파뿌리가 되고,
원기가 떨어져서
보약을 먹어도 효력이 없을 것이다.
사람이 영원히 쉴 곳으로 가는 날,
길거리에는 조객들이 오간다(전 12:5, 새번역).

시가서가 개인적인 책임과 윤리를 강조한다고 해서 공동체적인 책임과 윤리를 배제하거나 무시하는 것은 아니다. 시가서는 인간을 개인적인 차원에서, 또한 공동체적인(viz., 온 인류적인) 차원에서 논한다. 다만 개인적인 차원을 더 강조할 뿐이다. 한 사람의 순간적인 선택과 결정이 그의 미래에 영향을 미칠 뿐만 아니라, 그가 속한 공동체와 온 인류에 영향을 미친다는 것이 이 문헌들이 강조하고자 하는 포인트이다. 각 개인은 항상 온 인류의 운명을 결정짓는 선택의 기로에 서 있는 것이다.

(3) 인과응보

물질적인 우주(physical universe)와 도덕적인 우주(moral universe)는 인과 관계(cause-effect)로 운영된다. 그러므로 인간 세계에서 사람의 선한 행동은 보상을 받고, 악한 행위는 벌을 받는다. 전도서는 이 같은 원리를 다음과 같이 표현한다.

> 의인은 영원히 흔들리지 않지만,
> 악인은 땅에서 배겨내지 못한다(잠 10:30, 새번역).

그래서 욥은 친구들의 회개 권고와 노골적인 비난에도 불구하고 자신의 고난에 대해서 다음과 같이 당당하게 말한다. 하나님은 선을 상주시고 악을 심판하시는 분이시기 때문에 하나님이 그의 형편을 아시면 그의 고통은 순식간에 끝나고 모든 것이 제자리로 돌아갈 것을 확신하는 것이다.

> 하나님은
> 내가 발 한 번 옮기는 것을
> 다 알고 계실 터이니,
> 나를 시험해 보시면
> 내게 흠이 없다는 것을

아실 수 있으련만!(욥 23:10, 새번역)

그러나 이 같은 원리가 이 땅의 삶에서 항상 확실하게 드러나는 것은 아니다. 때로는 악인이 의인보다 더 성행하는 경우를 보게 되고(cf. 시 37:35), 의를 행하다가 고난을 받는 사람들을 목격하기도 한다(cf. 욥 1-2장, 31:5-40). 신적 응보(divine retribution)가 항상 '즉결 심판'으로 나타나는 것은 아니기 때문이다. 성경은 신적 응보가 때로는 종말에 가서야 진행된다고 하며, 이 같은 사실은 "여호와의 날" 개념에서 확실하게 드러난다. 언젠가 모든 사람이 자신의 행위에 대해서 보상을 받거나 심판을 받을 것이다(cf. 욥 19:26).

그렇다면 최종적인 심판이 이 땅에 임할 때까지, 하나님은 의인과 악인을 구분하지 않는다는 말인가? 아니다. 이미 언급한 것처럼 때로는 하나님의 심판이 인간의 삶에 곧장 임할 때가 있다. 그렇지 않은 경우는 종말 때까지 보류되지만 간접적 응보는 일상에서 이미 이루어지고 있다. 바로 하나님이 사람과 함께하심과 함께하지 않으심을 통해서이다. 이 같은 사실을 시편 기자는 다음과 같이 고백한다.

하나님께 가까이 있는 것이
나에게 복이니,
내가 주 하나님을
나의 피난처로 삼고,
주님께서 이루신 모든 일들을
전파하렵니다(시 73:28, 새번역).

(4) 내세(영생)

학자들은 구약 성경이 포로기 이전 시대부터 내세에 대해서 가르쳤는지에 대해서는 아직도 뜨거운 논쟁을 펼친다. 일부 학자들은 오래전부터 시편 16, 17, 49, 73편 등이 내세와 영생에 대해서 완전한 꽃을 피운 것은 아니지만 최소한 이 개념에 대한 씨앗을 가지고 있는 것으로 보았다(Kirkpatrick, Gunn). 우가릿 시를 깊이 연구한 한 학자는 내세 개념이 시편에만 국한된 것이 아니라, 우가릿 시와 신화(ca. BC 15세기)에도 이미 상당히 발전된 모습으로 전개되고 있음을 발견하게 되었다(Dahood). 이 같은 사실을 근거로 다후드(Dahood)는 내세에 대해서 언급하고 있는 텍스트를 시편에서 33개, 잠언에서 8개, 그 외에 민수기, 전도서, 이사야, 다니엘 등에서 찾았다. 다른 학자도 구약의 내세 개념이 포로기 이후 문헌에 제한된 현상이 아니라, 구약의 초기 문헌에서부터 제시되고 있다고 단언한다(Brichto).[8] 그렇다면 이스라엘과 주변 국가들의 내세에 대한 이해는 어떤 차이를 보이는가? 브릭토(Brichto)는 고대 근동에서 죽음 후에 상과 벌이 있다는 것은 히브리 사람들의 고유한 사상이라고 한다.

구약은 착한 사람이나, 악한 사람이나 죽어서 가는 곳을 스올이라고 한다. "스올"(שְׁאוֹל)이라는 단어는 구약에서 65차례 등장하며, 이 중 시편에서만 16차례 사용된다. 장소를 의미할 때 스올은 죽은 사람이 가는 그림자와 어두움으로 가득한 곳이며 이곳으로 가면 다시는 돌아올 수 없다(욥 10:21, 17:13-16; 시 88:5-12). 때로는 스올이 장소가 아니라 죽은 상태(state of death)를 의미하기도 한다(시 49:14-15). 그래서 한 시편 기자는 하나님이 자기를 영원한 죽음에서 구원하셔서 하나님과 [영원히] 함께할 날을 소망한다.

8 브릭토(Brichto)는 다음과 같이 결론짓는다. "우리는 사람이 죽은 후에 육체적인 요소들은 모두 잃게 되지만, 성격, 의식, 심지어는 살아있는 그의 자손들에게 어떤 일이 있는지까지를 알게 되는 개인적 성향들은 모두 그대로 유지하게 된다는 성경적 이스라엘의 내세에 대한 이해가 포로기 시대에 사역했던 선지자들의 글들에서도 역력히 드러나고 있음을 확신한다."

그러나 하나님은
분명히 내 목숨을 건져 주시며,
스올의 세력에서
나를 건져 주실 것이다(시 49:15, 새번역).

시편 기자는 이 세상에서 그의 삶이 끝나는 순간, 곧바로 내세에 하나님과 함께하는 삶으로 이어질 것을 기대한다.

주님의 교훈으로
나를 인도해 주시고,
마침내
나를 주님의 영광에
참여시켜 주실 줄 믿습니다(시 73:24, 새번역).

구약이 자체적으로 내세에 대해서 구체적이고 명확하게 언급하지 않는 것이 어느 정도 사실이지만, 구약에 대한 신약의 이해는 명확하다. 신약 저자들은 구약이 내세에 대해서 확고하게 가르치고 있는 것으로 본 것이다. 베드로는 시편 16편이 예수님의 부활을 예언하고 있다며 오순절 설교에서 언급한다(행 2:24-28). 또한 예수님은 이 세상에서 하나님과 관계맺은 사람은 죽음 후에도 하나님과 함께할 것을 전제하신다(마 22:32). 하나님과 인간의 관계를 죽음이 갈라놓을 수 없기 때문이다.

5. 히브리 시

시가서 뿐만 아니라, 구약의 3분의 1과 신약의 상당한 분량이 시 형식을 취하고 있다. 구약에서 시가 가장 광범위하게 사용된 곳은 시편, 잠언, 욥기와 선지서이다. 실제로 구약을 구성하고 있는 39권의 책 중 레

위기, 룻기, 에스더 세 권만 시를 포함하고 있지 않다.[9] 그만큼 시는 많이 사용되는 장르이다. 실제로 구약의 시를 모아 연속적으로 써 내려가면 신약 전체의 분량보다 많다. 히브리 시는 광범위한 평행법 사용과 표현의 간결함이라는 두 가지 특성을 지닌다.

(1) 평행법

평행법과 평행법의 일종이라고 할 수 있는 교차대구법은 시가서 안에서 가장 많이 사용되는 문학적 기술이다. 평행적인 구조는 한 구절이나 행이 다른 구절이나 행과 상응하는 것을 말한다. 평행법은 히브리 시의 대표적인 형태이다. 성경 저자들은 평행법을 사용하여 같은 사상을 반복하고, 생각을 더 확실하고 명확하게 드러내거나 발전시킨다(Murphy). 평행법에는 다음과 같은 다양한 형태가 있으며, 이 중 처음 세 가지가 주류를 이룬다.

첫째, 의미적 평행(semantic parallelism)이다. 이 평행법은 단어 사용에 기초를 두고 있으며 비슷한 낱말(synonyms)을 사용하여 구성한다. 시의 두 번째 행이 첫 번째 행의 의미에서 이렇다 할 더함이나 빼는 것 없이 첫 번째 행의 생각을 반복하는 과정에서 비슷한 말을 사용하는 기법이다(cf. 시 2:3, 7:16, 17:1; 잠 1:20).

둘째, 유사한 단어의 평행(similar terms)이다. 두 번째 행이 첫 번째 행을 유사한 단어를 사용하여 반복하는 경우를 뜻한다(cf. 시 1:5, 2:8, 6:1-2, 7:13, 17:8).

셋째, 짝을 이루는 단어의 평행(matched pairs)이다. 두 번째 행에서 사용되는 단어가 첫 번째 행의 단어와 짝을 이루는 단어이다(cf. 시 2:1b, 9:8, 15:1).

---

9 일부 학자들은 이 목록에 에스라와 느헤미야, 학개와 말라기를 포함시키지만, 에스라와 느헤미야는 짧은 노래를, 학개와 말라기는 상당한 분량의 시를 포함하고 있다.

넷째, 대조적 평행(antithesis)이다. 시의 두 번째 행이 첫 번째 행의 생각과 대조되거나 부정하는 것이다(cf. 시 1:6, 15:4a, 37:9, 16; 잠 10:1).

다섯째, 진행적/발전적 평행(progressive parallelism)이다. 이 평행법은 논리에 중점을 둔다. 원인-결과(cause and effect)를 중심으로 한 것은 "무엇이 무엇과 같은 결과를 초래했다"라는 관계를 유지한다(cf. 시 1:3, 6:7, 7:14, 16:1). 순서(sequence)를 중심에 둔 것은 논리나 사건의 순서를 발전적으로 제시하는 평행법이다(cf. 시 1:1, 3:4-5, 6:10, 37:29). 추론(deduction)적인 평행은 "무엇이 이렇다"에서 "그렇다면 결과는 이렇다"라는 결론에 도달할 때 사용된다(cf. 시 4:3, 13:6, 16:8). 은유적 평행은 두 행에 걸쳐 "무엇은 무엇이다"라고 하는 비유법이다(cf. 시 4:7, 18:30b). 설명적 평행은 둘째 행이 첫째 행을 설명하는 역할을 한다(시 5:10b, 5:11b).

여섯째, 문법적 평행(grammatical parallelism)이다. 이 평행법은 문법 형태에 의해서 성립된다. 평행적인 문법 구조(parallel parts of speech)(cf. 시 18:4-5, 18:25-26, 19:7-8), 단어 순서(word order)(cf. 시 1:2, 2:5, 18:4-5), 생략(ellipsis)(cf. 시 16:11, 18:41) 등의 유형이 있다.

(2) 간결성

시는 여러 문단으로 구성되는 산문과는 대조적으로, 절 혹은 행으로 나누어진다. 한 절의 끝을 표시하기 위해 쓰는 특징 중 하나가 후렴(refrain)이다(cf. 시 39, 44, 46, 49, 56, 57, 59, 62편 등). 가장 흔한 유형은 접속사를 사용하지 않는 경우이며, 첫째 행과 둘째 행에서 단어가 생략되는 경우가 허다하다.

소는 그 임자를 알고
나귀는 그 주인의 구유를 알건마는
[원어 성경에선 '알고'가 생략](사 1:3)

(3) 성향

불링거(E. W. Bullinger)는 Figures of Speech Used in the Bible(성경에서 사용된 수사학적 표현들)이란 책에서 성경에서 200가지가 넘는 문학적 기법을 발견했다고 한다. 이러한 표현 기법의 예로 8천여 개를 제시한다. 더 자세한 예를 원한다면 그 책을 참조하라.

비교

비교법에는 직유(similie)와 은유(metaphor)가 있다. "직유"(simile)는 표현 기법 중 가장 간단하고 가장 직선적이다. 직유는 두 물체나 두 행동을 비교하는 것으로서 "~처럼"(as) 혹은 "~같이"(like)라는 표현을 사용한다. 가장 식별하기 쉽고 본문에서의 기능도 명확하다. "비와 눈이 하늘로부터 내려서 그리로 되돌아가지 아니하고 … 먹는 자에게는 양식을 줌과 **같이** 내 입에서 나가는 말도 …"(사 55:10-11). 시편 1편은 의인과 악인에 대해서 다음과 같은 직유를 사용한다.

그[의인]는 시냇가에 심은 나무가
철을 따라 열매를 맺으며
그 잎사귀가 마르지 아니함 같으니
그가 하는 모든 일이 다 형통하리로다
악인들은 그렇지 아니함이여
오직 바람에 나는 겨와 같도다(시 1:3-4)

"은유"(metaphor)는 다소 어렵지만 훨씬 더 많이 사용되는 표현 기법이다. 비교가 직접적으로 표현되지 않고 암시될 뿐이다. 한 개념을 두 요소에서 찾되 "처럼" 혹은 "같이"를 사용하지 않는다. 이사야는 죄지은 이스라엘을 병든 사람에 비교한다(사 1:5-6). 예수님은 헤롯 왕을 여우에 비교하는 은유를 남기셨다. "너희는 가서 저 여우[헤롯]에게 이르되"(눅 13:32). 다윗은 시편 23:1에서 하나님을 양을 치는 목자에, 자신을 양에 비교한다.

여호와는 나의 목자시니
내게 부족함이 없으리로다

하나님을 "나의 반석"이라고 부르는 것도 이 유형에 속한다(cf. 시 31:3, 62:2-3).

비유와 풍유

직유가 연장되어 한 이야기를 이룰 때 이것을 "비유"(parable)라 한다. 예수님이 "천국은 마치 밭에 감추인 보화와 같으니"라고 말씀을 시작하시는 것이 좋은 예이다. 시편 52:2-4은 악인의 혀에 대해서 다음과 같이 비유한다.

네 혀가 심한 악을 꾀하여
날카로운 삭도 같이
간사를 행하는도다
네가 선보다 악을 사랑하며
의를 말함보다 거짓을 사랑하는도다
간사한 혀여
너는 남을 해치는
모든 말을 좋아하는도다

은유가 연장되어 이야기를 이룰 때 "풍유"(allegory)라고 한다. 대체로 성경에는 14개의 풍유가 있다. 결혼의 순수성을 우물에 비교하는 잠언 5:15-20, 지혜를 가정주부로 표현한 잠언 9:1-6, 이스라엘을 악한 열매를 맺는 들포도에 비유한 이사야 5:1-7 등이 대표적인 예이다. 시편 80:8-17은 파괴된 이스라엘을 포도나무에 비유해 다음과 같은 풍유를 말한다.

주께서 한 포도나무를 애굽에서 가져다가
민족들을 쫓아내시고 그것을 심으셨나이다
주께서 그 앞서 가꾸셨으므로
그 뿌리가 깊이 박혀서 땅에 가득하며
그 그늘이 산들을 가리고
그 가지는 하나님의 백향목 같으며
그 가지가 바다까지 뻗고
넝쿨이 강까지 미쳤거늘
주께서 어찌하여 그 담을 허시사
길을 지나가는 모든 이들이 그것을 따게 하셨나이까
숲 속의 멧돼지들이 상해하며
들짐승들이 먹나이다
만군의 하나님이여 구하옵나니
돌아오소서 하늘에서 굽어보시고
이 포도나무를 돌보소서
주의 오른손으로 심으신 줄기요
주를 위하여 힘있게 하신 가지니이다
그것이 불타고 베임을 당하며
주의 면책으로 말미암아 멸망하오니
주의 오른쪽에 있는 자
곧 주를 위하여 힘있게 하신 인자에게
주의 손을 얹으소서

부가(figures of addition)

부가법이 때로는 "표현의 풍요법"이라고 불리기도 한다. 주요 부가법은 세 가지가 있다. 첫째는 용어법(pleonasm)이다. 수사학적 가치를 강조하기 위해서 중복적인 표현을 쓴다. 강조를 위해 많이 사용하며 청중/독자의 마음에 확고한 영향력을 주길 원한다. 창세기 40:23에서는 "술 맡은 관원장이 요셉을 **기억하지 못하고 그를 잊었더라**"라고 표현한다. 시편 91:8(새번역)은 다음과 같이 "눈"과 "보다"를 반복적으로 사용한다.

오직 너는
너의 눈으로 자세히 볼 것이니,
악인들이 보응을 받는 것을
보게 될 것이다.

둘째는 유성어법(paronomasia)이다. 같은 음의 말로 시작되는 유사한 단어를 반복하는 것을 뜻한다. 의미는 연결이 안 되고 소리만 연결하며 유사 단어를 사용해 리듬감을 느끼게 해준다. 성경 원어로 다음 문구들의 소리를 관찰해 보라. "혼돈하고 공허하며"(תֹהוּ וָבֹהוּ)(창 1:2), "모든 일에 항상 모든 것이 넉넉하여"(παντὶ πάντοτε πᾶσαν)(고후 9:8), "슬프다 [범죄한] 나라요"(הוֹי גּוֹי)(사 1:4). "좋은 이름이 좋은 기름보다 낫고"(전 7:1)라는 말씀의 히브리어 소리는 다음과 같다. "ṭôḇ šēm miššémen ṭôḇ."

셋째는 과장법(hyperbole)이다. 저자가 말하는 내용의 효과를 높이기 위해 쓰는 의식적인 표현법이다. "네 오른 눈이 너로 실족하게 하거든 빼어 내버리라"라는 예수님의 말씀(마 5:29)은 과장법을 사용한다. 사사기 7:12은 이 기법을 사용하여 이스라엘의 적을 다음과 같이 묘사한다. "미디안과 아말렉과 동방의 모든 사람들이 골짜기에 누웠는데 메뚜기의 많은 수와 같고 그들의 낙타의 수가 많아 해변의 모래가 많음 같은지라." 시편 6:6이 사용하는 과장법을 생각해보라.

내가 탄식함으로 피곤하여
밤마다 눈물로 내 침상을 띄우며
내 요를 적시나이다

엑스포지멘터리

시가서 개론

욥기

EXPOSItory comMENTARY

욥기

그가 이르되 "그대의 말이 한 어리석은 여자의 말 같도다 우리가 하나님께 복을 받았은즉 화도 받지 아니하겠느냐" 하고 이 모든 일에 욥이 입술로 범죄하지 아니하니라(2:10)

욥이 대답하여 이르되 오늘도 내게 반항하는 마음과 근심이 있나니
내가 받는 재앙이 탄식보다 무거움이라
내가 어찌하면 하나님을 발견하고 그의 처소에 나아가랴
어찌하면 그 앞에서 내가 호소하며 변론할 말을 내 입에 채우고
…
그가 큰 권능을 가지시고 나로 더불어 다투시겠느냐
아니로다 도리어 내 말을 들으시리라
거기서는 정직한 자가 그와 변론할 수 있은즉
내가 심판자에게서 영원히 벗어나리라
그런데 내가 앞으로 가도 그가 아니 계시고
뒤로 가도 보이지 아니하며
그가 왼쪽에서 일하시나 내가 만날 수 없고

그가 오른쪽으로 돌이키시나 뵈올 수 없구나

(23:1–9)

소개

여러 세계적인 문호들은 성경의 책 중 욥기를 가장 극찬했다. 19세기의 영국 사학자 칼라일(Thomas Carlyle)은 욥기를 "인류 역사 속에 빛나는 가장 위대한 책 중의 하나"라고 평가했다. 19세기의 미국 정치인이자 영어사전으로 유명한 웹스터(Daniel Webster)는 욥기를 "전 세계의 언어와 문화를 통틀어 가장 아름다운 시"로 평가했다. 16세기의 영국의 철학자 베이컨(Francis Bacon)은 욥기가 언급하는 자연의 여러 사물과 창조에 관한 가르침에 근거하여 욥기를 두고 "자연 신학(natural theology)으로 가득한 책"이라며 극찬했다. 유태인들의 전통과 정신을 담고 있는 탈무드는 룻과 함께 욥을 "인류 역사 속에서 가장 믿음이 좋았던 이방인"이었다고 평가한다.

욥기는 철학자들에게서 가장 많은 관심을 받았던 책 중 하나이기도 하다. 홉스(Thomas Hobbes, 1588–1679)와 스피노자(Benedict Spinoza, 1632–1677)와 볼테르(Voltaire, 1694–1778)와 칸트(Immanuel Kant, 1724–1804) 등이 욥기에 대하여 글을 남겼다. 철학에서 가장 중요한 주제 중 하나가 인간의 고통인데, 성경에서 욥기처럼 인간의 고통에 대하여 많은 공간을 할애하며 심도 있게 논하는 책이 없기 때문이다.

욥기는 시인들과 문학가들에게도 많은 사랑을 받았다. 블레이크(William Blake, 1757–1827)와 드 라마르틴(Alphonse de Lamartine, 1790–1869)과 클로델(Paul Claudel, 1868–1955)과 로렌스(D. H. Lawrence, 1885–1930) 등등이 욥기의 문학성에 대한 연구를 남겼다. 욥기가 중심 주제로 다루는 삶의 고통과 아픔이 문학가들에게 특별하기 때문이기도 하지만, 욥기 대부분이 문학성이 매우 뛰어난 시(詩)로 기록되어 있기 때문이다.

욥기는 신학자들에게도 많은 영향을 끼쳤다. 단테의 『신곡』(*Divine Comedy*)과 밀턴의 『복락원』(*Paradise Regained*)과 괴테의 『파우스트』(*Faust*) 등이 욥기에서 많은 영향을 받았다. 이 외에도 부버(Martin Buber, 1878–1965)와 카우프맨(Yehezkel Kaufmann, 1889–1963)과 고르디스(Robert Gordis)와 롤리(H. H. Rowley) 등등 여러 신학자가 욥기에 대하여 영향력 있는 글을 남겼다. 고통을 논하는 욥기는 선하신 하나님이 세상을 통치한다고 믿는 신학자들에게 가장 큰 도전이 되었기 때문이다.

이처럼 온갖 분야의 학자들이 욥기에 많은 관심을 가지고 있었으며, 그들에게 지대한 영향을 끼쳤다. 그렇다고 욥기가 각 분야 전문가들에게만 의미가 깊었던 것은 아니다. 일반 성도들에게도 많은 영향을 끼치고, 사랑을 받았다. 욥기는 삶의 고통 속에서 신음하며 괴로워하는 신앙인들이 가장 많이 찾는 책이다. "욥기는 내가 읽어본 책 중 인간의 외로움에 대하여 가장 비극적으로, 가장 웅장하게, 가장 아름답게 묘사해놓은 책이다"(Thomas Wolfe). 요약하자면 욥기는 모든 사람의 책이라는 것이다. 욥기가 시대와 장소를 초월해 아파하며 힘든 세상을 살아가는 모든 사람을 위하여 삶의 의미와 위로와 치유 메시지를 지녔기 때문이다.

욥기는 이처럼 많은 사람의 관심과 사랑을 받고 있지만, 끊임없이 논쟁이 되기도 한다. 무엇보다도 핵심 주제가 인간의 고통에 관한 것이기 때문이다. 신학과 철학을 포함한 모든 실존적인 사색 체계는 인간의 고통에 대하여 제대로 설명하지 못하면 무너지거나 별 의미가 없는 이론으로 전락하기 때문이다. 또한 욥기는 대단한 작품성을 띠고 있는 고전이기에 많은 사람의 관심과 연구의 대상이 되었다. 욥기는 90% 이상이 시로 구성되어 있으며, 학자들은 욥기를 구성하고 있는 시들을 최고 수준의 히브리 시로 평가한다.

1. 역사적 정황

대부분의 학자는 욥기가 매우 오래된 책, 성경에서 가장 오래된 책이라고 주장한다(cf. Smick). 욥기에 사용되는 단어들은 구약 성경에 사용되는 히브리어 중 가장 오래된 것들이며, 학자들은 욥기의 표현 방식도 그러한 것으로 평가한다(Hartley, Walton). 다음 사항을 생각해보자.

첫째, 욥기는 구약의 다른 책들과는 달리 율법에 대해 어떤 언급도 하지 않는다. 욥기가 율법을 전혀 언급하지 않는 것은 두 가지 이유 때문이다. 먼저 욥은 이방인 성도였기 때문에 율법과 상관없는 사람이다. 그러므로 저자는 책에서 율법을 언급할 이유가 없다. 또한 욥기가 율법을 언급하지 않는 더 중요한 이유는 이 책이 하나님이 모세를 통해 시내산에서 율법을 주시기 이전의 시대를 역사적 배경으로 하고 있기 때문이다(cf. Alden). 그러므로 이 같은 사실은 종종 욥기가 율법 선포 이전에 오늘날의 형태를 취하게 되었다는 것을 간접적으로 증명하는 증거로 제시된다. 왜냐하면 이스라엘 사람들에게 율법보다 더 중요한 책은 없었고, 따라서 구약의 모든 책은 율법에 대해 직접적이거나 간접적으로 암시하곤 하는데, 욥기에서는 이 같은 현상이 감지되지 않기 때문이다.

둘째, 욥기는 부(副)를 짐승들과 종들의 숫자로 표현한다(1:3, 42:12). 이런 표현 방식은 창세기에 등장하는 이스라엘 선조들의 부를 표현하는 방식과 동일하다(cf. 창 12:16, 13:2). 인류가 부를 표현하기 위해 제일 먼저 사용한 방법이 욥기에서 사용되고 있다. 욥기가 매우 오래된 문서임을 의미한다.

셋째, 제사장이 아니라 가장(家長)이 제물을 드린다(1:5, 42:8). 시내산 율법이 선포되기 전 시대의 이스라엘에서는 가장이 집안의 제사장 역할을 했다. 아브라함은 가는 곳마다 제단을 쌓고 제물을 드렸다(cf. 창 12:8, 13:4, 18, 22:13). 아브라함의 아들 이삭도 직접 제단을 쌓고 하나님을 예배했다(창 26:25). 아브라함의 손자 야곱도 제단을 쌓고 하나님께 예물을 드렸다(33:20, 35:7). 욥도 스스로 집안의 제사장 역할을 한다. 시내산에서 율법이 선포되고, 그 율법에 따라 장막과 기구가 제작되었고(출 35-40장), 장막에서 사역할 제사장들이 취임한 이후(cf. 레 8장)로는 가장이 각 가정의 제사장 역할을 할 수 없다. 이 같은 정황을 보면, 욥기는 시내산 율법이 선포되기 이전 시대를 배경으로 하고 있음이 확실하다.

넷째, 스바 사람들과 갈대아 사람들이 욥이 살고 있던 지역을 배회한다(1:15, 17). 스바 사람들은 아라비아의 남쪽, 갈대아 사람들은 훗날 바벨론과 아시리아 일대를 차지해 큰 나라를 세웠던 족속들이다(ABD). 그러나 욥기에서는 그들이 아직도 떼를 지어 도적질을 하고 다닌다. 이런 상황은 이 족속들이 나라를 세우기 훨씬 전 시대를 역사적 배경으로 욥기가 전개되고 있음을 의미한다.

다섯째, 케쉬타가 돈의 단위로 사용되고 있다(42:11, cf. 창 33:19, 수 24:32). 창세기 33:19과 여호수아 24:32에 의하면, 케쉬타는 야곱이 세겜 땅을 살 때 사용했던 화폐 단위다. 창세기를 제외하면 이 화폐 단위가 성경에서는 유일하게 욥기에서 사용된다. 욥기는 선사시대(prehistory)를 역사적 배경으로 하고 있음을 암시한다.

여섯째, 욥의 장수에 대한 설명(42:17)이 선사 시대의 표현과 흡사하다. 재앙이 끝이 나고 하나님이 그의 삶을 회복시켜주신 다음, 욥기 42:16-17은 "그 후에 욥이 백사십 년을 살며 아들과 손자 사대를 보았고 욥이 늙어 나이가 차서 죽었더라"라고 기록한다. 이러한 표기법은 창세기에서 사용되는 "○○는 몇 년을 더 살며 아들들과 딸들을 두었고, 몇 살을 향수하고 죽었더라"라는 흔한 표기법과 비슷하다(cf. 창 5, 11장). 이런 표현도 창세기와 욥기를 제외하면 사용되지 않는 표현이다.

위에 나열된 증거들을 근거로 대부분의 학자는 욥을 아브라함 시대 사람으로 간주한다. 학자들에 따라 아브라함 시대에 대한 견해가 주전

24–19세기까지 다양하다. 그러므로 욥기의 역사적 배경이 빠르면 주전 24세기, 늦으면 주전 19세기 정도라는 뜻이다. 물론 책에 기록된 이야기가 이 시대를 역사적 배경으로 삼고 있다고 해서 욥기가 이때 문서화되었다고 주장하는 것은 아니다. 욥기가 구약에서 가장 오래된 히브리어로 저작된 것은 사실이지만, 이 책이 어떤 경위를 통해 언제 최종적으로 우리에게 전수된 형태로 문서화되었는가에 대해서는 아무도 알 수 없다. 시대적 배경과 문서화 시기는 별개 이슈이다.

2. 저자와 저작 시기

욥기의 역사적 정황은 아브라함 등 창세기에 등장하는 선조들의 시대를 배경으로 하고 있음이 확실하다. 그러나 구약의 여러 책들처럼 욥기의 저자와 실제 저작 시기를 가름하기란 매우 어려운 일이다. 책이 욥이라는 사람이 경험한 일을 회고하고 있지만, 누가, 언제 이 책을 저작했는지 언급하지 않기 때문이다. 그러므로 학자들은 다양한 추측을 내놓았다.

상당수의 비평학자는 욥기가 여러 단계를 거쳐 지금의 형태로 진화했다고 생각한다(cf. Clines, Dhorme, Hartley, Newsom, Pope, Rowley). 첫째, 그들은 욥기가 원래 1–2장과 42:7–17로 구성된 짧은 이야기였고, 장르도 내러티브 양식을 취했다고 주장한다. 욥이라는 사람이 모든 것을 잃고도 창조주 하나님에 대한 믿음을 지켜 큰 축복을 받았다는 간단한 이야기였다. 이때 욥기의 대부분을 차지하는 욥과 친구들의 대화는 존재하지 않았고 대신 매우 짤막한 대화가 중간에 실렸는데, 신앙이 좋은 욥이 친구들의 부정한 시각을 책망하고 교정하는 내용이었다. 원래의 이야기는 오늘날 우리가 욥기에서 읽는 욥과 친구들 사이에 전개되는 대화의 내용과 완전히 상반된 것이다.

둘째, 이후 한 저자가 욥과 세 친구의 대화(3:1–31:37)를 완전히 새로 저작해 책에 첨부했다. 욥과 세 친구의 대화는 1-2장에서 제공된 역사적 정보에 근거를 두었지만, 내용 면에서는 1-2장과 상당히 대립하는 성향을 보였다. 이 저자는 하나님의 담화(38:1-42:6)를 삽입해 욥기의 절정으로 삼았다. 그러나 원래 욥기의 결론이었던 42:7-17은 내용을 수정하지 않고 그대로 두어 자신이 새로 삽입한 욥과 세 친구의 대화 내용의 결론으로 삼았다. 28장은 훗날 다른 사람이 저작해 삽입했거나, 같은 저자가 욥과 세 친구의 대화에서 하나님과 욥의 대화로 넘어가는 신호(signal) 역할을 하도록 저작했을 수 있다.

셋째, 상당한 세월이 흐른 다음, 세 번째 저자는 두 번째 저자가 남긴 책의 흐름에 대해 만족하지 못했다. 이 저자는 신학적으로 다소 문제를 지닌 관점을 소유한 욥이 오히려 올바른 관점에 바탕을 두고 말을 하는 세 친구를 매우 효과적으로 반박했다고 생각했다. 반면에 하나님의 담화는 욥의 질문에 만족스럽게 대답하지 못했다는 결론을 내렸다. 그러므로 그는 엘리후 담화(32-37장)를 삽입해 욥의 담화를 반박했다.

넷째, 셋째 저자가 완성한 책이 전수되는 과정에서 필사를 하던 사람들은 욥이 세 친구에게 하는 말의 일부가 망언적이라고 생각했다. 이런 문제를 해결하기 위해 이 필사가들은 욥과 세 친구의 대화 중 세 번째 사이클(22-27장)에 포함된 빌닷과 소발의 담화 중 일부를 욥이 한 것으로 바꾸었다. 그러므로 세 번째 사이클에서 빌닷은 처음 두 사이클에 기록된 그의 담화와 비교했을 때 분량이나 내용에서 상당히 부실한 말을 하고, 소발은 세 번째 사이클에서는 아예 침묵한 것으로 바뀌었다.

위와 같은 비평학자들의 추론을 어떻게 간주해야 하는가? 첫째, 욥기가 원래 짧은 내러티브(1-2장과 42:7-17)로만 구성되었다는 주장은 상당한 의구심을 불러일으킨다. 우리가 욥의 이야기를 이 형태로만 읽는다면 욥이 온갖 재앙을 경험하고도 흔들리지 않는 믿음으로 끝까지 하나님을 원망하지 않았다는 사실은 인정한다. 그러나 욥이 어떤 내적인 갈등과 시련에도 불구하고 이런 믿음을 유지했는지 알 수 없으므로 후세들에게 별다른 감동을 선사하지 않는다. 책의 형태가 이대로(1-2장과 42:7-17)라면 욥의 이야기는 두루 보존되어 후세들에게 전수될 만한 가치를 지니지 않는다.

원래 비평학자들의 추론은 욥기의 매끄럽지 못한 흐름을 설명하기 위해 제시되었다. 실제로 갑자기 모습을 드러내며 욥과 세 친구를 함께 비난하는 엘리후의 담화를 설명하는 데 어느 정도 기여했다고 대부분의 학자는 결론을 내린다. 그러나 비평학자들의 주장을 뒷받침할 만한 역사적 증거나 자료는 존재하지 않는다. 모두 학자들의 상상력에서 시작되었기 때문이다.

게다가 일부 비평학자들도 이 학설에 대해 많은 문제를 제기한다. 그들이 가장 큰 문제를 제기하는 부분은 욥과 세 친구의 대화 중 세 번째 사이클에 대한 해석이다. 이 비평학자들도 빌닷과 소발의 담화 중 일부가 욥의 것으로 둔갑했다는 주장을 수용하지 못한다. 여러 저자/편집자가 욥기 저작에 기여했다는 주장도 문제이지만, 각 저자/편집자에 따라 욥의 담화가 지닌 의미가 정반대로 해석되었다는 추측도 상당한 문제를 안고 있다.

"모든 문학 작품은 통일성과 매끈한 흐름"을 지녀야 한다는 학자들의 전제에 대해 생각해볼 필요가 있다. 만일 한 작품의 문학적인 형태가 그 작품의 메시지를 전달하는 매체로 사용될 수 있다는 사실을 인정한다면, 욥기의 혼란스러운 형태는 우리를 당혹스럽게 할 필요가 없으며 오히려 당연하다. 욥기가 논하는 핵심 주제는 고통인데, 인간의 삶에서 고통은 전혀 예측할 수 있는 것이 아니며, 온갖 혼란을 야기하는 신비로움으로 남아야 한다. 만일 저자가 이런 사실을 욥기에 입힌 문학적 옷에 반영했다면, 독자인 우리가 욥기에서 통일성과 매끈한 흐름을 기대하는 것은 옳지 않다.

저자가 전하고자 하는 메시지를 작품의 옷에도 반영한다는 것이 황당한 주장인가? 실제로 성경에서 이런 사례들이 목격된다. 먼저, 시작과 끝부분이 책 전체가 취하고 있는 장르와 상반되는 경우(삼상 2장과 삼하 22-23장)나 시작과 끝부분이 책이 전하고자 하는 메시지의 해석적인 열쇠(지침)를 제공하는 경우가 종종 발견된다(cf. 사 1, 65-66, 삿 1-3, 18-21, 삼상 2, 삼하 22-23장). 욥기의 경우도 이런 모습을 취한다. 욥기 1-2장과 42:7-17은 취하고 있는 장르가 책의 나머지 부분과 완전히 다를 뿐만 아니라, 욥의 고통을 어떻게 해석해야 하는가를 지시한다. 욥은 흠잡을 데 없는 의인이었다며 그의 고난이 죄에서 비롯되었다는 시각을 완전히 배제하면서 시작한다. 욥기는 욥이 의롭다는 것을 세 차례-이 중 하나님이 직접 두 차례-나 인정한다.

사사기는 이스라엘 사사 시대가 어떠했는가를 회고하면서 시간이 지날수록 더 혼란스럽고 암울했다고 말한다. 사사기 저자는 이런 사실을 2:11-23에 제시한 사사 이야기 사이클(사사들의 이야기를 이러한 요소들을 바탕으로 제시하겠다고 하는 힌트, 그러므로 독자들에게는 읽기 전략을 제공함)을 통해 전하고자 한다. 시간이 지날수록 사사들에 의해 어떻게 더 심하게 망가졌는가를 회고함으로써 그 메시지를 전한다(cf. 『엑스포지멘터리 사사기』 서론). 사사기 저자는 자신의 관점을 작품이 입고 있는 문학적 형태를 통해 매우 효과적으로 전달하고 있다. 그러므로 욥기가 취하고 있는 문학적인 형태도 저자가 전하고자 하는 메시지를 전달하는 수단이라는 주장은 상당한 설득력을 얻는다. 게다가 시간이 지날수록 우리가 전수받은 텍스트를 세분화시킬 뿐, 메시지 도출에는 별로 도움이 되지 않는 비평학적인 가설보다는, 전수받은 텍스트의 최종 형태를 바탕으로 메시지를 구상하려는 노력이 학자들 사이에 더 많은 설득력을 얻고 있다(cf. Newsom).

옛 유대인들은 욥기가 모세 시대에 모세가 저작했거나, 그에게 전수된 것을 그가 개정한 것이라고 주장했다(b. Baba Batra 14b, 15a, cf. Archer,

Longman). 욥기가 지혜 사상을 다분히 반영하고 있다고 해서 이스라엘 역사상 가장 지혜로운 왕이었던 솔로몬 시대에 저작된 것이라고 주장하는 사람들도 있다(Delitzsch, Young). 아시리아의 산헤립 왕이 유다를 점령한 주전 701년 사건 이후 므낫세 시대 때 저작된 것이라고 하는 학자도 있고(Ewald), 욥기가 고난을 중요한 주제로 다룬다 해서 유다의 삶이 매우 고달프기만 했던 주전 7세기를 저작 시기로 주장하는 주석가들도 있다(Davidson, cf. Clines, Newsom).

욥의 세 친구가 이스라엘의 전통 신학을 반영하고 있으며, 욥은 이 전통 신학으로 설명할 수 없는 경험(viz., 예루살렘 함락과 바빌론 포로 생활)을 상징하고 있다고 해서 욥기가 주전 500–400년대에 쓰인 책이라고 주장한 학자들도 있다(Jastrow, Hurvitz, Zuckerman). 심지어는 욥기가 주전 1–2세기에 저작된 것이라는 주장도 있었지만, 쿰란에서 발견된 사해 사본 중에 주전 2세기 것으로 추정되는 욥기의 탈굼(Tg.)이 두 개 발견된 이후 이러한 주장은 억측으로 취급되었다(cf. Longman, Smick). 학자들이 이처럼 다양한 견해를 제시하는 것은 욥기가 언제쯤 저작된 것인지에 대하여 결정적인 힌트를 제공하지 않기 때문이다.

최근에 들어서는 학자 대부분이 욥기의 저작 연대를 상당히 이른 시기로 본다. 욥기가 사용하는 동사의 패턴과 여러 가지 구문론적인 구성 요소들이 매우 오래된 것이며 주전 11–10세기에 사용된 것으로 추정하는 학자들이 있다(Robertson, Urbrock). 욥기에서 사용하고 있는 여러 가지 신화적인 표현(mythological expressions)과 다루는 주제들이 주전 14세기에 우가릿어(Ugaritic)로 쓰인 문서들과 매우 비슷하다고 많은 학자가 결론을 내렸다(Dahood, Michel, Pope). 대부분의 학자는 욥기가 주전 7–5세기에 저작된 것이라는 결론을 내놓았다(cf. Roberts). 그러나 이미 언급한 것처럼 욥기 스스로가 어떠한 역사적 정보도 제공하지 않기 때문에 책의 저작 시대(문서화된 시대)를 구체적으로 논하는 것은 항상 위험 부담을 안고 있다.

욥기의 대부분을 차지하고 있는 시/노래 부분뿐만 아니라, 책을 시작하고 마무리하는 내러티브 섹션(1-2장, 42:7-17)도 주전 14세기에 우가릿어로 작성된 문서들과 많은 공통점을 지니고 있어 책이 매우 오래전에 작성되었음을 짐작할 수 있다(Ceresko, Sarna). 욥기가 사용하고 있는 여러 가지 문학적 방식들은 텍스트를 암기하기 쉽게 하는 특성을 지니고 있다. 그래서 욥기가 오랫동안 구전으로 전수되다가 문서화된 것이라는 견해도 있다(Urbrock).

학자들의 분석을 종합해보면, 욥기가 아무리 늦어도 이스라엘의 사사 시대 즈음에 문서화되거나 최소한 구전(口傳)의 형태를 갖추게 된 것은 확실한 듯하다. 만일 이때 구전으로 존재했다면, 욥기가 언제 문서화되었는가를 규명하는 것은 또 하나의 이슈가 된다. 구전으로 전해졌던 욥기가 언제 문서화되었는가에 대한 추측은 학자들마다 다를 수밖에 없으며, 어떠한 역사적 자료보다는 각자의 생각과 선입견에서 결론이 내려질 것이다.

한 가지 염두에 두어야 할 것은 욥은 이스라엘 사람이 아니라 이방인이라는 사실이다. 욥(אִיּוֹב)은 히브리 사람의 이름이 아니고 그가 살았던 우스(עוּץ)도 훗날 에돔 사람들 혹은 아람 사람들의 땅이 된다는 것도 이런 사실을 암시한다(Pope). 게다가 그의 세 친구—데만 사람 엘리바스와 수아 사람 빌닷과 나아마 사람 소발—모두 이스라엘 땅 밖에 살던 사람들이다. 그렇다면 이 이방인 성도의 이야기가 어떻게 해서 히브리 사람들의 정경에 들어오게 된 것일까? 이 부분에 대해서도 아는 바가 없다. 그러므로 조심스럽게 내놓을 수 있는 추측은 욥기가 상당한 기간 이스라엘 밖의 이방인들(viz., 에돔 사람들) 사이에서 구전 형태로 존재하다가 한 이스라엘 사람을 통해 정경으로 도입되었을 가능성이다.

욥기를 정경으로 도입한 사람이 누구인지는 알 수 없지만, 그는 하나님의 영감을 받은 성경 저자이다. 그는 이방인들 사이에 떠돌던 이 이방인 성도 욥의 이야기를 하나님의 지시에 따라 저작/편집해 정경에 삽입했다. 욥기가 저작권에 대해 이렇다 할 언급을 하지 않으니 책의 저자에 대해서는 여기서 마무리하고자 한다.

3. 장르

욥은 어떤 장르의 문서인가? 이 질문을 풀어서 설명하자면 "욥과 세 친구는 실제 인물인가? 엘리후도 실제 인물인가? 하나님은 정말 회오리바람 속에서 욥에게 말씀하셨는가? 천상에서 하나님과 사탄의 만남은 실제로 있었던 일인가? 욥은 책이 묘사하고 있는 고통을 실제로 체험했는가?" 등등으로 표현할 수 있다(Annus, Longman, Newsom, Viviers, Walters, Walton). 즉 욥기의 어떤 부분이 역사적인 사실에 근거한 것이고, 어떤 부분이 저자가 메시지를 전개하기 위해 만들어낸 정황일까?

전통적으로 유대교-기독교는 욥기에 기록된 일들이 모두 실제로 있었던 것들이며 저자가 이 역사적 사실을 공정하게 회고한 것으로 간주했다. 그러나 근대에 접어들어 욥기와 비슷한 유형의 이야기가 이스라엘뿐만 아니라, 고대 메소포타미아 지역에서 상당히 유행했던 지혜 문학의 일종임이 밝혀졌다(cf. Annus, Dick, Bricker, Mattingly). 그러므로 당연히 욥기의 장르에 대한 질문이 제기되었다. 물론 욥기의 장르가 책의 정경적 위치와 권위에 문제가 되지는 않는다. 욥기는 이미 오래전부터 정경으로 전수되었으며, 책의 장르가 당시 발전되었던 문학 형태를 취하고 있다고 해서 영적 교훈과 하나님의 메시지를 전하는 기능에는 변화가 있을 수 없기 때문이다.

고대 근동에는 실제 인물이 아니라, 가상 인물을 중심으로 한 문학이 여러 종류 있었다(cf. Balentine, Cliness, Longman). 예를 들자면 길가메시 서사시(Gilgamesh Epic)의 주인공인 길가메시는 분명 가상 인물이지만, 그의 이야기는 마치 실화처럼 묘사된다(cf. ANET). 길가메시 외에도 아다파(Adapa), 에타나(Etana), 키르투(Kirtu) 등등이 모두 가상 인물이지만 그들이 등장하는 고대 근동 이야기에서는 마치 실제 인물인 것처럼 묘사된다. 우리 문화권에서는 '대하소설'이 이런 유형에 속한다. 대하소설과 대하드라마가 분명 실제로 존재했던 인물들과 사건들을 바탕으로 전개되지만, 소설과 드라마가 하는 모든 말이 사실은 아니다. 그러므로 생각해보면 이 장르는 우리에게 전혀 낯선 것이 아니다.

바빌론 사람들은 한 사람이 경험한 혹독한 고통을 1인칭 화법을 사용해 회고하는 유형의 장르를 루드룰 벨 네메키(Ludlul bel nemeqi)라고 불렀다(Annus, Walton, cf. Gray, Weinfeld). 바빌론 외에도 이런 유형의 문학을 소유한 고대 문화권이 있었다(Longman). 욥기에서 주인공 욥이 묘사되는 것을 관찰해보면 이 장르의 문학에 매우 가깝게 생각된다(Lambert, Weiss, cf. Annus). 이 외에도 곳곳에서 발견되는 고대 근동 문서 중 욥기와 비슷한 성향을 보이는 문학 작품들은 다음과 같다(Walton, cf. Balentine).

작품 이름	상황	현상	해결책	결과	철학	신학
A Man and His God (수메르어)	죄 지음을 모름	질병, 사회적 따돌림	죄 고백	건강 회복	죄 없는 아이는 태어나지 않음	찬양 시로 이어짐
Dialogue between a Man and His God (아카드어)	죄 지음을 모름	질병	[죄를 기록한] 문서 파괴	건강 회복	없음	신의 선처 약속
Sufferer's Salvation (아카드어, 우가릿에서 온 이야기)	언급 없음	질병, 임박한 죽음, 이해가 되지 않는 징조	언급 없음	건강 회복	신이 질병을 주었다가, 건강을 안겨줌	마르두크에게 바치는 찬양 시로 이어짐

Ludlul bel nemeqi (아카드어)	성실한 신앙, 죄 지음을 모름	사회적 따돌림, 이해가 되지 않는 징조, 질병, 보호하는 영들이 쫓겨남, 악령들의 억압	꿈	신을 달래는 제물, 죄가 사라짐, 악령들이 쫓겨남, 건강 회복	인간은 신들을 측량할 수 없음	마르두크에게 바치는 찬양 시로 이어짐
Babylonian Theodicy (아카드어)	성실한 신앙	가족을 잃음, 가난	없음	없음	신들의 목적은 알 수 없음, 신들의 권선징악은 믿을 수 없음	신들은 인간을 악하고 고난을 당하도록 창조함
욥기 (히브리어)	의로운 삶과 신실한 믿음	가족을 잃음, 사회적 따돌림, 질병, 재산 잃음	여호와께서 지혜에 근거한 새로운 관점을 제시하심	모든 차원에서 회복이 이루어짐	권선징악은 믿을 수 없음, 신적인 지혜가 삶의 바탕이 됨	하나님의 지혜에 바탕을 둔 정의가 실현됨

앞의 표에 제시된 내용을 살펴보면 욥기와 고대 근동의 문학 작품들은 어느 정도의 공통점을 지닌 것으로 보인다. 그러나 이 공통점들은 피상적인(superficial) 것들에 불과하며, 분석해보면 지대한 차이점들을 지니고 있다(cf. Walton). 차이점들이 얼마나 큰지 한 주석가는 욥기가 주변 문화권의 문서들에게서 영향을 받아 저작되었다는 비평학계의 주장을 완강히 부인한다(Walton). 욥기와 이 문서들 사이에 심오한 차이점들이 매우 많기 때문이다. 그러므로 욥기가 고대 근동에서 성행하던 문학적 장르에 의존하고 있다는 것은 설득력이 부족하다. 고대 근동의 문학 작품들은 욥기의 문학적 배경을 제시할 뿐, 별다른 영향은 미치지 않았다.

에스겔 선지자가 욥을 노아와 다니엘과 함께 언급하기는 하지만(겔 14:14), 그렇다고 해서 선지자가 욥이 실제 인물이었다는 것을 전제하는 것은 아니다(Longman). 욥기에 등장하는 주인공을 그의 역사성과 상관없이 단순히 하나의 예로 언급하고 있기 때문이다. 그러므로 욥이 실존 인물인지, 저자가 만들어낸 가상 인물인지를 가름하는 것은 현실적으로 불가능하다.

그러나 위에 언급된 가상 인물들과 욥의 가장 기본적인 차이는 저자가 욥을 실제 인물로 전제하고 책을 시작한다는 사실이다(Walton, cf. Alden). 저자가 욥을 소개하는 문장은 당시 매우 잘 알려진 유명한 사람을 소개하는 방식을 사용한다(Weiss). 저자는 욥이 당시 사람들 사이에 명성이 자자한 유명 인사였음을 전제하면서 이야기를 시작한다(Walton, cf. Weiss). 게다가 그가 살았던 우스(1:1)는 훗날 에돔 사람들의 땅이 되며, 욥의 재산을 앗아간 스바 사람들(1:15)과 갈대아 사람들(1:17)도 역사적으로 존재가 알려진 민족이다. 그러므로 학자들은 욥과 친구들은 실제 인물이었으며, 욥기의 상당 부분이 실제로 있었던 일을 기록한 것으로 간주한다(Alden, Smick, Walton). 그럼에도 불구하고 우리는 욥기가 기록하고 있는 역사적인 정보가 '대하소설'과 비슷한 정황을 구상하기 위해서라는 것을 완전히 배제할 수는 없다.

책의 등장인물들이 실제 인물들이었다 할지라도 책의 내용이 모두 실제로 있었던 일을 그대로 회고하고 있다고 전제할 수는 없다. 예를 들자면 욥과 세 친구가 대화를 주고받은 것을 누가 기록했을까? 이들 옆에 속기사가 있어서 그들의 모든 대화를 받아쓴 것은 아닐 것이기 때문이다. 게다가 욥과 세 친구의 대화는 시/노래 형태를 취하고 있다. 그들이 노래를 부르며 서로 화답했을 리는 없으므로 누군가가 그들이 주고받은 대화를 요약해 노래 형태로 바꾸었을 것이다. 즉 이 부분은 저자의 재구성(viz., 문학적 표현)이지 실제 대화가 이렇게 진행되었을 리는 없다.

이 책의 장르를 논할 때 학자들이 지속적으로 지목하는 사실은 욥기가 역사서가 아니라 지혜 문학(wisdom literature)이라는 것이다. 그러므로 오래전부터 바빌론 탈무드는 욥이 실제 인물이 아니었을 가능성을 조심스럽게 제시했다(b. Baba Batra 15a, Gen. Rab. 57.4, cf. Dhorme, Longman). 심지어 중세기 유대인 주석가 마이모니데스(Maimonides)는 욥기가 삶에 대한 교훈을 가르치기 위해 저작된 비유(parable)라고 했다(Longman). 기독교 정경도 욥기를 시편과 지혜 문학으로 분류한다. 역사서와는 달리 지혜 문학은 묘사하고 있는 사건들의 역사성을 전제하지 않는다(cf. 잠언의 비유들). 만일 지혜 문학의 이 같은 성향을 의식한다면, 욥기의 역사성을 논하는 것 자체가 잘못된 것일 수도 있다(Walton).[1] 그러므로 우리는 욥기가 역사서가 아니라 지혜 문학이라는 사실을 마음에 두고 책을 읽어야 한다(cf. Longman).

지혜 문학인 욥기는 어떤 양식을 취하는가? 가장 쉽게 생각할 수 있는 것이 '소송/재판 양식'이다(cf. Magdalene). 하나님과 사탄이 대화를 나누는 과정에서 불거진 문제는 욥이 아무런 조건 없이 하나님을 사랑하는 것이 아니라, 주님이 그에게 내려주신 복이 많기 때문에 그가 하나님을 경외한다는 것이다. 그러므로 사탄의 이 같은 주장이 사실인지 아닌지를 증거와 논쟁을 통해 가려야 한다. 안타깝게도 사탄의 주장이 사실인지 아닌지를 확인할 수 있는 유일한 방법은 욥이 지닌 모든 것을 빼앗은 후 그가 어떤 반응을 보이는가를 관찰하는 것이다.

실제로 욥기는 곳곳에서 소송과 연관된 언어를 사용한다. "사람이 하나님께 변론하기를(ריב) 좋아할지라도"(9:3), "가령 내가 의로울

---

1 월턴(Walton)은 욥기를 지혜문학의 작은 장르인 '사고 실험'(thought experiment) 문헌이라고 한다. 욥기를 이런 문헌으로 간주하면, 욥기가 하나님에 대해 제시하고자 하는 교훈과 가르침은 책 전체에서가 아니라, 오직 마지막 핵심에서 도출해야 한다. 그러므로 책이 시작할 때 보이는 천상 어전회의(하나님과 사탄의 대화) 등은 하나님에 대해 어떤 교훈을 주기 위해 제시된 것이 아니다. 또한 실제로 있었던 일로 해석할 필요도 없다. 반면에 책의 마지막 부분에 등장하는 하나님의 담화에 가서야 비로소 우리는 세상이 어떤 곳이고, 이런 세상을 하나님은 어떻게 운영하시는가를 알게 된다.

지라도 대답하지 못하겠고 나를 심판하실(שֹׁפֵט) 그에게 간구할 뿐이며"(9:15), "보라 내가 내 사정을 진술하였거니와(עָרַכְתִּי מִשְׁפָּט) 내가 정의롭다 함을 얻을 줄 아노라(אֲנִי אֶצְדָּק)"(13:18), "내가 의로우나(צָדַקְתִּי) 하나님이 내 의를 부인하셨고(הֵסִיר מִשְׁפָּטִי)"(34:5). 욥기는 법정 소송 양식을 기본으로 저작되었다.

누가 법정에서 재판을 받고 있는가? 하나님인가, 아니면 욥인가? 일부 학자들은 욥기가 하나님을 재판하는 책이라고 하지만(Walton, cf. Magdalene), 그다지 설득력이 있는 주장은 아니다. 이 책에서 재판을 받고 있는 사람은 욥이다. 하나님과 주님이 이 세상에서 하시는 일은 여러 등장인물에게 간접적으로 언급될 뿐이다. 하나님은 재판관이 되셔서 피고인석에 서 있는 욥을 지켜보신다.

책의 흐름은 다음과 같다. 먼저 이 소송의 배경이 되는 정황이 법원에 제시된다(1-2장). 이어 피고인 욥은 재판정에서 자신의 억울함을 호소한다(3장). 반면에 그의 세 친구는 검사(사탄)의 증인들로 출석해 억울하다고 주장하는 욥을 잔인하게 공격한다. 욥의 친구들은 각각 세 차례씩 돌아가며 그가 죄를 지었기 때문에 고난을 당했다는 논리를 펼친다(세 번째 사이클에서 소발은 침묵함). 욥은 친구들이 그를 공격할 때마다 자기는 하나님의 벌을 받을 만한 일을 하지 않았다며 억울함을 호소한다. 드디어 욥과 세 친구의 세 라운드의 치열한 공방(4-27장)이 끝나고 법정에 잠시 휴회(recess)가 찾아왔다(cf. 28장). 쌍방 모두 최후 진술을 하기 전에 숨을 고르기 위해서이다.

짧은 휴식 후 재판은 재개되었고, 욥은 자신의 억울함에 대해 법정에 최종 진술을 했다(29-31장). 검사의 대변인인 엘리후는 증인으로 세운 세 친구와 욥에게 균형과 자제를 촉구하며 검사 측의 최종 진술을 했다(32-37장). 재판장이신 하나님은 욥이 주장한 내용 중 일부 어리석음을 지적하면서도 그를 정죄하지 않으시고 이때까지 진행된 소송 내용을 정리하셨다(38-41장). 이에 대해 욥은 재판장이신 하나님께 어떤 벌이라도 달게 받겠다며 최종 진술을 했다(42:1–6). 책은 욥이 옳다는 하나님의 판결로 마무리된다(42:7–17).

욥기를 이처럼 법정 드라마로 읽는 방법이 완벽한 것은 아니다. 학자들이 지적하는 것처럼 여러 가지 세부적인 문제를 안고 있는 것이 사실이다(cf. Magdalene, Longman). 그러나 현재까지는 가장 설득력 있는 해석 방법이다. 그러므로 세부적인 묘사에 집착하지 않고 욥기가 제시하고 있는 전체적인 법정 분위기를 고려해서 책을 해석하는 것이 바람직하다.

4. 욥과 사법 제도

만일 욥기가 법정에서 진행되는 소송과 비슷한 양식을 취하고 있다면, 왜 피고라고 할 수 있는 욥이 자신은 하나님께 많은 축복을 받았기 때문에 여호와를 경외하고 섬기는 것이 아니라는 사실을 입증해야 하는가? 오늘날로 말하면 검사의 역할을 하고 있는 사탄이 욥이 하나님의 축복을 누리고 있기 때문에 여호와를 경외한다는 것을 여러 증거와 자료를 통해 입증해야 한다. 그런데 욥기에서 전개되는 상황은 왠지 사탄의 억지 주장의 피해자라고 할 수 있는 욥과 하나님이 그 주장이 잘못되었음을 입증해 나간다. 이러한 상황을 어떻게 이해해야 하는가?

고대 사회의 사법 제도는 오늘날과 사뭇 다르다. 오늘날 법정에서는 검사가 피고의 죄를 증명해야 한다. 그러나 옛적에는 대부분 피고가 자신의 억울함을 스스로 증명해야 했다(cf. Magdalene). 당시 사법 제도에서는 누가 혐의를 제기하면, 고발당한 사람이 자신의 억울함을 입증해야 하는 불합리한 재판이 진행되었다. 이런 일이 허다했던 것은 혐의를 제기한 사람들이 대체적으로 권력자들이었고, 고발당한 사람들은 대체적으로 인권 유린을 감수해야 하는 평민들이었기 때문이다.

이러한 사례는 창세기에 기록된 요셉과 형제들의 이야기에서도 드러난다. 요셉이 곡식을 사기 위해 이집트로 내려온 형들을 처음 만났을 때, 그는 자기가 요셉이라는 사실을 숨기고 이집트의 절대 권력자로서 형들을 스파이로 몰아갔다(창 42장). 형들은 억울함을 호소했지만, 별 효력을 발휘하지 못했다. 결국 형들은 자신들이 스파이가 아니라는 사실을 스스로 입증해야 했다. 흥미로운 것은 형들이 억울함을 증명하는 유일한 방법은 집에 두고온 막냇동생이자 요셉의 유일한 친동생인 베냐민을 데려오는 것뿐이었다.

베냐민을 이집트로 데려오는 일과 형들이 스파이가 아니라는 것을 입증하는 것과는 무슨 상관이 있는가? 설령 형들이 베냐민에 대해 거짓말을 했다 할지라도 가나안에서 사람 하나 사서 요셉이 있는 곳으로 데려와 베냐민이라고 주장하면 그만이다. 그러므로 이 둘(형들이 스파이라는 것과 베냐민을 데려오면 모든 혐의가 풀리는 일)의 상관관계는 참으로 애매모호하다. 그럼에도 불구하고 형들이 자신들이 스파이가 아니라는 사실을 입증할 수 있는 유일한 길은 베냐민을 이집트로 데려오는 것이다. 권력자인 요셉이 그들의 억울함을 입증하라며 제시한 유일한 요구사항이기 때문에 이 요구 사항을 충족시켜야만 그들이 스파이가 아니라는 판결을 받는다. 오늘날 같았으면 요셉이 형들의 혐의를 입증해야 한다. 그러나 인권 유린과 권력의 남용이 심했던 당시에는 상황이 이러했다. 아브라함도 자기가 판 우물의 소유권에 대한 억울함을 입증하기 위하여 아비멜렉에게 양 일곱 마리를 준 적이 있다(창 21장).

욥기도 이러한 역사적-문화적 정황에서 이해되어야 한다. 욥이 하나님을 경외하는 것은 여호와께로부터 많은 축복을 받았기 때문이라는 주장을 사탄이 펼치는 순간부터 욥은 그렇지 않다는 것을 스스로 증명해야 했다. 사탄은 자신의 주장이 옳다는 것을 증명하기 위하여 욥의 자식들과 재산뿐만 아니라 건강까지 빼앗아갔다. 반면에 욥은 자신이 평생 하나님을 경외하며 살아온 것은 주님이 그에게 이 모든 것을 주셨기 때문이 아니라는 사실을 모든 것을 잃은 후의 삶과 신앙으로 입증해야 했다.

5. 신학과 메시지

욥기는 현대어로 번역하기가 가장 어려운 정경이다. 책에서 사용되는 상당수의 히브리어 단어들이 뜻을 파악하기 어려울 정도로 잘 사용되지 않는 것들이며, 문법도 매우 어렵기 때문이다(Habel). 그러므로 일부 학자들은 욥기의 헬라어 버전(LXX)이 히브리어 버전보다 상대적으로 짧은 것은 번역가가 히브리어 본문의 해석상의 어려움을 제거한 결과라고 생각한다(Dhorme). 또한 욥이 아브라함 시대의 이방인라는 점을 감안하면, 원래 다른 고대 언어(viz., 에돔어 등)로 저작된 그의 이야기를 히브리어로 번역해 정경에 포함했을 가능성을 배제할 수는 없다.[2] 이러한 정황이 욥기 번역에 어려움을 더한다.

그렇다고 책이 제시하고자 하는 신학과 메시지를 어려워할 필요는 없다. 의미는 책의 각 단어가 아니라, 전체가 구성하기 때문이다. 욥기는 하나님에 대해 다양하게 논하고 있지만 가장 지속적으로 강조하는 것은 '창조주' 하나님이다. 이 외에도 인간의 고통, 의와 고통, 믿음과 고통 등을 주요 주제를 논하고자 한다.

(1) 창조주

저자는 책의 시대적 배경이 하나님이 이스라엘에게 언약의 이름인 '여

---

2 일부 학자들은 욥기가 원래 에돔어(Pfeiffer) 혹은 아랍어(Guillaume) 혹은 아람어(Tur-Sinai)로 저작되었다고 주장한다. 그러나 일상적으로 생각할 때 작품이 한 언어에서 다른 언어로 번역될 때 본문이 지니고 있는 여러 가지 어려움과 불확실성이 해소될 것을 기대할 수 있는데, 욥기의 경우 그러한 특징을 보이지 않고 있다. 그러므로 대부분의 학자는 욥기가 처음부터 히브리어로 저작된 것으로 생각한다. 아마도 상당 기간 구전(口傳)으로 전수되다가 문서화되었을 것이라는 추측이다.

호와'로 자신을 드러내시기 전이기 때문에(cf. 출 3:14) 일반적인 하나님의 이름을 사용한다. 그가 주로 사용하는 하나님의 이름은 엘(אֵל, 55회), 엘로아(אֱלוֹהַּ, 41회) 엘로힘(אֱלֹהִים, 14회), 샤다이(שַׁדַּי, viz., '전능자', 301회) 등이다(Balentine, cf. Alden). 욥을 비롯한 주요 등장인물들이 모두 아브라함과 연관이 없는 이방인들이었으므로 하나님이 이스라엘과 맺으신 언약을 상징하는 이름인 '여호와'가 아니라 온 세상을 창조하신 창조주의 이름인 이 성호들을 사용하는 것은 당연한 현상이다.[3] 책의 등장인물들은 하나님을 창조주로만 알고 있지 언약의 하나님으로는 알지 못하기 때문이다.

등장인물들이 하나님을 세상을 창조하신 분으로 아는 상황에서 이야기가 전개되지만, 그들의 여호와에 대한 유일신 신앙은 확고히 서 있다. 그들의 담화 그 어디에도 다신주의(多神主義) 사고나 언행이 배어 있지 않다. 저자가 종종 근동의 여러 문화가 신격화했던 별들, 행성들, 죽음, 바다, 신화적 괴물들을 언급하기는 하지만, 당시의 문화에 대해 익숙한 사실을 드러낼 뿐, 이것들을 중심으로 형성된 종교나 신적인 능력의 정당성이나 실재성을 인정하는 것은 아니다(cf. Sarna, Smick).

욥과 친구들이 이스라엘과 언약을 맺으시는 하나님을 알지 못하기 때문에 창조주인 하나님을 그분이 창조하신 자연과 자연 세계의 이치와 관련지어 언급하는 것은 당연하다. 그러나 이런 정황을 감안하더라도 욥기의 창조주에 대한 관심은 지나칠 정도로 높다. 실제로 욥기 대부분이 창조주와 창조주께서 세상을 다스리시는 이치와 원리를 바탕으로 전개된다.

욥은 세상을 창조하신 하나님은 세상일(특히 사람의 삶)에 대해서는 별 관심이 없고, 불의를 용납하며, 좀처럼 세상에 모습을 드러내지 않는

3 욥기에서 '여호와'가 사용되는 예가 하나 있기는 하다. 12:9에서 '여호와'가 하나님의 이름으로 사용되는데, 대부분 학자는 책이 저작된 이후 복사되는 과정에서 필사하는 사람의 실수에서 비롯된 것으로 간주한다.

분이라며 원망한다. 창조주 하나님은 마치 자신이 만든 시계가 스스로 똑딱거리며 가도록 태엽을 감아주고는 내버려 둔 시계공과 같다는 것이다. 하나님이 세상을 창조하신 다음에 세상이 스스로 돌아가도록 방치하셨다는 것이 욥의 주장이다. 욥은 그렇기 때문에 더 이상 창조주 하나님의 다스림을 받지 않는 세상에서는 온갖 부조리와 불합리한 일들이 일어나며, 이처럼 불합리하고 심지어는 자기가 창조한 세상을 방치하거나 내팽개치신 창조주를 원망하는 것이라고 주장한다.

이에 대해 친구들은 창조주 하나님의 성품 중 가장 빛나는 것은 의로우심이며 주님은 세상일에 매우 깊은 관심을 가지셨을 뿐만 아니라, 세상과 끊으려야 끊을 수 없는 관계를 가진 분이라며 욥의 주장을 반박한다. 친구들은 창조주는 의롭고 신실하신 분이라고 단언한다. 그렇기 때문에 하나님은 세상을 아름답게 창조하시고 난 후에 그 세상이 저절로 운영되도록 내버려 두시는 것이 아니라 창조 이후에도 지속적으로 세상을 다스리신다.

창조주의 지속적인 통치의 가장 핵심적인 원리는 공평과 정의이다. 더 나아가 창조주께서는 세상을 창조하실 때 세상이 선을 선호하고 악을 배척하는 메커니즘을 자신이 창조한 세상의 일부가 되게 하셨다. 그렇기 때문에 욥이 경험한 일도 이런 신학적 틀에서 설명되어야 한다. 창조주께서 공평과 정의로 다스리시는 세상에서 욥이 혹독한 고통을 당했다는 것은, 그가 분명 피조물에 대한 창조주의 판단 원리(viz., 공평과 정의)에 어긋나는 일을 했음을 암시한다. 창조주는 세상을 창조하실 때 세상을 지배할 가치와 원리를 세상에 포함시키셨는데, 이 원리와 가치를 잘 준수하면 축복을, 어기면 벌을 내리시기 때문이다. 권선징악 원리가 하나님이 창조하신 세상을 지배하는 가장 중요한 기준이 되었다.

욥과 친구들은 서로 대립된 세계관을 가지고 논쟁을 펼쳐 나간다. 이 둘 중 어느 쪽이 옳은가? 전체적으로 평가하자면 욥의 친구들이 주장하는 바가 옳다. 하나님은 세상을 아름답게 창조하셨고, 공의와 정의가 주께서 창조하신 세계를 지배하도록 하셨다. 그래서 세상은 스스로 선을 선호하고 악을 배척한다. 이러한 창조 원리만을 근거로 욥의 환난을 평가하자면, 그는 분명 죄를 지었기 때문에 창조주의 심판을 받아 환난을 경험한 것이라는 결론에 도달한다. 문제는 욥은 창조된 세계를 지배하는 전반적인 원리로 설명할 수 없는 특별한 일을 경험했는데, 친구들은 이러한 가능성을 원천적으로 배제하고 자신들의 논리를 펼친다는 것이다.

(2) 인간의 고통

인간의 고통에 대하여 논하는 욥기는 당시 사회에서 독특한 장르의 문학은 아니었다. 실제로 욥기처럼 인간의 고통을 중심 주제로 다루는 문서들이 고대 근동에는 많이 있었으며 하나의 중요한 문학적 장르로 자리잡았다(Albertson; Bricker, Kramer, Mattingly).[4] 그러므로 욥기가 취하는 유형의 문학이 독특한 것은 아니다. 그러나 욥기가 왜 독특하고 많은 사람의 관심과 사랑을 받았는가 하면 욥기가 이 주제에 대하여 가장 감동적이며 설득력 있는 언어와 깊이로 논하기 때문이다(Smick).

체스터턴(Chesterton)은 욥을 낙천주의자(optimist)라고 평가한다. 난데없는 고통으로 산산조각 나기 전 그의 삶을 감안하면 그가 낙천주의자라는 것은 충분히 상상할 수 있는 사실이다. 그는 대단한 신앙을 소유했으며, 행복한 가정과 많은 부를 누리고 있었다. 그러나 체스터턴에 의하면 욥은 혼란스러운(perplexed) 낙천주의자이다. 도무지 풀 수 없는 수수께끼 같은 일이 벌어졌기 때문이다. 그를 찾아온 이유를 알 수 없

4 고대 메소포타미아 지역에서는 이유도 모른 채 혹독한 고통을 당한 사람이 1인칭 화법을 사용해 자신의 경험을 회고하는 장르의 지혜 문학이 발전했으며, 이러한 유형의 지혜 문학을 루드룰벨네메키(Ludlul bel nemeqi)라고 하였다(Annus, cf. Walton).

는 고통은 그동안 그의 신앙의 바탕이었던 하나님에 대한 모든 지식을 한순간에 혼란에 빠뜨렸다. 그의 신앙에 최대 위기가 온 것이다.

또한 욥은 분개한(exasperated) 낙천주의자이다(Chesterton). 욥은 그가 살았던 당시의 어느 누구보다도 의롭고 떳떳하게 "하늘을 우러러 한 점 부끄러움이 없기를 위하여 잎새에 이는 바람에도 괴로워하며" 살았던 사람이기에 그를 찾아온 고통에 분개했다. 마침내 욥은 침해당하고(outraged), 모욕당한(insulted) 낙천주의자가 되었다(Chesterton). 그의 마음 속에 임한 신학적 혼란이 하나님에 대한 배신감으로 변했다. 욥은 하나님이 그의 삶에 이런 일이 임하도록 내버려 두신 것에 대하여 분노했다.

욥기가 인간의 고통에 대하여 논하는 방식은 크게 두 가지다. 첫째는 신학적으로 고통을 논하는 것이다. 신학적인 접근은 모든 시대, 모든 문화권에 범우주적인 문제가 되어버린 전혀 예기치 못한 고통을 창조주의 공의(justice)와의 관계에서 어떻게 이해해야 하는가에 대하여 씨름한다. 일종의 신정론(神正論)이다(cf. Mattingly, Williams). 둘째는 실존적으로 고통이라는 주제를 논하는 방법이다(DiLella). 실존적으로 고통과 씨름하는 것은 의인이 당하는 고통을 하나님과 인간의 관계에 준한 하나의 신학적인 체험으로서 논하는 것을 의미한다.

욥이 씨름하는 문제는 하나님의 공의(justice)와 의인의 청렴함(innocence), 이 두 축을 중심으로 형성되었다. 이 두 축의 저변적인 이슈는 악의 신비(mystery), 악인의 성공 그리고 의인의 고통 등이다. 하나님의 공의(justice)와 인간의 의로움(righteousness)이 정면충돌할 때, 문제는 어떻게 해결되는가? 둘이 부딪칠 때, 하나님의 공의가 인간의 의로움을 침몰시키는 것이 아니라, 인간의 이해를 초월한다는 것이 책의 메시지이다(Johannes Pedersen, cf. Mathewson). 그러므로 "욥기는 하나님의 모든 지혜가 우리의 것이거나 우리가 좋게 생각하는 것은 하나님도 인정하실 것이라고 주장하는 사람들의 허세(虛勢)를 드러낸다"(Paul Weiss).

욥기가 인간의 고통에 대하여 지속적으로 강조하는 것은 인간의 고통은 사람이 알 수도 없고, 알아도 이해할 수 없는 신비/미스터리(mystery)로 남겨져야 한다는 사실이다(cf. Daniélou, Otto, Shields). 우리는 욥기를 통해 그가 왜 고통을 당했는지 안다. 그러나 정작 욥은 책이 끝날 때까지 자신이 왜 고통을 당했는지 알지 못하고 그의 삶의 무대에서 퇴장한다. 그는 죽은 후 하나님께 간 후에야 자기가 왜 고통을 당했는지 알게 되었을 것이다. 욥은 세 친구와의 대화를 통해서 지속적으로 자신이 왜 고통을 당했는지 창조주 하나님을 만나 꼭 물어보고 싶다고 했는데도 하나님은 이유를 말씀해주시지 않았다.

오히려 회오리바람 중에 오셔서 욥을 만나주신 창조주는 그를 책망하듯이 말씀하신다. 하나님의 말씀의 첫 번째 요지는 욥은 창조된 세상에서 일어나는 모든 일을 알고 이해할 만큼 지혜로운 사람이 아니라는 사실이다. 그러므로 하나님이 욥에게 그의 고통에 대하여 말씀해주셔도 그가 잘 이해하지 못할 것이라 하신다. 하나님 말씀의 두 번째 요지는 창조된 세계의 일부인 욥이 창조주가 하시는 일을 모두 알 수도 없으며, 알 필요도 없다는 것이다. 세상에는 오직 창조주만이 아시고 창조된 인간은 아무리 노력해도 알 수 없는 신비로운 영역이 있다. 욥기는 인간의 고통이 바로 이 창조주의 고유하고 신비로운 영역에 속한 것이라고 한다.

결국 그처럼 자신이 고통을 당하는 이유를 알고자 했던 욥은 창조주를 대면하고도 그 이유를 알지 못하게 되었다. 그럼에도 불구하고 욥은 다음과 같이 고백한다.

주님께서는 못하시는 일이 없으시다는 것을,
이제 저는 알았습니다.
주님의 계획은 어김없이 이루어진다는 것도,
저는 깨달았습니다.

잘 알지도 못하면서, 감히 주님의 뜻을
흐려 놓으려 한 자가 바로 저입니다.
깨닫지도 못하면서, 함부로 말을 하였습니다.
제가 알기에는, 너무나 신기한 일들이었습니다.
주님께서 말씀하셨습니다.
"들어라. 내가 말하겠다.
내가 물을 터이니, 내게 대답하여라" 하셨습니다.
주님이 어떤 분이시라는 것을,
지금까지는 제가 귀로만 들었습니다.
그러나 이제는 제가 제 눈으로 주님을 뵙습니다.
그러므로 저는 제 주장을 거두어들이고,
티끌과 잿더미 위에 앉아서 회개합니다.
(42:2-6, 새번역)

욥이 어떻게 이런 고백을 하게 된 것일까? 그렇게 당당하고 하나님을 직접 만나서 자신의 고통에 대하여 꼭 답을 얻겠다던 욥이 답을 얻지도 못한 채 이렇게 고백하는 것은 무엇 때문일까? 욥의 반응을 이해하기 위해서는 구약 시대 사람들의 신앙에 대하여 생각해보아야 한다.

구약 성도들이 가장 중요하게 여긴 것은 하나님이 그들의 형편을 헤아려주시는 일이다. 성도들의 삶에 환난이 임하면 그것을 하나님이 알고 계시거나, 주님께서 알지 못하는 상황, 두 가지 가능성이 있다. 물론 창조주 하나님은 세상에서 일어나는 모든 일을 알고 계신다. 고통을 당하는 인간의 입장에서 하나님이 자기 형편을 헤아리고 계시는지를 염려하는 것은 당연한 일이다.

성도가 고통을 당하는 것은 두 가지 가능성을 암시한다. 첫째, 하나님이 알면서도 개입하지 않으시는 가능성이다. 이 경우, 성도는 자신이 당하고 있는 고통은 자기의 몫이라 생각하고 묵묵히 견뎌내야 한다. 둘째, 하나님이 모르시는 상황에서 고통을 당하는 가능성이다. 이 경우 성도는 하나님께 자기 고통에 대하여 알려야 한다. 만일 하나님이 개입하신다면, 그가 당하는 고통은 원래 그의 몫이 아니었다. 만일 하나님이 성도의 형편을 아시고도 개입하지 않으시면 그 고통은 성도가 감당해야 할 몫이다. 이 경우 성도는 묵묵히 고통을 감당해야 한다.

이러한 관점에서 생각할 때 성도들이 서로에게 빌어줄 수 있는 가장 좋은 축복은 주님께서 그들의 형편을 헤아려주시기를 바라는 것이다. 그래서 성전에서 예배를 드리고 떠나는 성도들에게 빌어주었던 제사장들의 축도는 세 문장으로 구성되는데, 이 중 두 문장은 하나님이 예배자의 형편을 헤아려주시기를 바라는 내용을 포함하고 있다(cf. 진하게 표시된 부분). 구약 성도들은 하나님이 자기 형편을 헤아려주시는 것을 가장 큰 축복으로 여겼기 때문이다.

여호와는 네게 복을 주시고 너를 지키시기를 원하며
여호와는 그의 **얼굴을 네게 비추사** 은혜 베푸시기를 원하며
여호와는 **그 얼굴을 네게로 향하여 드사** 평강 주시기를 원하노라(민 6:24-26)

평소에 하나님에 대하여 듣기만 했던 욥이 하나님 앞에 서 있다. 주님께서 그를 만나주신 것이다! 욥은 하나님이 자기를 만나러 오셨다는 것은 곧 자기 고난에 대하여 알고 계심을 의미한다는 사실을 깨달았다. 그러므로 욥은 비록 자기가 왜 고통을 당했는지에 대하여 전능자로부터 직접 듣지는 못했지만, 그분이 자기 형편을 알고 계신다는 사실을 확인했으니 더 이상 그 무엇도 문제가 되지 않는다고 고백한다. 하나님이 욥이 처한 상황을 헤아리고 계신 사실이 그에게는 더 없는 위로가 된 것이다.

욥은 자신이 처한 문제에 대한 해답을 받은 것이 아니다. 우리는 책을 통하여 어떻게 해서 그에게 고통이 임했는지를 안다. 그러나 욥은

자신이 왜 고통을 당했는지를 모르고 책(viz., 그의 삶)을 마감한다. 그렇지만 그의 고난에 대한 답을 얻고, 얻지 못하고는 더 이상 그에게 문제가 되지 않는다. 하나님을 만나는 순간 그가 당면했던 문제가 녹아내려 더 이상 문제가 되지 않았기 때문이다. 욥은 하나님이 자기가 경험한 고난에 대하여 알고 계시다는 사실 한 가지로 만족한다. 욥은 하나님이 회오리바람 중에 말씀하신 것들을 근거로 자기가 경험한 고통은 오직 창조주 하나님의 고유 영역에 속한 신비로 남겨두어야 한다는 사실을 깨달은 것이다.

(3) 의와 고통

욥기 저자는 욥의 고난이 욥의 죄에서 비롯되지 않았음을 1-2장에서 세 차례나 강조한다(1:1, 8; 2:3). 앞으로 욥기에서 전개될 욥의 이야기를 절대 그의 죄와 연관시키지 말라는 취지로 주는 해석적인 열쇠이다. 그런데 친구들은 자꾸 욥의 고난을 그의 죄(심지어는 그가 알지 못하는 상황에서 저지른 죄)에 연관시킨다. 절대로 전능자께서 죄를 짓지 않은 사람을 벌하실 리 없다는 주장이다. 그러나 욥은 자신의 결백을 항변한다. 자신의 억울함을 변호하는 과정에서 욥은 자연스럽게 하나님에 대한 서운함과 도저히 이해가 되지 않는 세상의 이치에 대하여 솔직하게 토로한다.

욥의 이 같은 발언은 창조주 하나님이 하신 일과 세상을 운영하시는 원칙에 문제가 있다고 하는 것으로 들릴 수 있다. 1-2장에 제시되었던 '흠 없는 신앙의 소유자 욥'은 온데간데없는 것으로 생각될 수 있다. 그래서 욥의 친구들은 하나님의 편에서 더욱더 소리를 높여 자신의 결백을 주장하는 욥의 '교만과 어리석음'을 비난한다.

그러나 이 친구들은 두 가지 사실을 깨닫지 못하거나 인정하지 않는다(cf. Robinson). 첫째, 욥은 그들이 익숙한 세상의 원칙과 신학적 시스템으로 설명할 수 없는 특별한 경험을 하고 있다. 세 친구의 주장을 잘 살펴보면 일반적인 상황에서는 항상 옳은 이야기이다. 아니 땐 굴뚝에 연기 날 리 없으며, 창조주께서 그를 경외하는 사람을 벌하실 리 없다. 그러므로 그들의 신학적 시스템에 의하면 욥이 경험한 혹독한 고통은 그가 범한 심각한 죄에 대한 응징으로밖에 생각할 수 없다. 그러나 문제는 욥은 죄를 짓지 않았다는 사실이다. 욥은 세 친구의 신학적 시스템이 설명할 수 없는 일을 경험했다. 안타깝게도 욥의 친구들은 이 사실을 인정하지도, 이해하려 들지도 않는다(cf. Magary).

둘째, 욥의 탄식과 원망은 이유도 모른 채 심한 고난을 당한 사람의 울부짖음이다. 어떻게 생각하면 욥의 고난은 하나님의 책임이다. 욥은 믿음 생활 잘하면서 지내고 있는데, 하나님의 '욥 자랑'이 화근이 되었기 때문이다. 결국 욥은 영문도 모른 채 고난을 당했다. 물론 하나님도 매우 안타까우셨을 것이다. 사탄과의 합의 때문에 욥에게 그가 왜 고통을 당하는지에 대하여 절대 설명해주셔서도 안 되기 때문이다.

사람은 조금만 고통을 당해도 마음에 없는 말(viz., 창조주에 대한 원망 등)까지 내뱉으며 자신을 지키려 한다. 그러므로 하나님은 자기 백성이 신음하며 주님을 원망하는 소리는 정죄하지 않으신다. 예레미야서도 하나님에 대한 선지자의 원망으로 가득하다. 그러나 하나님은 자신을 원망하는 예레미야를 정죄하거나 비난하지 않으시고 오히려 그를 껴안으신다. 욥은 영문도 모른 채 상상을 초월하는 고통을 당했다. 그런 그가 창조주를 원망하는 것이 어떻게 생각하면 당연한 일이다. 하나님은 욥의 원망을 모두 들으시고도 그를 정죄하시기는커녕 오히려 하나님 편에 선답시고 욥에게 상처를 준 친구들을 책망하신다(cf. Phillips). 신학에도 예외가 있고, 눈물이 있어야 하는데, 친구들은 이 같은 가능성을 완전히 배제한 상황에서 욥의 고통을 설명하려고 했기 때문이다.

(4) 믿음과 고통

사람이 이 땅에 살면서 하나님을 의지하고 믿음으로 사는 일이 삶에 어떠한 영향을 미치는가? 창조주 하나님이 다스리시는 세상에서 주님을 믿으며 살면 이 땅에 사는 동안 겪게 될 고난과 아픔에서 어느 정도 면제되는가? 혹은 믿기 때문에 오히려 믿지 않았다면 겪지 않을 고통을 겪게 되는가?

사람들은 흔히 삶을 엄습하는 불행과 고난을 피하기 위해 신앙생활을 한다. 전능하신 하나님을 잘 섬기면 주님이 그들을 사고와 불행에서 보호해주실 것이라고 믿기 때문이다. 더 나아가 하나님은 믿음이 좋은 사람을 풍요와 행복으로 축복하신다고 생각한다.

하나님과의 대화에서 사탄이 욥에 대해 문제를 제기한 것도 이 원리와 맥을 같이한다. 욥은 하나님께 받은 것이 많기 때문에(하나님이 그를 좋은 것들로 축복하셔서) 축복에 대한 반응으로 여호와를 경외하고 따른다. 그러므로 사탄은 하나님이 이러한 것들을 욥의 삶에서 거두시면, 욥이 더 이상 하나님을 믿고 따르지 않을 것이라고 주장한다. 욥의 아내가 흉측한 몰골의 남편을 보며 "차라리 하나님을 저주하고 죽으라"라고 하는 것도 이런 맥락의 발언이다(그러므로 종종 주석가들은 욥의 아내를 사탄이 숨겨둔 마지막 복병이라고 주장한다). 세 친구도 우리가 이 땅에서 창조주를 경외하며 살면 그분이 보호하실 것이기 때문에 큰 어려움을 당하지 않을 것이라고 생각한다. 욥이 고난을 당한 것은 분명 그가 창조주를 분노하게 했기 때문이라는 논리에 근거를 둔다.

이러한 생각이 전적으로 잘못된 것은 아니다. 성경은 분명 우리가 이 땅에서 하나님을 경외하고 말씀대로 살면 하나님의 축복과 보호가 우리와 함께할 것을 강조한다. 우리의 믿음은 분명 이 땅에서 긍정적인 효과를 발휘한다. 그러므로 오늘날도 많은 성도가 하나님께 땅에서 그들이 당할 수도 있는 환난과 고난에서 보호해달라고 기도한다.

그러나 욥기에 의하면 이것이 다는 아니다. 욥기는 믿음이 진가를 발휘하는 것은 이 땅에 사는 성도들에게 고난이 임했을 때라고 한다. 사실 성경적인 믿음이 있고 없고의 차이는 고난이 닥쳤을 때 성도의 반응에서 나타난다. 욥의 아내처럼 고난에 반응하는 사람은 온전한 믿음을 소유했다고 할 수 없다. 그들에게 믿음은 이 땅에서 누리는 부귀영화와 재난으로부터의 보호를 의미할 뿐이기 때문이다.

반면에 욥은 주신 분도 하나님이고 가져가신 분도 하나님이시니 이 모든 일을 겸허히 받아들이겠다며 하나님의 주권에 대한 절대적인 신뢰를 유지한다(1:21, cf. 2:10). 불현듯 찾아온 온갖 불행이 사탄이 기대했던 것처럼 욥의 믿음을 흔들지 못했다. 이후 욥이 친구들과 논쟁을 벌이며 하나님에 대한 서운함을 토로하는 것은 사실이지만, 이것은 불신의 행위가 아니다. 그는 단지 이때까지 알고 믿었던 하나님의 성품에 어울리지 않는 일(이유를 알 수 없는 고난)을 경험한 사람으로서 자신이 겪고 있는 혼란과 혼돈을 토로할 뿐이다.

이러한 차원에서 욥기는, 믿음은 보이지 않는 것을 보는 것이라고 한다. 온갖 고난과 어려움이 닥쳐와 아무것도 보이지 않을 때에 하나님만을 바라보고 신뢰하는 것이다. 또한 도저히 하나님을 신뢰할 수 없다고 생각될 때 주님을 신뢰하는 것이다. 진실하고 신실하게 살던 욥의 세상이 한순간에 무너졌다. 욥에게 일어난 일들은 그가 하나님을 믿지 않도록 하기에 충분했다. 그러나 그는 도저히 믿을 수 없는 순간에 하나님을 믿었다.

6. 통일성

욥기는 한 사람의 저작인가? 아니면 원저자가 책의 일부를 집필했지만, 세월이 지나면서 각기 다른 시대와 장소에서 살았던 사람들이 나머지 내용을 단계적으로 첨부하고 편집한 것인가? 이 이슈에 대해서는 아직도 논란이 많다(Baker, Guilleaume, cf. Zerafa). 학자들이 욥기의 통일성에 대하여 제기하는 이슈는 다양하다.

첫째, 욥기는 통일성 있는 문학작품으로서 매끈한 흐름을 보이지 않는다. 한 예로 다음 사항을 생각해보자. 책의 서론 부분에서 욥은 차라리 하나님을 저주하고 죽으라는 아내의 말에 수긍하지 않고 끝까지 믿음을 지켰는데(cf. 1-2장), 일단 그가 친구들과 대화를 시작하고 나서는 마치 창조주 하나님의 모든 것을 부정하는 사람처럼 말한다. 이런 정황은 1-2장에 묘사된 욥의 모습과 현저하게 다르다(cf. Fisher). 더 나아가 욥이 그처럼 하나님을 원망했는데도, 끝에 가서는 하나님이 욥을 위로하실 뿐만 아니라 오히려 하나님을 대변한 친구들을 책망하시는 일도 통일성 문제를 제기한다.

염두에 두어야 할 것은 책의 흐름이 매끈하지 않다고 해서 통일성을 훼손하지는 않는다는 사실이다(cf. Cliness). 설령 같은 책에서 상반된 관점이 전개된다 할지라도 이러한 상황이 책의 통일성을 훼손한다고 할 수 없다. 경우에 따라서는 저자가 의도적으로 책의 앞 섹션과 뒤 섹션을 겉보기에 상반된 형태로 전개할 수도 있기 때문이다. 이러한 현상은 저자가 책의 내용뿐만 아니라, 형태를 통해서도 자신의 메시지를 전달하기 위한 의도적인 전략일 수도 있다. 욥기의 경우가 그렇다. 욥은 영문도 모른 채 억울한 고통을 당했지만, 처음에는 겸허히 고통을 받아들였다. “우리가 하나님께 복을 받았은즉 화도 받지 아니하겠느냐”(2:10). 그러나 욥은 시간이 지나면서 자신의 고통에 대하여 창조주께 불만과 의구심을 토로했다. 그는 절대 이런 고통을 당할 만한 죄를 짓지 않았기 때문이다.

우리는 욥의 모습을 오늘날에도 주변에서 종종 목격한다. 큰일을 당한 사람이 초인적인 능력을 발휘해 견뎌낸다. 이때는 당한 일이 실감나지도 않는다. 어느 정도의 시간이 흐르고 나면 비로소 자신이 경험한 일이 현실로 다가온다. 이때 그는 견디기 힘든 고통을 감수하며 괴로워한다. 욥의 경험도 이러했다. 온갖 재앙을 순식간에 당한 욥은 처음에는 자신을 추슬렀지만, 시간이 지나면서 커져가는 고통이 자신을 압도한다.

친구들은 창조주께서 의인은 축복하고 악인은 벌하는 권선징악 원리로 세상을 다스리신다고 믿는다. 견디기 힘든 고통으로 하나님을 원망하는 욥을 보며 그가 죄를 지었기 때문에 이런 고통을 당한다고 생각한다. 자기는 죄를 지은 적이 없다는 욥을 뻔뻔하고 교만하다고 생각해 그를 책망한다. 그러나 시간이 지날수록 욥은 자신의 억울함을 더 강력하게 주장하며 오히려 친구들이 하나님이 기뻐하실 만한 말로 창조주에게 아첨한다고 비난한다(Kaufmann). 친구들의 비난이 거세질수록 욥의 확신도 강해진다.

이런 현상을 포착한 일부 학자들은 책의 시작 부분에서 고통을 겸허히 받아들였던 욥이 친구들과의 대화에서는 억울함을 항변하는 것은 이야기의 흐름과 통일성을 훼손한다고 생각한다. 이 같은 주장이 타당한가? 한 학자의 말처럼, 욥은 침해당한 사람이다(Chesterton). 욥은 처음에 영문을 모르고 당한 고통을 겸허히 받아들였다. 그러나 시간이 지나면서 그동안 그가 알고 있던 창조주 하나님과 그의 경험이 도저히 공존할 수 없다는 사실을 깨달았다. 그러므로 욥이 혼란스러운 생각을 토로하는 과정이 앞부분과 상반되게 느껴지는 것은 당연하며, 오히려 이야기를 발전시키는 면모를 지녔다. 욥이 처음에는 고통을 겸허히 받아들였다가 나중에는 억울함을 항변하는 것은 책의 통일성을 훼손하지 않는다.

일부 학자들은 욥의 세 친구가 하나님을 대변하고, 욥이 창조주에게 자신의 억울함에 대하여 항변한다고 본다. 그런데 끝에 가서 하나님이 욥의 세 친구를 정죄하고 욥을 인정하시는 일도 책의 통일성을 훼손한다고 주장한다.[5] 이 같은 주장은 끝에 가서 욥의 세 친구가 하나님께

5 또한 서론 부분(1-2장)에서 사탄이 문제를 제기해 욥이 고난을 당했는데, 끝에 가서 사탄이 어떠한 응징도 받지 않는 것도 책의 통일성에 대한 문제로 지적되기도 한다.

칭찬을 받아야 하고 욥이 하나님의 책망을 받아야 한다는 논리에 근거한다. 그러나 이러한 해석은 책의 성향과 메시지를 제대로 파악하지 못한 것이다.

모든 시스템과 논리는 합리적이어야 할 뿐만 아니라, 그 시스템과 체계가 충분히 설명할 수 없는 예외적인 일이 있을 수 있다는 가능성을 인정해야 한다. 왜냐하면 우리가 지향하는 사고 체계와 신학 시스템은 완벽하지 않기 때문이다. 그러므로 불완전한 사고 체계와 시스템으로 삶에서 경험하는 일들을 설명하다 보면 죄와 인간의 부패로 얼룩진 세상에서 일어나는 일 중 어느 정도는 그 어떤 시스템과 사고 체계로도 설명할 수 없다는 사실을 깨닫는다. 죄가 세상에 들어와 혼란을 초래하기 시작한 창세기 3장 이후로 모든 시스템과 논리는 예외적인 상황에 대한 가능성에 열려 있어야 한다.

욥의 세 친구가 사용하는 신학적 시스템은 세상의 기준으로 볼 때 거의 완벽하다. 그들의 시스템은 이 세상에서 일어나는 다양한 일들을 상당히 만족스럽게 설명할 수 있다. 그러나 욥은 그들의 시스템이 설명할 수 없는 예외적인 일을 경험했다. 친구들은 이러한 사실을 인정하지 않으려고 했다. 결국 그들은 창조주를 대변한답시고 억지 주장으로 이미 받을 대로 상처 받은 욥을 더 힘들게 했다. 하나님은 의로운 고난자 욥이 처한 상황을 헤아리지 못하고 오히려 그의 상처에 소금을 뿌린 친구들의 예민하지 못한 마음과 예외를 허락하지 않으려는 신학적 교만을 책망하셨다(cf. Kaufmann). 결과적으로 일부 학자들이 주장하는 통일성 결여는 저자의 이야기 전개의 당연한 한 부분이다.

둘째, 욥기를 구성하고 있는 일부 본문이 책의 나머지 부분과 잘 어울리지 않는다는 주장이다. 책의 통일성을 논할 때 가장 이슈가 되는 본문은 '지혜시'라고도 불리는 28장이다. 28장은 책의 흐름을 끊는 듯한 느낌을 줄 뿐만 아니라, 앞뒤 내용과 잘 어울리지도 않는다(Longman). 이 외에도 엘리후의 담화를 형성하고 있는 32–37장과 여호와께서 직접 화법으로 말씀하시는 38-41장 등은 책의 통일성과 흐름을 논할 때 중요한 이슈로 제기되는 부분이다. 책의 거의 대부분이 시/노래로 구성되어 있는데 1-2장과 42:7-17이 유일하게 이야기체로 구성되어 있어, 통일성 논쟁의 일부가 되기도 한다.

학자들이 통일성에 대하여 제시하는 이슈들은 각자 어느 정도 타당성을 지녔다. 예를 들자면 책의 흐름을 가장 방해하는 본문은 엘리후의 담화를 구성하는 32-37장이다(cf. Alter, Freedman, Gordis, Lynch, Walters). 전혀 예고도 없이 갑자기 나타난 엘리후는 매우 긴 담화를 통해 욥과 세 친구 모두의 주장과 논리를 비난한다. 문제는 이때까지 욥기는 엘리후의 존재에 대하여 어떤 암시도 주지 않은 것이다. 만일 그가 욥의 세 친구를 따라온 젊은 청년이었다면, 그는 왜 여태까지 욥과 친구들의 대화를 지켜만 보다가 이제야 끼어든 것일까?

더 나아가 엘리후가 담화를 마친 후에도 욥과 세 친구 등 모든 등장인물은 그가 마치 존재하지 않는 것처럼 취급한다. 그 누구도 엘리후의 논리에 반론을 제기하거나 수긍하지 않았다. 그러므로 그는 학자들의 주장처럼 책의 흐름을 방해한다(Gordis). 하나님이 세 친구를 책망하시는 마지막 섹션에서도 엘리후의 이름이 거론되지 않은 것도 엘리후의 담화가 책을 침범하고 있다고 간주할 수 있다.[6]

이런 사실을 인정하면서도 욥기의 통일성 문제에 대해 염두에 두어야 할 것은 욥기는 매우 오래된 책이며, 이 책이 오늘날 우리에게 전수된 과정에서 인간의 실수로 인한 훼손이나 부패가 본문에 반영되었을 수 있다는 사실이다. 우리는 이러한 훼손이나 부패가 심각한 수준은 아니므로 본문의 의미를 도출하는 일에 큰 영향을 미치지 않는다고 확신한다. 그러나 이러한 부패나 훼손으로 인해 우리가 기대하는 만큼

6 1-2장에서 이야기 흐름에 중요한 역할을 하는 사탄도 결말(42:7-17)에서는 모습을 보이지 않는다. 따라서 책의 결말에서 엘리후를 언급하지 않는 것이 책의 통일성을 훼손한다고 볼 수 없다는 논리도 어느 정도 설득력을 지니고 있다(cf. Smick).

의 매끈한 문맥이나 흐름을 유지하지 못할 수도 있다. 욥기는 이야기의 흐름이나 플롯을 매우 중요하게 여기는 서구적인 문학 세계에서 탄생한 작품이 아니다. 그러므로 서구적인 기준으로 욥기의 성향을 논하는 것은 어느 정도 한계가 있다는 것을 인정해야 한다.

7. 개요

책의 통일성이 논란이 되고 있는 것이 사실이지만, 욥기의 구조는 상당한 균형과 규칙적인 흐름을 기초로 하고 있다. 대부분 주석가는 욥이 상당한 수준의 균형과 흐름을 반영하고 있다는 사실에 동의한다(Alden). 다음 구조를 참조하라(Sawyer).

<table>
<tr><td colspan="2">프롤로그(1–2장)</td></tr>
<tr><td colspan="2">피고의 억울함 증언(3장)</td></tr>
<tr><td rowspan="3">대화–논쟁
(3 사이클)</td><td>4–14장</td></tr>
<tr><td>15–21장</td></tr>
<tr><td>22–27장</td></tr>
<tr><td colspan="2">막간을 채우는 ‘지혜’(28장)</td></tr>
<tr><td rowspan="3">모놀로그
(3 시리즈)</td><td>욥: 29–31장</td></tr>
<tr><td>엘리후: 32–37장</td></tr>
<tr><td>하나님: 38–42장</td></tr>
<tr><td colspan="2">욥의 반성(40장 3–5절; 42장 1–6절)</td></tr>
<tr><td colspan="2">에필로그(42장 7–17절)</td></tr>
</table>

욥기를 당시 법정에서 펼쳐진 재판과 비슷한 장르로 이해하는 우리는 책이 다음과 같은 구조를 바탕으로 진행된다고 간주해 해석하고자 한다. 이 구조에 따르면 1-27장은 소송 과정으로, 28장은 소송을 마무리하기 위한 휴회로, 29-37장은 소송에 연루된 피고와 원고의 최후 증언으로, 38-42장은 판결과 그 과정에서 피고와 재판장이 주고받는 대화로 이해한다.

책의 흐름을 이렇게 해석하면, 욥의 통일성에 대하여 제기된 여러 가지 문제가 결코 책의 흐름을 방해하는 이질적인 요소들이 아니라, 법정에서 펼쳐지는 일의 일부로 간주할 수 있다. 더 나아가 엘리후의 담화를 검사 측 최종 증언으로 이해하면 왜 욥과 친구들을 포함한 그 누구도 그의 논리와 주장에 반박하지 않는지 이해가 된다. 소송을 제기한 측의 최종 증언이기 때문이다.

A. 소송의 역사적 정황(1-2장)
　B. 피고 욥의 억울함 호소(3장)
　　C. 검사측 증인들(세 친구)과 욥의 대질 심문(4-27장)
　　　D. 소송을 마무리하기 위한 휴회(28장)
　B′. 피고 욥의 최종 증언(29-31장)
　　C′. 검사 측 엘리후의 최종 증언(32-37장)
　　　D′. 재판장 하나님의 판결 근거 1부(38:1-40:2)
　B″. 욥의 판결 근거 수긍(40:3-5)
　　　D″. 재판장 하나님의 판결 근거 2부(40:6-41:34)
　B‴. 욥이 판결에 수긍 의지를 밝힘(42:1-6)
　　　D‴. 재판장 하나님의 판결(42:7-8)
A′. 소송 이후의 역사적 정황(42:9-17)

욥과 친구들이 본격적으로 대화를 시작하는 4장 이후부터는 비슷한 논리와 내용이 상당히 많이 반복된다. 그러므로 학술적인 연구보다는 목회자들의 설교와 묵상을 돕는 것을 주된 목적으로 하는 이 주석에서는 이야기가 시작되는 1장에서부터 욥과 세 친구의 첫 번째 대화가 마무리되는 14장까지는 어느 정도 자세하게 주해하고 이후 반복되는 내용들은 상당 부분 요약적으로 정리하고자 한다.

I. 서론(1:1–2:13)
  A. 욥 소개(1:1–5)
  B. 하늘에서 있었던 첫 번째 일(1:6–12)
  C. 욥이 재산을 잃음(1:13–22)
  D. 하늘에서 있었던 두 번째 일(2:1–6)
  E. 욥이 건강을 잃음(2:7–10)
  F. 욥의 세 친구 소개(2:11–13)
II. 욥의 슬픔(3:1–26)
  A. 서론(3:1–2)
  B. 욥이 생일을 저주함(3:3–10)
  C. 욥이 죽음을 갈망함(3:11–19)
  D. 욥이 삶을 미워함(3:20–23)
  E. 결론(3:24–26)
III. 욥과 친구들의 대화(4:1–27:23)
  A. 첫 번째 사이클(4:1–14:22)
  B. 두 번째 사이클(15:1–21:34)
  C. 세 번째 사이클(22:1–27:23)
IV. 지혜의 노래(28:1–28)
  A. 지혜는 광에서 캘 수 없다(28:1–11)
  B. 지혜는 돈으로 살 수 없다(28:12–19)
  C. 지혜는 세상 어디서도 찾을 수 없다(28:20–22)

D. 지혜는 하나님과 함께 있다(28:23-28)

V. 욥의 의에 대한 재확인(29:1-31:40)

A. 욥의 회고(29:1-25)

B. 욥의 탄식(30:1-31)

C. 억울함 호소(31:1-40)

VI. 엘리후의 증언(32:1-37:24)

A. 친구들과 욥을 비난함(32:1-33:33)

B. 정의로우신 하나님(34:1-37)

C. 욥의 독선을 비난함(35:1-16)

D. 능력이 크신 선하신 하나님(36:1-37:24)

VII. 하나님의 임재(38:1-42:6)

A. 하나님의 첫 번째 질의(38:1-40:2)

B. 욥의 첫 번째 대답(40:3-5)

C. 하나님의 두 번째 질의(40:6-41:34)

D. 욥의 두 번째 대답(42:1-6)

VIII. 결론(42:7-17)

A. 친구들에 대한 심판(42:7-9)

B. 욥에게 내려진 축복(42:10-17)

엑스포지멘터리
시가서 개론

시편

EXPOSItory comMENTARY

시편

복 있는 사람은 악인들의 꾀를 따르지 아니하며
죄인들의 길에 서지 아니하며
오만한 자들의 자리에 앉지 아니하고
오직 여호와의 율법을 즐거워하여
그의 율법을 주야로 묵상하는도다
그는 시냇가에 심은 나무가 철을 따라 열매를 맺으며
그 잎사귀가 마르지 아니함 같으니
그가 하는 모든 일이 다 형통하리로다
악인들은 그렇지 아니함이여
오직 바람에 나는 겨와 같도다
그러므로 악인들은 심판을 견디지 못하며
죄인들이 의인들의 모임에 들지 못하리로다
무릇 의인들의 길은 여호와께서 인정하시나
악인들의 길은 망하리로다
(1:1–6)

여호와는 나의 목자시니
내게 부족함이 없으리로다
그가 나를 푸른 풀밭에 누이시며
쉴 만한 물 가로 인도하시는도다
내 영혼을 소생시키시고
자기 이름을 위하여 의의 길로 인도하시는도다
내가 사망의 음침한 골짜기로 다닐지라도
해를 두려워하지 않을 것은
주께서 나와 함께하심이라
주의 지팡이와 막대기가 나를 안위하시나이다
주께서 내 원수의 목전에서 내게 상을 차려 주시고
기름을 내 머리에 부으셨으니
내 잔이 넘치나이다
내 평생에 선하심과 인자하심이 반드시 나를 따르리니
내가 여호와의 집에 영원히 살리로다
(23:1–6)

시편은 고대 이스라엘의 삶에서 두 가지 기능을 발휘한 시/노래들을 모아 놓은 선집이다. 첫째, 시편은 하나님의 말씀으로 이스라엘 공동체를 선택하고 사랑하신 창조주의 끊임없는 위로와 격려뿐 아니라 그들을 다스리시는 신적 왕(divine king)의 뜻을 밝혀주는 계시다. 모세의 인도 아래 이집트를 탈출한 이스라엘은 시내산에서 하나님의 백성이 되었고, 하나님은 그들의 왕이 되셨다. 세월이 지나면서 시편은 이 신적 왕의 뜻과 위로를 백성에게 알려주는 가장 확실한 통로가 되었다.

둘째, 시편은 제사법과 함께 이스라엘의 예배 의식(liturgy)의 가장 중요한 부분이었다. 인생의 사계절을 노래하는 시편은 함께 예배를 드리는 공동체나 홀로 예배의 제단을 쌓는 사람이 끊임없이 하나님께 부른 찬양과 통곡이자 기도였다(cf. Bonhoeffer). 이런 면에서 시편은 폰라트(von Rad)가 말한 것처럼 하나님의 임재 앞에 서 있는 이스라엘의 모습이었다("Israel in the presence of Yahweh").

시편이 이스라엘의 예배와 신학과 윤리와 신앙에 미친 영향은 실로 대단했으며(Gillingham), 기독교 전통에도 막대한 영향을 미쳤다(Brueggemann & Bellinger). 최후의 만찬 후 예수님과 제자들은 '찬미하며' 감람산으로 향했다(막 14:26). 유태인들은 유월절이 되면 할렐루야 시편들로 알려진 115-118편을 노래하며 묵상했던 것이 전통이었다는 점을 감안하면, 예수님과 제자들이 부른 노래들은 분명 시편이었을 것이라는 점이 거의 모든 학자의 추측이다.

시편은 당시의 종교를 '개혁'하셨던 예수님에 의해 불려졌을 뿐만 아니라 1500년 후 종교를 개혁했던 루터(Luther)에게도 많은 용기와 위로를 주었다. 특히 그의 "내 주는 강한 성이요…"로 시작하는 새찬송가 585장은 시편 46편에 바탕을 둔 것이며, 오늘날에도 매년 10월 말이면 세계 곳곳에서 종교 개혁을 기념하며 불리는 찬양이다. 시편이 담고 있는 다양한 진리와 메시지에 감격한 루터는 시편을 '작은 성경책'이라고 불렀다.

예수님의 개혁 정신을 이어받은 많은 순교자의 육체가 믿음 때문에 불길에 휩싸일 때, 목에 칼이 들어올 때, 마지막 호흡이 물거품과 섞일 때 가장 많이 노래로 부른 성경 구절이 시편이었다. 다음 말씀은 예수님이 십자가에서 최후를 맞이하며 하나님께 부르짖으신 절규이기도 하다(눅 23:46). 어떤 말씀인가? 바로 시편 31:5이다. "내가 나의 영을 주의 손에 부탁하나이다." 이후 수많은 찬송가와 복음 성가가 시편 말씀을 직접 인용해 저작되었다. 시편은 우리 예배에서 결코 떼어놓을 수 없는 매우 중요한 부분이다.

그뿐만 아니라 매주 많은 교회에서 읽혀지는 교독문의 상당 부분도 시편을 인용한 것들이다. 초대 교회 교부 모수에스티아의 데오도르(Theodore of Mopsuestia)는 "대부분 사람이 성경에 대해 아는 것이 아무것도 없다. 그러나 시편만큼은 이 노래를 마음에 새긴 이들에 의하여 집에서, 거리에서, 시장에서 불리고 있으며, 그들은 시편을 낭송할 때마다 하나님의 음률이 그들의 마음을 치유하고 소생시키는 것을 느낀다"고 기록했다(cf. Kraus). 그만큼 시편은 하나님을 사랑하는 성도들의 삶에 가까이 와 있었다.

교회는 시편이 성도들에게 매우 유익하지만, 사역자를 세우는 일에도 매우 중요하다고 생각했다. 주후 458-471년에 콘스탄티노플의 총대주교(Patriarch of Constantinople)를 지낸 겐나디우스(Gennadius)는 시편을 열심히 외우고 묵상하지 않은 사람은 사제 안수를 주지 않았다고 한다(Kirkpatrick). 니케아 회의(Council of Nicaea, 주후 587년)는 시편을 익히 알지 못하는 사제를 감독(bishop)으로 세우는 일을 금했다. 제8차 톨레도 회의(8th Council of Toledo, 주후 653년)는 시편 150편을 완벽하게 아는 사람들만 교회 직분자들로 세우도록 했다(Kirkpatrick). 교회에서 예배와 묵상을 인도하는 사람이 성도들의 영적 지도를 위하여 시편을 아는 것은 더할 나위 없이 중요하다고 생각했기 때문이다.

1. 시편과 이스라엘

시편이 이스라엘 공동체와 이 공동체에 속했던 사람들에게 끼친 영향은 이루 말로 표현할 수 없을 정도로 많다(cf. Gillingham). 그러므로 학자들도 시편과 이스라엘 공동체와 개인의 관계를 여러 측면에서 연구해왔다. 이 섹션에서는 학자들이 시편과 연관하여 연구한 주요 주제들을 간추려서 살펴보고자 한다.

(1) 시편과 지혜 문학

시편과 지혜 문학은 문체적으로 시가체라는 공통적인 장르를 지니고 있을 뿐만 아니라 언급하고 있는 주제에 있어서도 많은 연관성을 지니고 있다. 이들 중에서도 창조 신학, 의인과 악인의 대조, 하나님은 인간의 선행과 악행에 대하여 적절한 응보를 받게 하신다는 점 등은 특별한 위치를 차지한다(cf. Ballard & Tucker). 심지어 상당수의 시편은 아예 지혜시로 분류되기도 한다(1, 14, 15, 19, 31, 36, 37, 49 등등, cf. Clayton, Crenshaw, Dell). 그만큼 시편은 지혜 문학과 밀접한 관계를 유지하고 있다(Klouda, Thomas).

시편과 지혜 문학의 밀접한 관계는 어디서 비롯된 것일까? 대체적으로 학자들은 시편과 지혜 문학을 수집하고 편집한 사람들이 긴밀한 관계를 유지했기 때문이라고 생각한다(Perdue, cf. Ballard & Tucker). 시편을 모은 사람들은 성전 서기관/기록자 역할을 감당했던 제사장들(כֹּהֲנִים)로 추정되며, 지혜 문학을 수집한 사람들은 왕궁에서 왕족 자녀들의 교육과 여러 가지 기록을 정리했던 왕궁 서기관/기록자(סֹפְרִים)였다(cf. Crenshaw, Murphy). 이들은 서로 가까운 곳에서 활동했으며 점차적으로 성전 제사장들은 왕궁 서기관들의 지혜에 대한 통찰을 시편 기도문에 도입했다.

(2) 시편과 이스라엘의 역사

폰라트(von Rad)에 의하면 여호와께서는 이스라엘 역사에 두 차례 매우 특별하게 개입하셨으며 이 사건들을 통해 자기 백성들의 구원의 기초를 세우셨다. 첫 번째 사건인 시내산 언약을 통해 하나님은 이스라엘을 자기 백성으로 삼으셨고 그들에게 거할 땅을 허락하셨다(cf. Barré, Hyde). 두 번째 사건인 다윗 언약(cf. 삼하 7장)을 통해 하나님은 다윗과 그의 왕권을 택하시어 이스라엘 역사에서 첫 번째 사건(시내산 사건)에 버금가는 전통을 확립하셨다(cf. Cooper, Mays, Nogalski, Walton). 하나님은 이 두 사건을 통해 그의 특별한 구속적인 사랑을 이스라엘에게 표현하신 것이다.

시편은 하나님의 이 같은 놀라운 구속적인 은혜를 체험한 이스라엘이 잠잠히 있지 않았다는 사실을 증명한다. 이스라엘 사람들은 시편을 통해 이 두 사건을 거듭 회상하고 기념하며 하나님의 구원 사역을 찬양했다. 특히 '역사시'들(historical psalms)은 이스라엘의 역사에 개입하시고 그들을 인도하신 하나님을 찬양했다(cf. Haglund, Nasuti). 또한 이스라엘은 새 노래들을 통해 꾸준히 여호와의 이스라엘을 향한 놀라운 사역을 기념했다. 이런 면에서 생각할 때 시편은 우리가 구약에서 찾아 볼 수 있는 가장 뚜렷한 이스라엘의 케리그마(kerygma, 선포)라 할 수 있을 뿐만 아니라, 그들이 과거에 체험했던 하나님의 구원의 역사를 회상하는 도구였다(cf. von Rad, Westermann).

이스라엘은 옛적에 경험한 여호와의 놀라운 구원의 은혜를 근거로 완전히 새로운 하나님과의 관계를 구축했다(von Rad). 그들은 하나님께 찬양을 드렸을 뿐만 아니라 주님께 질문하기도 하고, 때로는 자신들의 고통과 아픔에 대하여 하나님께 탄원하기도 했다. 이 같은 자세는 인간은 단순히 신들의 필요를 채우기 위하여 창조된 노예들에 불과하다던 고대 근동의 정서에 비추어볼 때, 매우 이례적인 태도라 할 수 있다. 그들이 이처럼 담대하게 하나님께 나아갈 수 있었던 것은 무엇보다도 그들의 신앙 때문이었다(Kraus). 이스라엘은 여호와께서 자신들을 택하신 이유는 단순히 주님의 놀라운 능력을 온 세상에 과시하기 위해서가 아니라 그의 백성과 인격적인 교제를 하기 위해서라고 믿었다.

시편은 분명 옛 이스라엘 공동체와 개인이 하나님께 드렸던 노래와 기도다. 또한 그들의 기도와 노래는 하나님이 그들의 삶에서 베풀어

주신 구원과 은혜에 대해 드리는 반응이었을 뿐만 아니라, 주님이 과거에 하셨던 말씀과 행위에 대한 반응이기도 하다. 즉, 이스라엘은 시편을 통해 하나님과 우리—당신(We–Thou) 관계의 기초를 성립시켰던 것이다(von Rad). 이스라엘은 이 관계를 통해 자신들의 정체성을 새롭게 정리했다. 이스라엘은 자신들이 여호와께 영광을 돌리기 위하여 존재한다는 사실을 의식했던 것이다. "여호와여 영광을 우리에게 돌리지 마옵소서 우리에게 돌리지 마옵소서 오직 주는 인자하시고 진실하시므로 주의 이름에만 영광을 돌리소서"(시 115:1).

이러한 이해는 이스라엘의 삶에 새로운 면모를 더했다. 이스라엘이 여호와와 인격적인 관계를 유지하는 한 고통과 아픔을 포함한 그들의 모든 체험이 하나님께 드려지는 찬양과 기도의 한 부분으로 승화되었다(Westermann). 그러므로 이스라엘의 찬양은 여호와께 영광(כָּבוֹד)을 돌리는 것을 의미했으며(29:1), 기도는 자신의 육체적, 정신적 능력과 고통을 여호와께 의뢰한다는 의미를 지녔다(Kraus).

위와 같은 이유로 인하여 시편은 이스라엘의 특별한 사랑을 받은 책이다. 쿰란(Qumran)에서 발견된 사해 사본 중에 시편 사본 조각의 숫자가 가장 많다(cf. Flint, Sanders). 쿰란 공동체는 구약의 그 어느 책보다도 시편을 더 많이 읽고 묵상하며 즐겼다(Flint & Miller). 구약 성경이 주전 3세기 초에 알렉산드리아에서 칠십인역(LXX)으로 번역된 이후 구약 성경책 중에 헬라어 번역본이 가장 많은 책이 시편이라는 점도 유태인들에게 시편이 얼마나 소중한 책이었는가를 암시한다(Beckwith). 오늘날에도 성도들이 소지하고 다니며 읽기에 편리하도록 성경의 일부만을 책으로 제작해 놓은 '쪽성경' 중 시편이 가장 많이 팔린다는 사실을 감안하면 시편은 옛 이스라엘 사람들뿐만 아니라 우리 크리스천들에게도 매우 특별한 책이다.

(3) 시편과 성도의 삶

시편이 이처럼 성도들의 삶에 가까이 다가와 있는 것은 무엇 때문일까? 가장 큰 이유는 시편이 언급하는 주제들이 매우 다양하여 우리 인생의 사계절을 찬송과 탄식의 노래로 승화시키는 효과를 지니고 있기 때문일 것이다. 시편은 그 자체가 "작은 성경책이다. 시편 안에는 성경의 모든 것이 짤막하게 요약되어 있다. 이 책은 진정으로 성도들을 위한 안내서(handbook)다"(Luther). 또한 시편에는 "인간의 영생에 관한 모든 것이 수록되어 있다"(Calvin). 그리고 시편이 우리에게 가까이 다가오는 가장 큰 이유는 이 책에 기록된 글들이 무엇보다도 '인간의 기도들' 이기 때문이다(Bonhoeffer, cf. Lewis).

시편은 인간이 직면하고 있는 '원초적 위협'(primordial threat to man)으로부터 우리를 보호한다(Kerenyi). 인간이 직면하고 있는 원초적 위협은 무엇인가? 바로 '종교'다. 케레니는 "종교는 하나님과 인간 사이에 존재하며 끝에 가서는 그 무엇으로도 대신할 수 없는 것(irreplaceable)의 자리를 차지한다"고 경고한다(cf. Lacoque). 종교가 뿌리를 내리면 '하나님 앞'(Coram Deo)에 서는 것은 약화되고, 그 자리는 반복적이고 기계적인 종교 예식/의식이 차지하게 되기 때문이다(cf. Kraus). 시편은 꾸준히 독자들에게 하나님 앞에 설 수 있는 기도와 자세를 제시하여 하나님을 경배하는 이들이 이 위험에서 탈피하도록 도와준다.

시편은 인간이 하나님과 영적 '교류'(communion)를 갈망하며 드리는 기도들이다. 특히 주목할 만한 것은 '탄식시'는 백성이 그들의 하나님께 드리는 불평이라는 사실이다. 주의 백성들은 '탄식시'를 통해 자신들의 불운을 슬퍼하며 하나님이 아름답고 선하게 창조하신 세상에 존재하는 악에 대하여 설명하며, 창조주께서 자신의 창조 섭리의 일부가 아닌 이 악들을 제거해 주시기를 소원한다. 이러한 '기도시'에는 하나님께 "당신의 말씀대로 신실해 주십시오"라는 성도들의 갈망이 섞여 있다(VanGemeren). 성도들의 신앙은 '탄식시'들을 통해 아픈 현실에 대하여 하나님께 소리치고 있으므로 이 시들은 하나님을 향한 불신이 아니라 신뢰의 표현이다(Brueggemann).

시편은 성도들이 하나님을 그리워하며 드리는 찬양이며, 이 찬양을 통해 다른 사람들도 하나님에 대한 같은 그리움을 가지도록 유도한다. "오, 주여…"(3:1), "하나님, 제가 부르짖을 때 응답하소서"(4:1), "저의 말에 귀를 기울이소서"(5:1) 등등은 찬양/기도하는 사람과 그 찬양을 들으시는 하나님 사이에 매우 밀접한 관계를 전제하고 있는 표현들이다.

이스라엘은 과거에 있었던 하나님의 구원 사역을 찬양했다. 창조, 출애굽, 가나안 정복, 다윗의 삶, 전쟁에서의 승리, 바빌론 포로 생활에서 회복된 것 등. 그러나 이스라엘의 찬양은 그 기능이 과거에 하나님이 그들과 그들의 조상들에게 베풀어 주신 은혜를 기념하는 데 국한되어 있지 않다. 그들은 과거에 은혜를 베풀어 주신 하나님을 찬양함으로써 여호와께서 그들의 현실(현재)에서도 새로이 활동해 주시기를 갈망했다(Haglund). 이스라엘의 찬양은 하나님이 과거에 베푸셨던 구원을 다시 베풀어 달라는 염원을 내포했던 것이다. 이러한 차원에서 이스라엘의 '찬양시'들은 과거와 미래를 새끼줄 꼬듯이 꼬고 있다고 할 수 있다.

또한 아무리 조그마한 일이라도 하나님이 베푸신 선처라면, 그것은 하나님이 마지막 때 이루시겠다고 약속하신 일들이 성취될 가능성을 한층 더 높여 준다고 생각했다. 과거와 현재에 임한 하나님의 은혜는 미래 일에 대한 보증 수표 역할을 하는 것이다. 그러므로 시편은 성도의 삶에서 과거와 미래를 잇는 징검다리 역할을 했다.

시편은 성도들로 하여금 새로운 공의(justice)와 정의(righteousness), 더없는 기쁨(bliss)으로 가득한 하나님의 나라에 대한 소망을 갖게 한다(Kraus). 폰라트(von Rad)는 구약의 소망은 시편에 그 뿌리를 내리고 있다고 주장한다. 미래에 대한 소망은 하나님을 체험적으로 이해하게 하는 활력소가 되며, 하나님에 대한 체험은 묵상 신학(devotional theology)의 기초가 된다는 것이다. 이 묵상신학은 하나님의 백성에게 그분의 임재에 대한 갈망을 더욱더 높여 준다. 그러므로 시편을 기초로 하고 있는 구약의 소망은 하나님을 체험적으로 만날 수 있도록 해주는 활력소가 된다(cf. Day).

시편은 하나님의 임재를 갈망하는 성도들에게 개별적인 하나님의 음성을 들려준다. 그동안 시편이 마치 각 개인의 체험에는 전혀 개의치 않고 이스라엘 공동체의 공통적인 체험만을 언급하고 있다고 주장한 학자들이 있었다(Mowinkel, cf. Firth). 이러한 분위기가 조성된 것은 구약학자들의 책임이며 매우 불행한 일이다(VanGemeren). 시편은 공동체 예배뿐만 아니라 각 성도의 개인적인 묵상과 체험도 매우 중요시한다(cf. Alter). 또한 시편은 각 성도를 개인적으로 상담하는 데 커다란 기여를 한다. "시편의 치유력은 상징적인 구조를 통해 그 어느『상담학』교과서도 언급하지 않는 상담자의 자각(consciousness)에 접근한다. 시편은 상담자의 마음에 말하여, 그 마음을 변혁시키는 것이다"(Meyer). 성도들은 시편을 통해 하나님의 음성을 듣고 그분의 임재를 체험한다.

(4) 시편과 이스라엘의 종교적 절기

20세기 구약 학계에, 특히 시편 연구에 가장 많은 영향을 끼친 학자들은 궁켈(H. Gunkel)과 그의 제자 모빙클(S. Mowinckel)이었다. 궁켈은 양식 비평의 선구자로서 시편을 양식/형태에 따라 분류하는 작업을 했다(cf. 시편 구분). 그는 또한 각 시편이 취하는 양식에 대한 '삶의 정황'(*Sitz im Leben*)을 제시했다. 모빙클은 스승의 이러한 노력을 바탕으로 시편의 거의 모든 시가 이스라엘의 종교 축제(festival)에 사용된 것들이라고 주장했다. 그에 의하면 이스라엘의 삶에서 가장 중요한 두 축제는 '가을 추수 축제'(Fall Harvest Festival)와 '신년 축제'(New Year Festival)였으며, 이 두 축제의 하이라이트는 여호와의 즉위식(Enthronement of Yahweh Festival)이었다. 이러한 모빙클의 주장은 가정(假定)에 불과했다. 그러나 그가 이 가설을 제시한 후 시편 학계는 이 두 학자들의 연구와 가설로부터 엄청난 영향을 받았다.

2. 시편의 선집적 성향

몇몇 시편들은 이렇다 할 표제가 전혀 없는 상태에서 우리에게 전수되었지만(cf. 1편), 많은 시편이 표제에 '다윗의 시'(מִזְמוֹר לְדָוִד)라는 문구를 포함하고 있다. 그러나 정확히 무슨 뜻일까? 히브리어 전치사 לְ처럼 다양한 의미를 지니고 있는 단어도 흔하지 않다. 이를 우리말로 해석하면 "…에게, …을 위하여, …에 의하여, …안에, …근처에, …의, …에 대하여, …으로부터, …동안"(to, for, by, in, at, of, about, from, while) 등 그 뜻이 너무나도 광범위하다. 그러므로 '다윗의 시'(מִזְמוֹר לְדָוִד)라는 말에 근거해서 이 문구를 표제에 포함하고 있는 시들은 모두 다윗이 저작했다고 주장하는 것은 무리일 수밖에 없다(cf. Slomovik, Thirtle). 이 히브리어 표현은 '다윗이 저작한 시', '[다른 사람이] 다윗을 기념하면서 지은 시', '다윗에 관한 시', '다윗을 위한 시', '다윗 시대 때 저작된 시', '다윗으로부터 유래된 [그러나 다른 사람이 정리한] 시', '다윗에게 봉헌한 시' 등등 매우 다양한 의미로 해석될 수 있기 때문이다(cf. Brueggemann & Bellinger, Ross).

또한 여러 시편이 다윗이 아닌 다른 사람들의 이름을 포함하고 있다. 게다가 각 사람/주제와 연관된 시들이 책 곳곳에서 산발적으로 발견되는 것이 아니라, 몇 편씩 묶여서 함께 발견된다. 이러한 현상이 150편에 이르는 시편의 순서가 어떠한 의도/목적에 따라 편집되었다는 최근 학계 동향의 근간이 되었다. 다음을 참조하라(Bellinger & Brueggemann).

다윗 모음집	3-41, 51-72, 138-145편
고라 자손 모음집	42-49, 84-85, 87-88편
엘로힘 모음집	42-83편
아삽 자손 모음집	73-83편
순례 모음집	120-134편

이미 언급한 것처럼 '다윗의 시'라는 표현이 항상 다윗의 저작권을 주장하는 말이 될 수는 없다. 하지만 시편의 구조와 책이 전하고자 하는 메시지와 연관하여 다윗의 중요성은 인정해야만 한다. 총 150편의 시 중에서 73편이 다윗과 연관된 표제를 지니고 있다. 그뿐만 아니라 이들 중 13편은 다윗의 생애의 구체적인 순간을 지목한다. 그러므로 일부 학자들은 시편 속의 다윗을 메시아적 원형(messianic prefigure)으로 간주하기도 한다(cf. Durham, Nogalski, Walton). 여러 시편 표제에 언급된 다윗의 삶의 정황과 그의 일생을 그리고 있는 사무엘서의 관계는 다음 도표를 참고하라. 다음 도표에서 암시되는 점은 이 시편들을 다윗의 삶과 연관시킨 시편 편집자(들)는 150편에 이르는 시편의 순서를 다윗의 삶에서 일어난 일들의 순서에 따라 정리하지 않았다는 사실이다. 시편도 여느 구약 정경처럼 저작된 연대나 반영하고 있는 사건들의 역사적인 순서를 고려하지 않고 각 노래의 순서가 정해진 것이다(cf. Bullock, Wilson).

시 3	삼하 15:1-31
시 7	삼하 16:5-9, 20:1
시 18	삼하 22:1-51
시 34	삼상 21:10-15 (그러나 아비멜렉이 아니라 아기스)
시 51	삼하 11:1-12:14
시 52	삼상 22:6-23
시 54	삼상 23:14-24, 26:1
시 56	삼상 21:11-16, 27:1-4(이 두 곳에서 다윗이 블레셋에게 잡히지는 않음)
시 57	삼상 22:1; 24:1-7

시 59	삼상 19:11-17
시 60	삼하 8:13-14, 10:15-20; 왕상 11:15-16
시 63	삼상 23:14, 24:1, 삼하 15:1-16:14
시 142	삼상 22:1, 24:1-7

시편은 한 권의 책이 아니며 총 다섯 권으로 구성되어 있다. (1) 1-41편, (2) 42-72편, (3) 73-89편, (4) 90-106편, (5) 107-150편. 이 다섯 권 중 제5권을 제외한 나머지 책들은 모두 "여호와를 찬송할지로다"와 같은 내용의 송영(頌榮; doxology)으로 마무리되며 '아멘'으로 마침표를 찍는다(41:13, 72:18-20, 89:52, 106:48, 145:21). 시편 145-150편은 시편 전체를 다섯 번 반복하는 송영으로 마무리한다. 그러나 시편을 형성하고 있는 다섯 권의 관계가 어떤 것인가는 명확하게 드러나고 있지 않으며 아직도 학자들 사이에 논쟁이 되고 있다(cf. Anderson, Creach, Wilson). 각 권이 어떤 관계를 가지고 있는가에 대해 논할 때에는 다음 현상들을 참조하라.

제1권의 일원인 14편과 40편의 일부가 거의 동일한 모습으로, 제2권에서 시편 53편과 70편으로 등장한다. 가장 큰 차이점이라면 14편과 40편은 하나님의 성호를 '여호와'(יְהוָה)로 부르고 있으며, 53편과 70편은 '하나님'(אֱלֹהִים)이라 부르고 있다. 이러한 특징은 제1권과 제2권의 차이점이기도 하다. 즉, 제1권(1-41편)은 '여호와'라는 이름을 즐겨 사용하며, 제2권(42-72편)은 '하나님'이란 성호를 즐겨 사용하는 성향을 보인다. 그래서 학자들은 '하나님'이란 성호를 여호와라는 이름보다 더 많이 사용하는 42-83편을 '엘로힘 성향의 시편'(Elohistic Psalter)이라고 부르기도 한다(cf. Clines, Creach).

시편 1편과 2편을 제외한 제1권의 모든 시가 표제에 다윗의 이름을 포함하고 있다. 또한 1편과 2편은 하나의 시였을 것으로 이해하는 학자들이 많다(cf. Craigie). 이 두 시편이 하나가 되어 책 전체에 대하여 소개하고 있으며, 독자들에게 시편을 묵상하도록 초청하는 기능을 담당하고 있는 것으로 해석된다(cf. Brueggemann & Bellinger). 다만 차이점이라면 시편 1편은 독자들에게 개인적인 초청을 하고 있으며, 시편 2편은 국제적인(범세계적인) 차원에서 여호와를 기념할 것을 권면한다. 시편의 최종 편집자(들)는 이 책이 개인적으로 읽혀질 것과 국가적(공동체 적)으로 읽혀질 것을 전제하고 있는 것이다(Limburg).

제1권에 기록된 시 대부분이 그렇듯 제2권을 구성하고 있는 시들의 반(半) 이상이 다윗의 이름과 연관되어 있다. 또한 제2권은 다음과 같은 말로 끝을 내린다. "이새의 아들 다윗의 기도가 끝나니라"(כָּלּוּ תְפִלּוֹת דָּוִד בֶּן־יִשָׁי)(72:20). 반면에 제3권에서 다윗과 연관된 시는 단 한편(86편), 제4권에서는 겨우 두 편(101편과 103편)에 불과하다. 그러나 제4권에서는 다시 다윗의 이름이 표제에 자주 거론된다. 제5권의 1/4이 다윗과 연관이 되어 있다.

제3권은 고작 17편으로 구성되어 있다. 그러나 시편 전체에 등장하는 공동체 '탄식시' 대부분이 이 책에서 발견된다. 제4권도 17편의 시로 이루어져 있다. 그러나 시편 전체에 등장하는 '여호와의 왕권'(Kingship of Yahweh)시 일곱 편 중 여섯 편이 이 책에 편중되어 있다. 제5권은 44편의 시를 수록하고 있는 가장 긴 책이다. 이 시 중 다윗과 연관된 시들은 첫 부분(108–110편)과 마지막 부분(138–145편)에 편중되어 있다. 또한 제5권에 속해 있는 108편이 실제적으로는 제2권에 속해 있는 57:7–11과 60:5–12을 묶어 놓은 것이다.

제2권에 속해 있는 노래 중 상당수가 고라 자손들이 저작한 것으로 기록되었다. 또한 제3권에 속해 있는 84, 85, 87, 88편도 고라 자손들의 노래다. 제3권에 소속되어 있는 73–83편은 아삽 혹은 그의 자손들의 시들이다. 제2권에서는 유일하게 50편만 아삽과 연관되어 있다. 역대기에 의하면 아삽 자손들과 고라 자손들은 성전과 긴밀한 관계를 유지했던 사람들이다. 특히 아삽 자손들은 성전에서 찬양하는 음악가들이었다(대하 5:12).

한 시편은 모세와 연관이 되어 있으며(90편), 한 시편은 우리에게 신원이 전혀 알려지지 않은 에단이라는 사람의 노래로 표기되어 있다(89편). 솔로몬은 두 시편의 저자다(72편과 127편). 어떤 시들은 공통 주제에 의하여 구분되어 하나로 묶여 있는 듯하다. 예를 들자면 시편 93–99편은 모두 여호와의 왕권(Kingship of Yahweh)을 노래한다(cf. Howard).

그리고 이스라엘의 종교적 축제/절기와 연관되어 하나로 묶여 있는 섹션도 있다. 92편은 안식일, 113–118편은 유월절과 관계가 있으며, 120–134편을 형성하고 있는 '성전에 올라가는 노래'(songs of ascent)는 이스라엘 사람들이 예루살렘 성전으로 올라가는 순례 길에서 부르던 노래들이다.

'왕족시들'(royal psalms)은 시편 전체에 흩어져 있으며, 각 책의 시작과 마지막 부분에 자주 등장한다. 이러한 현상은 매우 의미심장한 메시지를 내포하고 있는 듯하다. 시편이 최종적으로 편집되었을 때는 이미 다윗의 왕권이 역사 속으로 사라진 지 오랜 세월이 지난 뒤다. 그럼에도 불구하고 '왕족시'들이 시편 전체에 흩어져 있는 것은 앞으로 오실 '메시아 왕'에 대한 소망을 지속시키려는 의도로 보인다(Limburg).

시편의 편집 동기를 연구할 때 위와 같이 다양한 현상들이 증거로 사용되어야 할 것이며, 그 동기가 설득력을 얻으려면 각 현상에 대한 합리적인 설명이 있어야 한다. 한 가지 확실한 것은 시편은 오랜 세월 동안 여러 출처에서 비롯된 노래들을 한 권의 책에 모아 놓았다는 사실이다. 여러 시와 노래들을 한곳으로 모으는 일을 했던 이 '찬송가/기도 모음집 편찬 위원회'가 각 시의 순서를 어떠한 기준과 논리를 바탕으로 편집하지 않고, 별생각 없이 무작위로 순서를 정했을 리 만무하다. 오늘날 우리가 사용하는 찬송가도 분명 어떠한 기준에 따라 노래들을 여러 주제별로 모으고 순서가 정해졌다는 사실을 생각하면 시편이 어떠한 논리에 따라 순서가 정해졌다는 주장은 더욱더 설득력을 얻는다.

바로 이 사실은 시편을 연구하는 데 있어서 우리가 해결해야 할 가장 큰 도전 중 하나다. "시편 편집자들은 어떤 목적으로 오늘날 우리가 전수받은 순서로 이 노래들을 엮었을까?"

지금 시편 학계는 이 분야의 연구로 달아오르고 있다. 월톤(Walton)은 다음과 같이 시편의 각 책의 관계를 정리했다(cf. Anderson, Creach, Wilson).

<table>
<tr><td colspan="4">서론 1–2편
시편 1편: 의인에 대한 하나님의 최종적인 지지
시편 2편: 하나님은 이스라엘의 왕을 선택하시고 보호하심</td></tr>
<tr><th>책
(Book)</th><th>연결점
(Seam)</th><th>테마
(Theme)</th><th>내용
(Content)</th></tr>
<tr><td>제1권
(1–41)</td><td>41편</td><td>다윗과 사울의 갈등</td><td>많은 개인 '탄식시':
대부분 시가 원수를 언급함.</td></tr>
<tr><td>제2권
(42–72)</td><td>72편</td><td>다윗의 왕권</td><td>54–64편은 대부분 '탄식시'와 '원수시'로 구성 되어 있음.
주요 시: 45, 48, 51.</td></tr>
<tr><td>제3권
(73–89)</td><td>89편</td><td>아시리아 위기(701BC)</td><td>아삽과 고라의 자손의 노래 모음.
주요 시: 78.</td></tr>
<tr><td>제4권
(90–106)</td><td>106편</td><td>성전 파괴와 포로기 회상</td><td>'찬양시' 모음집: 95–100.
주요 시: 90, 103–105.</td></tr>
<tr><td>제5권
(107–145)</td><td>145편</td><td>찬양/포로기에서 돌아온 일에 대한 묵상과 새 시대의 시작에 대한 기대</td><td>할렐루야 모음집: 111–117.
성전으로 올라가는 노래 : 120–134.
다윗의 시 재개: 138–145.
주요 시: 107, 110, 119.</td></tr>
<tr><td colspan="4">결론
146–150편 하나님께 드리는 절정적인 찬양</td></tr>
</table>

히브리어로 구성된 마소라 사본(MT)과 히브리어 텍스트를 헬라어로 번역해 놓은 칠십인역(LXX)은 시편을 장으로 나누는 일에 있어서 다소 차이를 보인다. 히브리어 시편과 헬라어 시편을 비교할 때에는 이러한

차이를 염두에 두어야 한다. 다음 도표를 참조하라.

히브리어(MT) 사본	헬라어(LXX) 사본
1–8	1–8
9–10	9
111–113	110–112
114–115	113
116:1–9	114
116:10–19	115
117–146	116–145
147:1–11	146
147:12–20	147
148–150	148–150

3. 현 시편 학계의 동향

지난 30여 년 동안 다른 구약 학계처럼 시편 학계도 일종의 '패러다임 변화'(paradigm shift)를 경험하고 있다. 구약 학계는 1980년대에 접어들면서 연구의 초점을 저자에서 텍스트로 바꾸었다. 예전에는 학자들이 각 책 안에서 발견되는 텍스트의 편집/개정 과정과 텍스트에 배어 있는 저자/편집자의 세계에 관심을 쏟았다. 그러나 80년대 중반부터 오늘날까지 학자들은 우리에게 전수된 각 책의 최종적인 형태가 지니고 있는 의미와 텍스트가 이 최종 형태를 취하게 된 동기를 집중적으로 연구하고 있다(cf. Kuntz, Zenger). 이러한 차이를 비유로 말하자면 과거에는 학계가 각 나무의 생김새와 성장 과정을 연구했다면, 최근의 동향은 이 나무들이 어우러져서 형성하고 있는 숲 자체의 모습과 상황에서 각 나무의 역할을 파악하는 데 연구의 초점을 맞추게 된 것이다.

최근의 시편 연구 동향을 살펴보면 학자들이 가장 많은 관심을 쏟는 부분이 바로 시편을 한 권의 통일성 있고 '긴밀하게 연결된 전체'(coherent whole)라는 전제하에 각 시편의 연결성을 연구하는 것이다. 책의 짜임새와 연결성에 대한 최근의 시편 연구는 크게 두 가지로 나뉜다. (1) 테마와 패턴을 통해 책 전체(macrostructure)에 대한 거시적인 통일성과 연결성 연구(cf. Westermann), (2) 테마와 언어를 통해 책의 한 섹션(microstructure)에 대하여 미시적인 관점에서 이루어지는 연구(cf. Howard, Nogalski).

저명한 구약학자 차일즈(B. S. Childs)의 제자인 윌슨(G. H. Wilson)의 1981년 학위 논문 '히브리 시편 편집'(The Editing of the Hebrew Psalter)을 통해 시편 학계는 새 계기를 맞이했다. 물론 윌슨의 논문이 출판되기 전에 이미 구약과 시편 학계에는 시편을 한 권의 통일성 있는 작품으로 보아야 한다는 여론이 조성되어가고 있었던 것도 윌슨의 논문에 기폭제가 되었다.

윌슨의 스승이었던 차일즈는 구약 비평학에 새로운 지평을 연 정경 비평(Canonical Criticism)의 창시자다. 그는 대표작 『구약개론』(1979)에서 설령 구약의 각 책이 오랜 세월을 통해 여러 단계의 편집과 개정 과정을 거쳤다 할지라도 오늘날 우리에게 전수된 최종적인 모습 그대로의 형태에서 해석하고 의미를 연구해야 한다고 주장했다. 차일즈가 이러한 주장을 제시할 즈음에 학자들 사이에는 이미 '수사학적 비평'(rhetorical criticism), '문예 비평'(literary criticism/analysis), '구조 비평'(structural analysis) 등이 활성화되면서 각 책을 하나의 통일성 있는 작품이라고 전제하고 연구되어야 한다는 여론이 조성되고 있었다(cf. Jackson & Kessler).

이러한 정황 속에서 윌슨의 논문은 체계적으로 시편을 연구하는 방법을 제시하여 새로운 방향을 물색하고 있던 학계에 가뭄의 단비가 되었다. 윌슨은 고대 근동의 몇몇 문화에서 출토된 시/노래 모음집들(the Sumerian Temple Hymn Collection, Catalogs of Hymnic Incipits, the Qumran Psalms manuscripts)의 구조와 순서들을 연구하여 성경의 시편을 한 권의 '책'으로 연구할 수 있는 근거를 마련했다. 윌슨의 연구에 의하면 이 근동의 시 모음집들은 분명한 편집과 나열에 대한 기술과 방법의 결과였으며(Wilson), 이러한 연구 결과는 시편의 편집과 나열 기술을 연구하는 토대가 되었다.

윌슨은 그가 고대 근동의 여러 노래 모음집에서 발견한 편집 기술을 시편에서도 발견했다. 그에 의하면 시편의 편집 기술은 두 가지로 드러났다. (1) 외형적(explicit), (2) 내포적(tacit). 그는 외형적인 기술을 각 시편의 표제(superscription)와 제1-2권에 추가된 발문(postscript)인 72:20 등에서 발견했으며, 내포적인 기술은 동일한 성격의 시들을 모아 놓은 곳에서 포착했다. 내포적인 기술로는 제1-4권이 모두 축도로 끝난다는 점과 '할렐루야 시들'(104-6, 111-17, 135, 146-50)이 특정한 섹션이 끝나는 지역에 밀집되어 있다는 점 등을 들 수 있다(cf. Wilson).

히브리 시편 모음집이 율법시(Torah psalm)로 분류되는 1편으로 시작하여 할렐루야 시들(Hallelujah psalms)(146-50편)로 막을 내리는 것에도 분명한 의미가 있다(cf. Zenger). 시편 1편이 독자들에게 하나님의 말씀/율법을 주야로 묵상하라고 권면하는 것은 이 시편 모음집을 모세오경과 동일한 하나님의 율법(Torah)으로 받아들여 묵상하고 공부하는 것을 전제하고 있기 때문이다. 시편 모음집의 마지막 부분이 할렐루야 시들로 장식되어 있는 것은 독자들에게 항상 여호와를 찬양하는 삶을 살라는 권면을 함축한다(Wilson).

시편을 구성하고 있는 다섯 권의 책 모두가 짧은 축도로 끝을 맺는다(cf. 시 41, 72, 89, 106, 145). 이러한 현상은 책의 구조를 파악하는 데 도움을 줄 뿐만 아니라 시편 안에서 한 테마로 부각되고 있는 왕족시들(royal psalms)이 중요한 위치에서(시 2, 72, 89) 발견되는 현상과도 연관이 있다(cf. Kaiser, Walton). 윌슨은 이 왕족시들이 제1-3권의 앞부분에서만 발견되는 사실을 중요하게 생각했다. 제4-5권에서는 시편들의 초점이 여호와의 왕권에 맞춰져 있기 때문이다(시 93-99, 145). 그는 89편에서 다윗 왕조는 실패했다는 뉘앙스를 포착했다. 그러므로 시편 모음집이 4–5권에서는 다윗 왕조와 연관된 '왕족시'들을 약화하고, 여호와의 왕권만을 부각하고자(특히 시 93–99) 한다고 해석했다.

윌슨은 이후 출판된 논문을 통해 시편에는 2, 72, 89, 144편을 중심으로 한 '왕적 언약 틀'(royal covenantal frame)과 1, 73, 90, 107, 145편을 중심으로 한 '최종적인 지혜 틀'(final wisdom frame)이 있다고 주장했다. '최종적인 지혜 틀'을 형성하고 있는 1, 73, 90, 107, 145편은 각각 제 1, 3, 4, 5권을 시작하고 있으며, 5권의 '마지막 위치'를 차지하고 있다(학자들은 오래전부터 146–150편을 일종의 '말문'[postscript] 정도로 간주해 왔다). 윌슨은 이 두 틀 중 '지혜 틀'이 시편 모음집 안에서 '언약 틀'보다 더 중요하다고 결론지었다. 그러므로 시편은 "인간 왕들과 왕권의 권세를 신뢰하는 일을 포기하고 영원히 다스리시고 홀로 구원하실 수 있는 여호와께 소망을 둘 것"을 권장하고 있다. 시편은 지혜의 책(a book of wisdom)이며, 하나님의 왕권을 강조하고 신실한 이들을 위한 여호와의 가르침을 담고 있는 책이다(Howard).

'지혜 틀'에 의하면 제4권(90–106편)이 시편의 중심에 서 있는데(1, 73, 90, 107, 145편 중 중앙에 있는 두 시가 4권과 직접적으로 연관이 있음), 제4권의 중심 테마는 다름 아닌 왕이신 여호와를 찬양하는 것이다. 이미 언급한 것처럼 89편은 1–3권의 테마가 된 다윗 왕조의 실패가 제시하는 문제에 대하여 노래했다. 그렇다면 90–106편은 바로 다윗 왕조의 실패가 가져온 문제에 대한 '답'을 제시하고 있다고 할 수 있다. 제4권이 제시하는 답은 (1) 여호와가 왕이시다, (2) 여호와께서는 이미 다윗 왕조가 시작되기 전부터 우리의 피난처가 되셨다, (3) 이제 다윗 왕조가 없어졌기 때문에 앞으로도 여호와가 우리의 피난처가 되실 것이다, (4) 여호와를 신뢰하는 사람들은 복을 받을 것이다 등이다(cf. Howard, Nogalski, Wilson).

'지혜 틀'이 '왕족 틀'을 지배한다는 윌슨의 주장에 대한 반론도 만만치 않다. 윌슨은 시편 1편이 시편 전체에 대한 서론이며, 제1권은 2편에서 시작된다고 주장했지만, 많은 사람이 시편 1–2편을 시편 전체에 대한 통일성 있고 단일화된 서론으로 간주한다(이 경우 시편 3편이 제1 권의 시작이 된다)(cf. Crenshaw, Mitchell, von Rad). 이렇게 취급할 경우 시편 2편의 중심 테마인 여호와와 그의 왕(다윗 왕조)의 주권이 함께 시편 전체의 주요 테마로 부상하게 된다. 이렇게 해야 할 필요성은 시편 144편을 살펴보면 곧바로 알 수 있다. 이미 언급한 대로 시편 145편은 여호와의 왕 되심을 찬양하는데, 바로 앞에 등장하는 144편은 다윗 왕조의 왕들을 바탕으로 한 '왕조시'다. 편집자는 시편이 시작할 때처럼 마칠 때에도 독자들이 세상의 왕조(다윗 왕조)와 여호와의 왕권을 함께 그들의 소망의 근원으로 삼기를 원한다(Howard; cf. Mitchell).

윌슨은 시편이 여호와의 왕권을 부각하는 과정에서 다윗의 왕권의 중요성을 희석시키고 있다고 주장했다. 반면에 시편은 종말론적으로 해석되어야 한다고 주장한 미첼(Mitchell)은 다윗 왕조가 시편 안에서 중요성을 잃지 않았으며, 오히려 메시아에 대한 종말론적인 소망의 근거가 되었다고 해석했다. 미첼은 장차 오실 메시아에 대한 기대가 시편 모음집의 중요한 목적이었다고 주장했다.

전통적으로 시편은 포로기 이전 시절, 포로 시절, 포로기 이후 시절 등의 역사적인 관점에서 읽혀지고 해석되어 왔는데, 미첼은 이러한 해석 방식에 문제를 제기했다. 그는 시편이 이 시대를 훨씬 초월한 종말론적인 관점에서 읽혀져야 한다고 주장했다. 그는 시편의 여러 섹션을 이스라엘이 종말론적인 프로그램을 발전시켜 나가는 과정과 연결해서 읽어 내려갔다. 특히 시편 2, 45, 69, 72, 82, 83, 87, 88, 89, 90, 91, 92, 95, 109, 110, 113–118, 120–134편은 이 프로그램의 발전과 매우 밀접한 관계가 있다.

시편은 종말론적인 메시지를 선포하는 것을 목적으로 순서가 정해졌다. 시편이 선포하고자 하는 메시지는 편집자들에 의하여 예측된 마지막 날에 일어날 사건의 순서를 염두에 두었다. 이 순서는 다음과 같다(Mitchell, cf. Howard). (1) 포로 생활을 하고 있는 이스라엘, (2) 메시아적 영웅의 등장, (3) 이스라엘의 모음(ingathering), (4) 열방의 공격, (5) 영웅의 고난, (6) 이스라엘이 광야에 흩어짐, (7) 이스라엘의 재모음과 추가 위험, (8) 영웅이 그들을 구원하기 위하여 하늘로부터 내려옴, (9) 영웅의 통치권이 시온에 세워짐, (10) 이스라엘의 번영과 열방의 복종. 다윗 언약(cf. 삼하 7장)의 중요성과 미래 지향적인 성향을 감안할 때 시편에서 하나님의 왕권이 실패한 다윗 왕조를 대체한다는 윌슨의 주장보다는 다윗 왕조는 종말에 있을 일들의 근거를 마련한다는 미첼의 해석이 더 설득력을 지녔다(cf. Nogalski, von Rad, Walton).

윌슨처럼 공관적인(synchronic) 해석 방법을 선택하면서도 통시적인(diachronic) 해석 방법에 많은 비중을 두고 연구한 밀라드(Millard)의 『시편의 구성』(1994)은 유럽의 시편 학자들의 최근 연구를 대표할 만한 작품이다. 그는 시편에서 가장 중요한 테마는 율법(Torah)이지만 여호와의 왕권도 매우 중요한 위치를 차지한다고 주장했다.

밀라드는 다윗이 저자로서 시편에 매우 중요한 인물일 뿐만 아니라 고통받는 왕으로서 그의 위치는 더욱더 중요하다고 생각했다. 만일 이스라엘의 가장 위대한 왕도 고통을 받을 정도로 다윗 왕조가 한계를 지녔다면, 영원하고 완전한 여호와 왕권의 중요성이 더욱더 부각될 수밖에 없다는 것이 그의 주장이다. 밀라드는 시편을 포로 후기 시대에 편집된 기도문 모음집으로 간주했다. 이 기도문들은 처음에는 어려움을 당한 사람들이 하나님께 접근할 수 있도록 도와주고, 최종적으로는 이 사람들이 모여 함께 여호와를 찬양하고 감사하는 일을 유도하는 것에 목적을 두고 모아졌다.

시편의 정경적 기능(canonical function)에 초점을 맞추어 연구를 한 더끌레세-월포드(deClaissé-Walford)는 『처음부터 읽기』(1997)에서 시편은 매우 융통성 있게 사용되었으며, 포로기 이후 시대를 살아가는 이스라엘 공동체에게 두 가지 기능을 발휘했다고 주장했다. 시편은 (1) 종교적 절기와 행사 때마다 읽혀지고 사용되었던 책이었으며, (2) 이스라엘의 '이야기'를 담아 놓는 저장소(repository) 역할을 했다. 시편에 저장되어 있는 이스라엘의 역사가 읽혀질 때마다 이스라엘이 왕이신 여호와의 통치 아래 한 백성으로 존재하는 것에 의미를 부여했다고 한다.

오늘날에도 시편 연구는 상당히 활발하게 진행되고 있으며, 한 각도/방향이 아니라 다각도에서 연구되고 있다. 이러한 다양성은 앞으로 우리의 시편에 대한 이해를 넓히고 시편이 전하고자 하는 메시지를 더 깊이 이해할 수 있도록 해줄 것이다.

4. 표제

시편 150편 중 116편이 표제를 지니고 있다. 표제의 내용과 길이도 다양하다. 한 단어로 형성된 표제(cf. 98편)가 있는가 하면, 긴 문장으로 구성되어 있는 표제도 있다(cf. 18편). 표제가 없는 서른 네 편의 시들은 대부분 제4권과 5권에 속해 있다.

많은 학자가 각 시편의 표제에 등장하는 '역사적 배경'은 시편이 집필된 먼 훗날 임의적으로 붙여졌다고 주장하지만, 이 부분들을 잘 살펴보면 해석의 열쇠가 될 만한 정보들을 포함하기도 한다(cf. Childs, Mays, Nasuti, Slomovik). 표제가 담고 있는 사람 이름과 사용하는 하나님의 이름과 내용을 바탕으로 다음과 같은 구분이 가능하다(Brueggemann & Bellinger).

다윗 모음집	시 3-41, 51-72, 138-145
고라 모음집	시 42-49, 84-85, 87-88
엘로힘 모음집	시 42-83
아삽 모음집	시 73-83
순례자의 노래	시 120-134

또한 표제에는 다음과 같이 다양한 정보들이 포함되어 있다. 여기에 제시되는 각 단어의 뜻은 학계의 추측에 불과하다는 점을 밝혀 두고자 한다(cf. Bullock, Goldingay, Kraus, Ross, Walton, Westermann).

양식을 중심으로 한 표제

표제	의미
미즈몰(מִזְמוֹר)	현악기와 함께 부르는 노래(57개의 시편)
쉬르(שִׁיר)	악기 없이 부름/아카펠라(27개의 시편)
마스길(מַשְׂכִּיל)	'교훈시' 또는 '명상시'(13개의 시편)
믹담(מִכְתָּם)	'황금시'. 모빙클(Mowinckel)은 죄를 덮거나 속하는 시로 간주함(6개의 시편)
테필라(תְּפִלָּה)	'기도시'(5개의 시편)
테힐라(תְּהִלָּה)	찬양의 책(1개의 시—145편)으로 사용
식가욘(שִׁגָּיוֹן)	떠돌아 다니는 시(시편 7편)

음악적으로 지시하는 표제

표제	의미
람므나세아(לַמְנַצֵּחַ)	성가대 지휘자에게(55개의 시편)
네기놋(נְגִינֹת)	현악기에 맞추어 부른 노래
네힐롯(נְחִילוֹת)	관악기에 맞추어 부른 노래(시편 5편)
세미닛(שְׁמִינִית)	여덟 개의 현을 가진 루트(lute, 기타 종류)이거나 한 옥타브를 가리키는 것
알라못(עֲלָמוֹת)	고음(soprano)
마할랏르안놋(מָחֲלַת לְעַנּוֹת)	질병, 근심(애가, 시편 88편)
셀라(סֶלָה)	정확한 의미는 알려지지 않음(음을 올리라는 의미로 추측)
깃티트(גִּתִּית)	의미는 알려지지 않음(포도 수확기에 사용되었던 통소 음악이거나 혹 큰 멜로디로 추측)

당시 불렸던 노래의 음률에 대한 표제

표제	의미
아얠렛샤할(אַיֶּלֶת הַשַּׁחַר)	아침의 사슴(시편 22편)
소산님(שֹׁשַׁנִּים)	백합화의 곡조(시편 45, 69편)
요낫 엘렘 르호김(יוֹנַת אֵלֶם רְחֹקִים)	이별 나무의 비둘기(시편 56편)
뭇랍벤(מוּת לַבֵּן)	아들의 죽음(시편 9편)

이 외에도 성전에 올라가면서 부르는 노래를 뜻하는 마알롯(מַעֲלוֹת)이 있다. 매년 3개의 절기를 기념하기 위하여 예루살렘으로 향하는 순례자들에 의해 불러진 노래들로서 시편 120-134편이 이 단어를 표제로 지니고 있다.

5. 유형

시편은 150개의 독립적인 노래/시로 구성되어 있으며 각 시의 시작과 끝이 대체적으로 정확하다. 이처럼 각 시의 시작과 끝이 확실하게 표시되어 있는 것이 본문의 내용을 해석하는 데 많은 도움이 된다. 구약의 여러 비평학 중에서 양식 비평(form criticism)이 시편 연구에 가장 많은 기여를 할 수 있었던 것은 각 시편의 범위가 명확하게 정의되어 있기 때문이다.

궁켈(Gunkel)이후 150편의 시편은 대체적으로 다음 네 가지가 주류를 이룬다. 도표가 지적하는 것처럼 이 네 가지 중 그 어느 것에도 속하지 않는 시편들도 있다. 궁켈도 이 네 가지 외에 '감사시'(thanksgiving psalms), '왕족시'(royal psalms) 등등 몇 가지를 더 제안했다. 그는 각 시편의 양식을 구분한 다음 각 양식과 연관된 삶의 정황(*Sitz im Leben*)을 제시했다. 오늘날에는 많은 학자가 더 이상 그의 삶의 정황(*Sitz im Leben*)에 대한 해석을 받아들이지는 않는다. 또한 양식에 의존하지 않고 내용으로 시편의 양식/장르를 구분해야 한다는 주장도 만만치 않다. 더 나아가 많은 학자는 시편을 궁켈의 것보다 훨씬 더 다양한 양식으로 구분한다. 그럼에도 불구하고 궁켈의 구분은 아직도 시편을 이해하는 기본적인 도구로 여기고 있다. 각 시편의 양식은 다음 섹션의 도표를 참조하라(cf. Anderson, Bellinger & Brueggemann, Clines, Walton, Westermann).

제1권(1–41편)

시편	찬양	탄식	지혜	표제 정보			그 외 구분
				상황	저자	음악지시	
1			♦				토라시
2							왕족시
3		개인		♦	다윗		
4		개인			다윗	♦	신뢰시
5		개인			다윗	♦	
6		개인			다윗	♦	참회시
7		개인		♦	다윗		창조시
8	회중				다윗	♦	
9	개인/회중	개인?			다윗	♦	유희시(with 10)
10		개인					유희시(continued)
11	개인				다윗	♦	신뢰시, 개인 탄식시
12		회중			다윗	♦	
13		개인			다윗	♦	
14		개인	♦		다윗	♦	회중 탄식시
15			♦		다윗		예배참석
16		개인			다윗		신뢰시
17		개인			다윗		
18	개인			♦	다윗	♦	왕족시
19			♦		다윗	♦	찬양시: 1–6절 토라시: 7–14절
20					다윗	♦	왕족시
21					다윗	♦	왕족시
22		개인			다윗		
23			♦?		다윗		신뢰시
24			♦?		다윗		성전 입성시
25		개인			다윗		유희시
26		개인			다윗		
27					다윗		신뢰시:1–6절 개인 탄식시:7–14절

28		개인			다윗		
29	회중				다윗		
30	개인			♦	다윗		감사시
31		개인	♦		다윗	♦	
32	개인				다윗		참회시
33	회중						
34	개인			♦	다윗		유희시
35		개인			다윗		저주시
36			♦		다윗	♦	찬양, 탄식이 섞임
37			♦		다윗		유희시
38		개인			다윗		
39		개인			다윗	♦	
40	개인: 1-11절	개인: 12-17절			다윗	♦	
41		개인			다윗	♦	개인 찬양시

제2-3권(42-89편)

시편	찬양	탄식	지혜	표제 정보			그 외 구분
				상황	저자	음악지시	
42		개인			고라	♦	
43		개인					
44		회중			고라	♦	
45					고라	♦	왕족시
46	회중				고라	♦	시온의 노래
47	회중				고라	♦	즉위시
48	회중				고라		시온의 노래
49			♦		고라	♦	
50					아삽		언약 갱신 예식
51		개인		♦	다윗	♦	참회시
52		개인	♦	♦	다윗	♦	
53		개인	♦		다윗	♦	=14편
54		개인		♦	다윗	♦	
55		개인			다윗	♦	
56		개인		♦	다윗	♦	
57		개인		♦	다윗	♦	
58		회중			다윗	♦	
59		개인		♦	다윗	♦	
60		회중		♦	다윗	♦	
61		개인			다윗	♦	
62			♦		다윗	♦	신뢰시

63		개인		♦	다윗		신뢰시
64		개인			다윗	♦	
65	회중				다윗	♦	감사시
66	회중: 1–12절 개인: 13–20절					♦	
67	회중					♦	
68	회중				다윗	♦	시온시?
69		개인			다윗	♦	
70		개인			다윗	♦	=40:13–17
71		개인					
72					솔로몬		왕족시
73			♦		아삽		
74		회중			아삽		
75	회중				아삽	♦	
76	회중				아삽	♦	시온의 노래
77		개인/ 회중			아삽	♦	
78			♦?		아삽		역사시
79		회중			아삽		
80		회중			아삽	♦	
81	회중				아삽	♦	언약 갱신 예식
82		회중?	♦?		아삽		예배 예식
83		회중			아삽		
84	회중				고라	♦	시온의 노래
85		회중			고라	♦	
86		개인			다윗		
87					고라		시온의 노래
88		개인			고라	♦	
89	1–37절	38–51절			에단		왕족시, 언약시

제4–5권

시편	찬양	탄식	지혜	표제 정보에 포함된 요소			그 외 구분
				상황	저자	음악지시	
90		회중		♦	모세		
91							신뢰시
92	개인			♦			
93	회중						즉위시

94		회중					
95	회중						
96	회중						
97	회중						즉위시
98	회중			♦			
99	회중						
100	회중			♦			
101	개인			♦	다윗		왕족시
102		개인		♦			참회시
103	회중				다윗		
104	회중						
105	회중						역사시
106		개인					역사시
107	회중						
108		회중		♦	다윗		
109		개인		♦	다윗	♦	저주시
110				♦	다윗		왕족시
111	회중						유희시
112	회중			♦			유희시
113	회중						
114	회중						
115							예배 예식
116	개인						
117	회중						
118	개인						
119			♦				토라시, 유희시
120		개인		♦			순례
121				♦			순례, 신뢰시
122				♦	다윗		순례, 시온의 노래
123		회중		♦			순례
124	회중			♦	다윗		순례
125				♦			순례, 신뢰시
126		회중?		♦			순례, 신뢰시
127			♦	♦	솔로몬		순례
128			♦	♦			순례
129		회중?		♦			순례, 저주시
130		개인		♦			참회시
131				♦	다윗		순례, 신뢰시
132				♦			순례, 언약시
133			♦	♦	다윗		순례
134	회중			♦			예배 예식

135	회중						
136	회중						
137		회중					
138	개인			♦	다윗		
139		개인		♦	다윗	♦	
140		개인		♦	다윗	♦	
141		개인		♦	다윗		
142		개인		♦	다윗		
143		개인		♦	다윗		
144		개인: 3–15절		♦	다윗		왕족시
145	회중			♦	다윗		유희시
146	개인						
147	개인/회중						
148	회중						
149	회중						
150	회중						

6. 양식별 구조와 분석

시편 150편을 형성하고 있는 여러 양식 중 가장 큰 비중을 차지하고 있는 몇 가지의 특징은 다음과 같다(cf. Anderson, Clines, Gunkel, Mowinkel, Ross, Westermann).

(1) 찬양시(Psalms of praise/thanksgiving)

찬양시에는 회중(공동체) 찬양시와 개인 찬양시 등 두 가지가 있다. 개인 찬양시는 각 성도가 일상에서 홀로 부르는 찬송이었으며, 회중 찬양시는 성도들이 함께 모여 하나님께 예배를 드릴 때 사용했던 것이라고 생각된다. 찬양시에 속한 시들의 유형별 구조와 특징은 다음과 같다(cf. Clines, Gunkel, Westermann).

① 회중(공동체) 찬양시

기본적 표시 (initial indicator)	찬양으로의 부름(imperative call to praise): "여호와께 새 노래로 찬양하라" 등등.
중심 요소 (core section)	찬양의 이유: 하나님이 누구신가(who God is) 일반적인 하나님의 역사(general acts of God)
반응(response)	교훈/지시(instruction)

② 개인 찬양시

기본적 표시 (initial indicator)	찬양 의도 선포(proclamation of intent to praise): "내가 주를 경배하리라"
중심 요소 (core section)	하나님의 사적인 개입 설명 위기/문제를 회고함 구체적으로 기도함 구원을 보고함
반응(response)	하나님의 역할을 인정함 교훈

찬양시들은 인간이 존재하는 이유와 목표가 하나님을 찬양하는 일에 있다는 사실을 밝힌다. 시편은 하나님의 백성들에게 찬양과 기도를 통해 자신들의 모든 것을 주님께 제물로 드리라고 권고한다. 찬양은 우리의 현실에서 창조주를 경배하는 일뿐만 아니라 주님의 통치를 앞당기는 역할도 한다. "만일 모든 유대인이 안식일을 완벽하게 지킨다면 메시아가 올 것이다"라는 말이 있듯이, 만일 하나님의 백성 모두가 함께 마음으로부터 우러나는 찬양을 여호와께 드린다면 주님의 나라가 이 땅에 곧 임할 것이다(Bullock).

유대교와 기독교 신앙에서 찬양이 차지하고 있는 비중을 감안할 때 우리는 이미 시편의 가르침을 거의 모두 수용하고 있음을 의식하게 된다. 루이스(C. S. Lewis)의 말대로 하늘나라는 천사들과 인간이 영원무궁토록 하나님을 찬양하도록 고용되는 곳이 아닐까? 찬양은 인간이 하나님께 드리는 가장 기본적인 예물이며, 영원히 드리게 될 예물이다.

(2) 탄식시(Psalms of lament)

찬양시에 개인과 공동체 찬양시 등 두 가지가 있는 것처럼, 탄식시에도 개인 탄식시, 공동체 탄식시 등 두 가지가 있다. 개인 탄식시는 성도가 당면한 문제에 대하여 각자 개인적으로 드리는 찬송이며, 공동체 탄식시는 온 국가가, 혹은 믿음 공동체가 함께 모여 드린 찬송이었다(cf. Clines, Gunkel, Westermann).

① 공동체 탄식시

기본적 표시 (initial indicator)	서론적 간구(vocative opening with petition): "주여, **우리를** 구원하소서"
중심 요소 (core section)	구체적인 애도(lament proper): 국가적 위기 등등 간구(petition)
반응(response)	신뢰의 고백(confession of trust) 간구와 동기(왜?) 찬양의 기원적 맹세

② 개인 탄식시

기본적 표시 (initial indicator)	서론적 간구(vocative opening with petition): "주여, **나를** 도우소서"
중심 요소 (core section)	구체적인 애도(lament proper): 다음 세 요소를 지님 – 원수 – 시편 기자 – 하나님
반응(response)	간구 추가적인(optional) 부분: – 죄의 고백 – 저주 – 찬양의 기원적 맹세

삶이 평화롭고 안정적일 때 우리의 신앙은 나태해지거나 찬양을 드려도 별생각 없이 습관적으로 드릴 수 있다. 그러나 삶이 고달프고 어려우면 찬양보다는 원망이 앞서는 것이 인간의 본성이다. 환난 중에 있는 성도가 궁지에 몰린 자신의 처지를 한탄하며 하나님을 원망하기는 쉽지만, 당면한 어려움에 대하여 하나님을 찬양하는 것은 결코 쉬운 일이 아니다.

그래서 탄식시는 성도들의 '영적 지표'(spiritual index)라고 불리기도 한다. 오직 신실한 성도만이 환난 중에도 하나님을 찬양할 수 있기 때문이다. 사실 탄식시로 구분되는 시편들에서 종종 찬양시들에서도 흔하지 않은 매우 강력한 하나님에 대한 신뢰의 고백이 등장하기도 한다(cf. 시 46, 123, 126). 이 때문에 학자들은 이 시들을 '신뢰시'(psalms of trust)라고 부르기도 한다(Westermann).

탄식시들은 대체적으로 다음 사항 중 몇 가지를 포함한다. (1) 대상, 서론적 도움 요청 (2) 탄식, (3) 신뢰 고백, (4) 간구, (5) 응답되리라는 확신, (6) 하나님의 개입과 간섭 요청, (7) 찬양 맹세/약속, (8) 간구가 응답되었을 때 하나님을 찬양.

이 요소들은 주로 (1) 하나님에 대한 원망, (2) 원수에 대한 원망, (3) 시편 기자 자신에 대한 원망 등을 표현하는 데 사용된다. 시편 22편은 이 세 요소를 모두 지니고 있다. 1-2절(하나님 원망), 7-8 & 12-13절(원수 원망), 6절(자신 원망). 또한 시편 38편도 이 세 요소를 모두 포함하고 있다. 2-3절(하나님 원망), 4-5, 18절(자신 원망), 11-12, 19절(원수 원망).

(3) 감사시(Psalms of Thanksgiving)

베스터만(Westermann)은 히브리어에 '감사'를 뜻하는 독특한 단어가 없다는 점을 근거로 '감사시'와 '찬양시'를 구분하는 것은 무리라는 주장을 펼쳤다. 그러므로 그는 '감사시'를 서술적 찬양시(descriptive praise)로,

'찬양시'를 선포적 찬양시(declarative praise)로 구분했다. 호칭이야 어찌되었건 시편에는 분명 찬양시와 감사시를 따로 구분할 정도로 감사를 중심으로 하는 시들이 많다는 것을 암시한다.

① 서술적 찬양시(감사시)

서술적 찬양시는 다음과 같은 순서로 진행된다

1	명령으로 시작함
2	하나님의 능한 행사를 요약함
3	하나님의 인격과 사역을 말함
4	교훈이 내포됨
5	국가적임

② 선포적 찬양시

선포적 찬양시는 다음과 같은 순서로 진행된다

1	"내가…하리다"라는 찬양으로 시작함
2	하나님의 특별한 간섭을 말함
3	하나님과 그의 행사를 증언함
4	고백적이거나 혹은 증거 제시
5	개인적임

(4) 적응시

브르게만(Brueggemann)은 새로운 시편 구분 방식을 제안했다. 그는 리코(Paul Ricoeur)의 작품에서 힌트를 얻어 세 가지로 시편을 구분할 것을 제안했다. (1) 적응시(psalms of orientation), (2) 부적응시(psalms of disorientation), (3) 재적응시(psalms of reorientation).

적응시(psalms of orientation)는 긴장감이나 불안감이 전혀 발견되지 않는 시들이며, 이 시들 안에서 세상은 질서가 있고 선이 승리하는 곳이다. 창조와 지혜와 응보와 축복을 주제로 삼은 시들이 이 부류에 속한다.

부적응시(psalms of disorientation)에서는 저자가 당한 일에 대하여 황당함과 당혹감을 느끼며 하나님이 통치하는 세상에서 자신의 경험의 불합리함을 노래한다. 주로 탄식시들이 이 부류에 속한다.

재적응시(psalms of reorientation)는 어려움을 겪으며 체험한 하나님의 보호와 축복을 노래하는 시들이다. 감사시와 찬송시가 이 부류에 속한다.

그뿐만 아니라 제1–2권이 주로 탄식과 문제에 초점을 맞춘 점에 반해 후반부에서는 찬송과 찬양이 중심을 이루고 있다는 점을 감안하여 브루게만은 시편의 구조는 순종에서 찬양으로 이르게 하는 것을 목적으로 한다고 주장한다.

7. 시편 해석과 묵상

지금까지 시편의 특성과 다양성에 대하여 제시된 많은 정보가 이 책에 대하여 익숙하지 않은 사람에게는 "과연 시편을 제대로 해석할 수 있는가?"라는 절망감을 줄 수도 있다. 이러한 상황에서 한 주석가(Bullock)가 제시하는 다음 원칙들은 매우 간단하면서도 따라하기가 쉽다(cf. (Frost, Linton, Mays).

1	누가 말하는지를 파악하라. 때로는 한 시에서 말하는 이가 여러 차례 바뀐다.
2	개인이 부르는 노래인지, 공동체가 부르는 노래인지를 파악하라.
3	시편이 저작된 목적을 파악하라.
4	시편이 지닌 감정/정서적인 분위기를 파악하라.
5	시편이 지닌 장르를 파악하라.
6	반복구(후렴)가 있는지를 파악하라.

8. 주요 개념들

이미 언급한 것처럼 시편은 구약의 작은 신학책이라 해도 과언은 아니다. 매우 다양하고 광범위한 신학적 주제들이 시편에서 제시되고 발전되기 때문이다. 창조, 심판, 구원, 정복을 포함한 이스라엘의 역사, 삶의 규칙, 거룩한 도성 시온, 하나님의 임재, 메시아, 다윗, 악행에 대한 경고, 선행에 대한 격려, 인간의 위치와 모습, 하나님의 나라 등등 많은 주제가 시편의 주요 부분을 차지하고 있다. 시편과 연관하여 중요한 주제 몇 가지를 생각해보자.

(1) 하나님의 성호

성경에서 이름은 매우 중요하다. 신약의 예수('Ιησοῦς)라는 이름은 칠십인역(LXX) 번역자들이 구약의 여호수아(יְהוֹשֻׁעַ)를 헬라어로 표기하며 사용한 것으로서 '구원자/구세주'라는 의미를 지니고 있다. 그뿐만 아니라 예수님은 자신이 구약에 등장하는 하나님 이름의 최종적인 계시라는 사실을 의식하시고, 요한복음 17:6에서 "내가 당신의 이름을 나타내었나이다"('εφανέρωσά σου τὸ ὄνομα)라고 말씀하셨다. 이러한 사실을 인정하신 하나님은 예수님께 '모든 이름 중에 가장 으뜸가는 이름'(τὸ ὄνομα τὸ ὑπὲρ πᾶν ὄνομα)을 주셨다(빌 2:9). 어떤 이름인가? 바로 '주'(κύριος), 곧 구약의 '여호와'(יהוה)와 동격의 이름을 주셨다. 그러므로 성경에서 하나님의 이름을 연구할 때에는 예수님이 구약에 기록된 하나님 성호의 최종적인 계시가 되신다는 사실을 의식하고 시작해야 한다.

시편은 하나님을 찬양하는 책이다. 하나님을 찬양하면서 주님의 여러 가지 성호를 기념하는 것은 당연하다. 성호처럼 하나님의 성품을 잘 묘사하는 계시가 없기 때문이다. 그러므로 하나님을 찬양하면서 하나님의 여러 성호를 기념하고 묵상하는 것은 필수적이며 매우 복된 일이다.

또한 이름은 성경 해석에 큰 영향을 미칠 수 있다. 어떠한 영향을 미칠 수 있는가? 한 예를 생각해 보자. 오늘날 학자들 사이에 요나서의 해석이 문제시되는 것은 '요나'(יוֹנָה)라는 이름이 '비둘기'라는 뜻을 지녔기 때문이다. 어떻게 선지자의 이름이 '비둘기'라는 의미를 지닐 수 있냐는 것이다. 그러므로 요나의 이름이 지니고 있는 문자적 의미에 집착하는 사람들은 요나서를 선지서가 아니라 하나의 비유로 해석한다. 이름의 의미는 이처럼 성경 해석에 큰 영향을 끼칠 수 있다.

성경에 들어 있는 이름에 대한 이해를 정리해 보자. 첫째, 성경에서는 사람에게 주어진 이름은 그들의 일생을 좌우하기도 하고 직업을 나타내기도 한다. 아브라함의 아들은 '이삭'(lit., '웃다, 비웃다')이라는 이름을 지녔다. 이삭은 하나님의 예언을 믿지 못한 그의 어머니 사라의 겸손한 신앙 고백을 의미하는 이름이다. 그러나 이삭의 일생은 '이삭'(비웃음)으로 묘사될 수 있다. 그는 모리아산 정상에서 그를 죽여 제물로 바치겠다고 달려드는 아버지를 제지하지 않았다. 그의 인생에서 가장 큰 업적은 우물을 파는 일이었다. 그러나 그가 판 우물의 소유권에 대하여 아비멜렉의 종들과 다투기 일쑤였고, 자기의 소유권을 주장하지도 못할 정도로 변변치 않은 사람이었다. 그래서 이삭은 '한없이 착한 사람'이기도 하지만, 그의 이름이 의미하는 것처럼 '비웃음거리'가 되기도 한 사람이었다. 아비가일의 남편 나발(lit., '어리석은 자')도 자신의 이름에 걸맞은 삶을 살았다.

둘째, 이름은 항상 약자가 강자에게 밝힌다. 하나님은 야곱과 밤새 씨름을 하신 후, "네 이름이 무엇이냐?"라고 물으신다. 야곱은 "저는 야곱입니다"라며 "주님의 이름은 무엇입니까?"라는 질문을 곁들였지만, 주님께서는 "알려 하지 마라"라고 말씀하셨다. 약자는 강자가 물으면 항상 이름을 밝혀야 하지만, 강자는 약자에게 자신의 이름을 밝힐 필요가 없기 때문이다. 이러한 맥락에서 예수님께서 귀신들린 자들을 치료하실 때마다 제일 먼저 그 사람의 몸에 들어가 있는 귀신의 이름을 물으셨다. 귀신은 자신의 이름을 예수님께 밝히는 순간, 예수님의 지배 아래 놓이게 되기에 그저 예수님께서 가볍게 처벌해 주시길 바랄 뿐이었다.

셋째, 한 사람의 인격이나 성품을 연구하는 일에 있어서 가장 중요한 요소 중 하나는 이름이다. 하나님의 여러 성호는 "하나님은 어떤 분이신가?"라는 질문에 답하는 데 결정적인 역할을 한다. 그러므로 하나님의 성품과 능력을 찬양하는 시편과 함께 고려되어야 할 것이 바로 하나님의 성호다. 구약이 제시하는 성호 중에 가장 자주 사용되는 것 몇 가지를 묵상해 보자.

① 엘 샤다이(אֵל שַׁדַּי, 전능하신 하나님)

'창조주'(אֵל)와 '전능한'(שַׁדַּי)이 어우러진 이름이다. 또한 샤다이(שַׁדַּי)는 혈연에 근거한 끈끈한 관계를 의미할 수도 있다(HALOT). 그러므로 이 성호는 부드럽고 다정다감한 하나님을 부각한다. "하나님은 아브라함에게 창조주로서뿐만 아니라, 마치 어머니가 젖을 물려서 아이의 필요를 채워주는 것처럼, 필요를 채워주실 수 있는 하나님으로 그에게 오셨다"(Towns).

이 성호는 또한 힘과 부드러움을 동시에 전달한다. 엘 샤다이는 창세기 17:1에서 처음 사용되며, 이후 47차례 더 사용된다. 특이한 점은 구약 전체의 48회 중 욥기에서 31차례나 사용된다는 사실이다. 어떻게 생각하면 전혀 예측하지 못했던 고통으로 인하여 방황하는 욥에게 하나님이 엘샤다이로 임하시는 것은 당연한 일이다. 고통스럽고 불안한 상황에 처한 욥에게 가장 필요한 것은 그와 끈끈한 관계를 유지하시는 하나님의 보호와 위로이기 때문이다.

② 엘 엘욘(אֵל עֶלְיוֹן, 지극히 높으신 하나님)

엘욘(עֶלְיוֹן)은 '최고의, 가장 높은 장소'를 뜻한다. 성경에서는 창세기

14:18에 처음 등장하며, 구약에서 총 23차례 사용되는 성호다(cf. 왕하 15:35, 사 7:3, 36:2). 이 성호는 예루살렘에서 치러졌던 종교 예식에서 매우 중요한 자리를 차지했다(Kraus). 여호와 하나님이 다른 신들과 비교될 때 많이 사용된다(cf. 시 136:2). 그래서 '엘 엘욘'은 하나님은 '가장 높으신 신'이란 뜻을 지니고 있다. 그렇다 보니 이스라엘의 하나님 여호와와 열방의 신들을 비교, 대조하는 다니엘서에서 많이 사용된다(단 3:26, 4:17, 24, 25, 32). 비록 주의 백성이 죄로 인해 바빌론까지 끌려가게 되었지만, 그들의 하나님 여호와는 세상 그 누구에게도 비교할 수 없는 위대한 신이심을 강조하기 위해서다.

이 이름은 왕조 신학에 매우 큰 영향력을 발휘했다(NIDOTTE). 신명기 32:8은 이 성호를 사용하여 "지극히 높으신 자(엘 엘욘)가 민족들에게 기업을 주실 때에, 인종을 나누실 때에 이스라엘 자손의 수효대로 백성들의 경계를 정하셨도다"라고 고백한다. 하나님의 절대적인 통치 능력을 강조하는 이름이 된 것이다.

③ 엘 올람(אֵל עוֹלָם; 영생하시는 하나님)

올람(עוֹלָם)은 영원한 시간, 시대를 의미한다(HALOT). 이 성호는 창세기 21:33에서 처음으로 사용된다. 하나님의 신비한 속성을 알려주시는 개념으로 주님은 이 땅에서 잠시 살다가 죽는 우리와 달리 시간을 초월하여 영생하시는 분이라는 것을 강조한다(cf. 창 1:1). 하나님께는 시간의 시작도, 끝도 없으시다. 주님은 시간을 초월하신 분이시기 때문이다.

시간을 초월하신 하나님은 이 세상을 지배하시는 분이시다. 그렇다면 우리가 경험하는 역사는 하나님의 계획과 인도에 따라 진행되고 있다. 역사는 우연히 되는 일의 연속이 아니라, 하나님이 태초에 계획하신(예언하신) 것들이 적절한 때에 이루어진(성취된) 결과인 것이다. 이런 차원에서 역사는 하나님의 계획(예언)이 성취되어가는 것이라 할 수 있다.

④ 멜렉 야웨(הַמֶּלֶךְ יְהוָה, 왕이신 여호와)

이스라엘의 왕은 두 가지의 역할을 감당했다. 기능적인 면에서 왕은 백성을 위하여 입법과 사법과 행정 업무들을 담당했다. 상징적인 인물로서 왕은 종교적 왕권(ritual kingship)과 신적 왕권(divine kingship)에서 하나님의 대리자 역할을 했다. 이스라엘은 여호와께서 직접 통치하시는 신정 통치를 지향하는 나라였으며, 하나님은 자신이 세우신 인간 왕을 통하여 자기 백성을 다스리셨기 때문이다. 그러므로 이스라엘에서 왕권은 사회적인 지위보다 종교적인 지위로서 더 중요한 자리를 차지했다.

이스라엘의 왕이신 여호와께서 앉아 계신 보좌(throne)는 특별한 의미를 지녔다. 유태인들의 하늘은 대기권, 성층권(별들이 있는 곳), 하나님의 보좌가 있는 곳 등 세 단계로 되어 있었으며, 하나님의 보좌는 바로 이 세번째 하늘에 있었던 것으로 이해하고 있었다. 하나님의 보좌는 또한 예루살렘 성전에 있는 것으로 여겨지기도 했다(Kraus). 이러한 차원에서 예루살렘 성전은 하늘과 땅이 만나는 곳이었다고 할 수 있다.

'야웨 멜렉'은 하나님의 거룩하심과도 밀접한 관계를 유지하고 있다. 시편 99편에서는 "왕이신 여호와는 거룩하시다"라는 외침이 세 차례나 등장한다(3, 5, 9절, cf. 22:3, 사 6:3). 여호와가 왕이신 사실과 주님의 거룩하심은 떼어 놓을 수 없는 관계를 유지하고 있는 것이다(Kraus).

하나님이 거룩하시다는 것은 무슨 뜻인가? "하나님이 거룩하시다는 것은 주님은 모든 결정을 내리는 일에 있어서 진정으로 독립적이고 자유하시다는 의미다. 거룩은 최고, 전능을 뜻한다. 하나님은 모든 조건과 염려에서 자유하시며, 자신의 의지의 절대적인 주인이시다"(Judaica). 왕으로서 여호와는 이와 같은 절대적인 자유를 누리시는 분이다.

⑤ 야웨 세바옷(יְהוָה צְבָאוֹת, 만군의 여호와)

세바옷(צְבָאוֹת)은 '만군'이란 뜻을 가지고 있으며 이 성호는 '천사(사자)

들의 하나님'이라는 의미를 지녔다. 하나님은 천사들이나 사람들을 자기 사자(messenger)로 사용하여 뜻을 이루신다는 의미가 담겨 있다. 이 성호는 하나님의 백성이 곤경에 처했을 때, 주님이 사자들을 보내 그들을 구하시는 분이라는 사실을 강조한다.

이 성호는 구약에서 281차례 사용된다(TDOT). 특이한 사실은 신명기와 여호수아, 사사기에서는 한번도 사용되지 않는다는 점이다. 이 성호가 특별히 많이 사용되는 곳은 선지서다. 예레미야에서 80차례, 학개에서 14차례, 스가랴에서 50차례, 말라기에서 25차례 등이 사용된다. 이스라엘의 포로 시절을 예고하고 있는 선지서들이 이 성호를 대폭 사용하는 것은 그들이 타국으로 끌려가게 된 것은 그들의 죄 때문이지, 결코 하나님의 무능함에서 비롯된 비극은 아니라는 점을 강조하기 위해서다. 천군 천사를 다스리시는 하나님은 언제든지 그들을 보내셔서 자기 백성을 구원하실 수 있다는 사실을 암시하기도 한다. 시편에서는 24:7-10이 특별히 이 이름과 연관되어 있다(cf. 시 24:10).

⑥ 아도나이 야웨(אֲדֹנָי יֱהוִה, 우리의 주인이 되신 하나님)

아돈(אָדוֹן)은 주인(주-종 관계에서), 혹은 남편과 아내의 관계에서 남편을 의미하는 단어다. 구약에서 총 340차례 사용된다. 주인(master)은 관계(relationship)를 의미하며 주권(lordship)은 소유권(ownership)을 의미한다. 이 성호는 창세기 15:2에 처음 등장하며, 근본적인 의미는 '하나님은 통치하시는 주'다(TDOT). 이스라엘의 하나님은 주님이시며 주권과 자유에 있어서 제한이 없다는 의미를 지닌 이름이다(Kraus).

고대 근동에서 주인과 종의 관계는 종으로부터 시작되는 것이 아니라 주인이 종을 위하여 다음 두 가지를 행하는 것에서 시작되었다. 첫째, 주인은 종의 필요, 곧 의식주 등 기본적인 필수품을 제공해야 한다. 둘째, 종이 자기 임무를 잘 수행할 수 있도록 주인은 그를 지도하고 훈련해야 한다. 더 나아가 성경에 기록된 주종 관계는 일반적으로 사랑과 충성의 관계였다. 우리의 주인이 되시는 하나님은 우리의 필요를 채워 주시는 분이실 뿐만 아니라, 미래도 책임져 주시는 자상하고 능력이 많으신 주인이시다.

⑦ 엘로힘(אֱלֹהִים, 창조주 하나님)

'엘로힘'은 구약에서 2,500차례 이상 사용되는 성호다. 시편에서는 365차례 사용되며 '엘로힘'을 약식화한 것이라 할 수 있는 '엘'(אֵל)도 75차례나 등장한다. 이 이름은 본질적으로 복수형이며 하나님의 절대성('God' in the absolute sense)을 의미한다. '세상에 있는 모든 신성을 합해 놓은 것'(the summation of all that is divine), '세상에 유일하게 존재하는 자'(the only one who exists)를 뜻한다(TDOT). 이 이름은 하나님의 모든 능력의 결집을 의미하는 것이다.

엘로힘은 하나님을 찬송하는 신앙의 고백에서 그 진가를 발휘한다. "여호와가 하나님이시다"(יְהוָה הוּא הָאֱלֹהִים). 그러므로 시편에서는 이 이름이 여호와라는 이름과 완벽하게 비슷한 말이다(Kraus). 엘로힘은 단순히 보편적이고 막연한 개념 속에서 가장 거룩하고, 가장 위대하고, 가장 전능한 무엇/존재를 뜻하는 것이 아니라 이스라엘이 여호와께 직접 접근할 때 부르던 성호다. 창조주의 모습을 표현할 때 자주 사용된다(cf. 창 1:1). 여호와를 우주의 주권자로 표현할 때도 자주 사용된다.

⑧ 야웨(יְהוָה, 언약의 하나님)

이 성호는 히브리어 동사 היה(be, become, 존재하다)에서 유래한 것으로 본다(cf. 출 3:14). 또한 이 성호는 하나님과 그가 택하신 백성 사이의 특별한 관계를 상징한다(출 6:3). 이스라엘 사람들은 너무 거룩해서 발음하지 않았던 성호이기도 하다. 그들은 성경을 읽다가 이 이름이 나오면 '아도나이'(אֲדֹנָי)로 소리내어 읽었다. 히브리어 성경을 헬라어로 번역해 놓은 칠십인역(LXX)의 처음 사본들은 이 이름만큼은 히브리어로 보존했던 것으로 알려졌다. 하나님과 그의 백성 사이의 언약 관계를 강조할 때 사용된다.

이 성호는 구약에서 총 6,828차례 사용되며 시편에서만 650회(Lisowsky)에서 695회(Jenni) 등장한다(cf. TDOT). 간략형인 יה 혹은 יהּ가 구약 성경 전체에 50차례 등장하는데 그중 43차례가 시편에서 발견되었다(Kraus).

한 학자는 시편 23편과 하나님의 성호들을 다음과 같이 재미있게 연결한다(Towns).

하나님의 역할	함축되어 있는 이름이나 속성	참고 구절
여호와는 나의 목자시니(1절)	여호와 로이(יְהוָה רֹעִי)	시 23:1
내게 부족함이 없으리로다(1절)	여호와 이레 (יְהוָה יִרְאֶה)	창 22:14
그가 나를 쉴 만한 물 가로 인도하시는도다(2절)	여호와 샬롬 (יְהוָה שָׁלוֹם)	삿 6:24
내 영혼을 소생시키시고(3절)	여호와 로페(יְהוָה רֹפֵא)	출 15:26
의의 길로 인도 하시는도다	여호와 찌드케누(יְהוָה צִדְקֵנוּ)	렘 23:6
내가 해를 두려워하지 않을 것은(4절)	여호와 닛시(יְהוָה נִסִּי)	출 17:15
주께서 나와 함께하심이라(4절)	여호와 샴마(יְהוָה שָׁמָּה)	겔 48:35
기름으로 내 머리에 바르셨으니(5절)	여호와 메카디쉬켐(יְהוָה מְקַדִּשְׁכֶם)	출 31:13

시편에서 여호와의 이름은 모든 계시의 신비와 비밀을 상징하며, 경배와 찬양의 대상이다(Kraus). 하나님의 이름은 이스라엘에게 주어진 선물이며, 이스라엘이 어려울 때마다 주님의 이름은 그들의 구원, 구속, 보호, 도움의 샘물이다. 성경에서 "하나님의 이름은 하나님 자신을 의미한다. 우리는 자신의 백성에게 구원을 베푸시고 능력을 드러내시는 하나님의 본질(essence)을 이해할 수 없기 때문에 우리가 할 수 있는 가장 적절한 행위는 우리의 소망을 그분에게 두는 것이다. 그분의 이름을 부를 때 믿음이 탄생하는 것이다"(Calvin).

그러므로 시편에서는 하나님의 이름을 부르며 '그의 이름을 위하여' 그의 백성들을 도와줄 것을 요청하는 기도가 많다. 그러나 성경은 하나님의 거룩한 이름이 부적과 같이 사용되거나 그의 뜻에 어긋나게 사용되는 것을 금한다(cf. 신 5장과 출 20장에 기록된 십계명). 주님의 이름이 이렇게 사용되면, 그것은 그의 이름을 망령되게 부르는 것이기 때문이다.

(2) 계시

구약에서 계시는 하나님이 이스라엘에게 자신에 대하여 알게 하시거나 선언하시는 것을 의미한다. 비록 하나님의 특별한 계시가 이스라엘이란 매개체만을 통해 주어진 것은 사실이지만, 그 계시의 영향력은 온 세상에 적용되었다. 구약에는 하나님의 계시를 뜻하는 특별한 단어가 없다(Rendtorff). 그러나 시편 안에는 하나님의 계시를 의미하는 여러 가지 표현과 방법들이 사용된다.

가장 기본적인 하나님의 계시 방법은 위에서 말한 것처럼 하나님의 이름과 그의 말씀이었다. 말씀과 이름은 어떤 관계를 지니고 있는가? 이름은 계시된 말씀의 한 부분이다. 하나님은 자신의 이름을 밝히는 것을 계시로 삼으신다(Kraus). 그렇다면 말씀(דבר)과 이름(שם)의 차이는 무엇인가? 하나님이 이름을 밝히시는 것은 인간에게 계시를 하시는 분이 누구(어떤 존재)인지를 가르쳐 주기 위해서다. 말씀은 계시를 하시는 분이 사람들에게 전달하고자 하는 내용을 가르쳐 주는 것이다(Grether).

시편 안에서는 하나님의 '말씀'(דבר)은 거의 대부분 역사적 시편들(이스라엘의 역사를 회고하고 정리하는 시들)에서 과거를 회상하면서 사용된다(Haglund, Nasuti). 하나님은 주로 어디서 계시하시는가? 시편 안에서는 여호와께서 주로 성전에서 말씀하신다(60:6, 108:7). 하나님의 말씀을 전달하는 사람들(예식 선지자[cultic prophet], 제사장?)은 하나님이 어떤 말씀을 하시는가에 귀를 기울이며(85:8), 그들이 하나님의 말씀을 듣고난 후에는 "나는 내가 몰랐던 음성을 들었다"(81:5)라고 말할 수 있었다. 탄식시를 하나님께 기도로 드리고 있는 사람들은 신음 속에서 끊임없이 하나님의 말씀(דבר)을 기다렸다(130:5). 그들은 하나님의 "내가 너의 구원이라!"(35:3)라는 선포를 간절하게 사모했다.

하나님은 주로 율법(תורה)을 통해 이스라엘에게 말씀하셨다(cf. McCann, Freedman). 시편에 기도문을 남긴 사람들은 하나님의 토라를 찬양한다(특히 19, 119편). 토라는 이 시들을 노래하는 사람들에게 최고의 선이며 금과 은보다 더 소중하다(119:72). 토라는 성도가 이 땅에서 가장 믿고 신뢰할 수 있을 뿐만 아니라 그들의 삶에 가장 유효한 기준이기도 하다(119:142). 토라에서 매우 아름다운 것이 나오기 때문이다(119:18).

시편이 노래하는 토라는 정확히 무엇인가? 첫째, 시편 119편은 토라가 고정적이고 정지된 법이 아니라 창조적이고 생명력을 주는 힘이라고 한다(Freedman). 둘째, 토라는 비인격적이고 절대적인 무엇이 아니라 하나님의 자비로운 인격에서 비롯된 것이며 왕이신 하나님이 자기 백성에게 주신 것이다. 셋째, 토라가 치유와 구원과 창조적 능력을 지니게 된 것은 토라가 생명과 치유의 근원이신 하나님의 입에서부터 비롯되었기 때문이다. 그러므로 개혁자 루터의 '율법과 복음'의 차별화는 시편이 증거하고 있는 율법의 성향과 매우 상반된다(Kraus).

여호와께서는 말씀과 율법뿐 아니라, 역사 속에 펼쳐진 자신의 행위들을 통해서도 계시하신다. 과거와 마찬가지로 하나님은 아직도 사역(פעל)과 행위(מעשה)와 이적(פלא) 등을 통해 자신을 드러내신다는 것이 시편 기자들의 통찰이다. 특히 역사적 시편들(historical psalms)은 이스라엘의 과거를 회상하면서 이러한 사실을 강조한다. 시편 106:2, 13, 22은 하나님이 자기 백성에게 베푸신 놀라운 구원에 대하여 언급하며 이스라엘의 선조들은 하나님의 놀라운 사역(פעל)을 보았다(95:9).

여호와께서는 자신의 놀라운 사역들이 기억되기를 원하신다(111:4). 그러므로 하나님의 놀라운 행위들은 예배를 드리는 자들에게 현존하는 실체(present reality)가 된다(Kraus). 그들이 어려운 상황에 처했을 때 불렀던 노래를 생각해 보라. "주님께서 하신 일을, 나는 회상하렵니다. 그 옛날에 주님께서 이루신, 놀라운 그 일들을 기억하렵니다. 주님께서 해주신 모든 일을 하나하나 되뇌고, 주님께서 이루신 그 크신 일들을 깊이깊이 되새기겠습니다"(77:11-12; 새번역).

하나님은 현현(theophany)을 통해서도 자신을 드러내셨다. 예레미야스(Jeremias)는 다음 시들을 현현시(Theophany Psalms)로 구분했다. 18편, 29편, 50편, 68편, 77편, 97편, 144편. 하나님은 태풍과 천둥과 번개 등 자연 현상을 통해 자신을 자주 드러내신다. 하나님은 구름을 타고 나타나기도 하시고(시 18:9-11, 68:4, 33), 자기 음성을 천둥 소리를 통해 들리게도 하신다(시 18:13). 주님은 번갯불을 흩으시고(시 18:14), 주님의 음성은 온 천하를 두려워 떨게 한다(시 29:6, 46:6). 하나님이 타신 마차 소리는 땅을 뒤흔든다(시 77:18).

이스라엘 사람들은 이러한 하나님의 현현하신 언어를 통해 여호와께서 그들과 그들의 조상들에게 직접 모습을 보이셨다는 사실을 강조한다. 현현시들은 주의 백성들이 모여 있는 성전에 임재하신 하나님의 모습을 묘사한다. 예배를 드리는 사람들이 '하나님의 얼굴'을 접하는 모습을 그리고 있는 것이다(Jeremias). 하나님은 또한 창조와 피조물들을 통해서도 자신에 대하여 계시하신다(cf. 다음 섹션).

(3) 창조

시편 기자들은 역사 속에 펼쳐진 하나님의 사역을 찬양하는 열심으로 하나님의 창조 섭리를 찬양한다(cf. Clifford, Obenhaus). 하늘은 하나님의 손이 이루신 사역의 결과다(시 8:3, 19:1, 102:25). 모든 짐승은 하나님의 창조적인 행위에 의하여 창조되었다(시 8:6). 하나님은 말씀으로 바다를 만드셨고(시 95:5) 하늘을 펼치셨다(시 33:6). 세상의 모든 피조물이 하나님 앞에서 주님의 영광을 드러내고 있다. 세상은 하나님의 영광을 연출하는 무대인 것이다(theater of the God)(Calvin).

하나님은 천지를 창조하실 때 말씀(דבר)으로 하셨다(시 33:6, 9). 또한 하나님은 말씀하심으로 이스라엘 역사에 개입하셨다(시 33:4). 이러한 차원에서 이스라엘과 하나님 사이의 연결점과 창조에 대하여 알 수 있는 유일한 길은 그의 말씀을 통해서다(Kraus). '여호와의 말씀'(דבר־יהוה)은 이스라엘 사람들이 체험하고 믿었던 하나님의 창조 능력의 상징이기 때문이다.

구약에서 하나님은 '무에서 유를 창조하는 방식'(*creatio ex nihilo*)으로 세상을 창조하셨다는 것을 직접적으로 가르치지 않는다(Kraus). 단지 '창조하다'(ברא)가 이러한 방식을 간접적으로 내포하고 있을 뿐이다. 시편도 창조에 대하여 이러한 선언을 하지 않는다(시 89:12, 47; 104:30, 148:5). 시편 기자들에 의하면 하나님은 세상을 창조하실 때 혼돈/무(無)를 대항하는 창조(*creatio contra nihilum*) 방식을 사용하셨다(Obenhaus). 여기서 혼돈/무(*nihilum*)는 원시적인 힘(primeval power)이라고도 하는 혼돈(abyss of chaos)을 의미한다(Kraus). 여호와께서는 세상을 창조하시면서 이러한 원시적인 힘을 물리치셨다(시 89편, 93편).

하나님에 의하여 창조된 피조물은 잠잠히 있지 않는다. 하늘은 하나님의 창조에 대한 메시지를 온 세상에 선포한다(시 19:1, 145:10). 하늘은 말하고 궁창은 선포한다(시 19:1). "주의 모든 피조물이 당신께 감사를 드리고 있나이다"(시 145:10). 하늘은 하나님의 의로우심을 선포한다(시 97:6). 이와 같이 피조물들은 창조주로부터 말할 수 있는 능력을 부여받아 주님의 창조의 신비를 온 세상에 알리고 있다. 그러므로 피조물들은 하나님의 계시의 수단이 된다.

여호와께서 세상을 창조하셨다는 것은 온 세상에 확연히 드러나 있는 사실이라기보다는 주님의 이름이 내포하고 있는 계시에 기초한 믿음의 고백이다(Kraus). 그리고 이 고백은 자동적으로 이스라엘 주변 국가들의 종교적인 가르침을 부인하는 논쟁(polemic)이 되었다.

(4) 여호와의 완벽하심

시편 안에서는 하나님의 완벽하심이 여러 면모를 통해 강조된다. 하나님의 본질(*essentia Dei*)을 살펴보자. 첫째, 하나님은 거룩하신 분이다. 거룩(קדש)은 하나님의 완벽하심의 본질이다(Kraus). 시편 99편은 하나님의 거룩하심을 절정적으로 노래한다. 거룩은 양분화되어 있는 두 개의 극과 극을 대조하는 것이 아니다(Wildberger). 거룩이란 개념은 하나님과 세상, 창조주와 피조물의 대조에 중점을 두지 않는다. 오히려 거룩은 하나님의 주권이 그가 창조하신 세상에 얼마나 충만한가를 강조한다. 더 나아가 거룩은 결코 고정되어 있거나, 정체되어 있는 것이 아니라 매우 다이내믹한 개념이다.

> "여호와의 거룩하심은 결코 고정되어 있는 개념이 아니라 철저하게 유동적이다. 하나님의 거룩하심은 그를 반대하는 인간의 세력을 철저하게 파괴하는 것을 통해 드러난다. 거룩은 하나님이 세상 사람들에게 자신의 왕권을 인정하도록 하는 절대적인 의지이기도 하다. 즉, 하나님의 거룩하심은 이스라엘 이웃들의 신에 대한 이해를 철저하게 개혁하는 것이다"(Wildberger).

'거룩'은 여호와 자신에 대한 표현이며, 그의 이름에 대한 선언이다(시 33:21, 99:3, 103:1, 111:9, 145:21). 거룩은 또한 여호와의 말씀(시 105:42)과 팔(시 98:1), 길(시 77:13), 사역(145:17)에 대한 선언이다. 이러한 관점에서 생각할 때 하나님의 거룩하심의 가장 기본적인 개념은 온 세상에 존재하는 모든 것과 '전혀 다른 것'(wholly other)이 아니라, 주님의 꾸준하고 지속적인 자기 표현(self-expression)이며 모든 방해를 이겨

내고 승리하는 여호와의 행위다(Kraus).

둘째, 하나님의 영광(כבוד)은 완벽하심의 표현이다. 여호와가 왕으로 찬양될 때, 영광이 자연적으로 주님께 돌아간다. 여호와께서 왕으로 오실 때 온 세상은 그의 영광으로 가득하다(시 19:1, 사 6:3). 하늘은 여호와의 영광을 반사하는 빛으로 가득하다. 그뿐만 아니라 하늘의 모든 권세는 자신들의 능력을 포기하고 자기들의 힘을 모아 여호와께 드린다(시 29:1-8). 그리고 나서 그들은 '영광'을 외친다(시 29:9).

셋째, 여호와의 공의(justice, צדיק)는 완벽하심의 본질이다(Kraus). 하나님은 공의와 의(righteousness)를 사랑하신다. 여호와는 공평하게 심판하시는 의로우신 하나님(אלהים צדיק)이시다(시 7:9, 11). 그는 악의 탯줄을 자르시는 분이다(시 129:4). 여호와는 사람의 생각과 마음을 보시기에 공평하게 심판하실 수 있다(시 7:10). 하나님은 하시는 모든 일에서 의로우시다(צדיק)(시 145:17). 여호와의 심판을 통해 구원을 받는 사람들은 하나님의 자비와 긍휼과 의를 체험하게 된다(시 116:5). 하나님의 의는 그의 백성을 향한 구원의 증거이며, 신실하심을 표현한다(Kwakkel).

넷째, 여호와의 인자하심/자비(חסד)는 완벽하심의 적용이다. 이 단어는 하나님의 완벽하심을 표현한다. 총 245차례 사용되며, 시편 안에서만 127회 등장한다. 자비/인애는 꾸준한 사랑, 관계, 선, 은혜, 자비 등 매우 광범위한 의미를 지닌 단어다. 또한 시편을 통해 하나님의 '꾸준하신 사랑'의 의미가 잘 정의된다. 시편 기자들은 이스라엘의 역사가 하나님의 자비/인애의 표현이라고 한다. 이스라엘은 한 나라로서 하나님의 인자하심을 체험한다(시 118:2-4, 136편, 98:3). 하나님의 인자하심을 체험한 인간 왕은 절대 무너지지 않는 능력을 지니게 된다(시 18:50, 21:8).

개인 찬양시에서도 하나님의 자비/인애(חסד)는 지속적으로 찬송된다. 하나님께 부르짖는 사람들은 주님의 자비/인애에 호소한다. "하나님의 인자하심으로 인하여 나를 구원하소서"(시 6:4, 44:26, 31:16). 전통적으로 자비/인애는 마치 즉흥적인 하나님의 사랑의 표현으로 간주되었다. 그러나 이 단어는 그 기초를 인간관계의 권리와 책임에 두고 있다(Sakenfeld). 즉, 남편/아내, 부모/자식, 통치자/백성 등의 관계를 염두에 두고 사용되는 단어다. 그러므로 하나님의 자비/인애는 근본적으로 하나님과 그의 백성 사이의 언약 관계를 전제한다. 하나님의 자비/인애는 이스라엘에게 허락하신 여호와의 '해방하는, 구원하는, 돕는, 치유하는' 은혜다(Sakenfeld). 그러므로 이 개념은 운명의 변화, 구제 등을 암시한다.

다섯째, 여호와의 완벽하심은 그의 신실하심(אמת)에서 드러난다. 신실은 하나님이 베푸시는 도움이 신뢰할 만하다는 사실을 강조한다. 우리는 여호와의 도움에 의존할 수 있으며, 이스라엘을 꾸준히 구원하시는 하나님의 도움의 손길은 진실하고 변함없으심을 의미한다. 시편 기자들이 하나님의 신뢰성과 신실하심과 꾸준하심을 언급할 때 그의 '속성들'(attributes)에 연관시키지 않고, 항상 이스라엘과 하나님의 관계–특히 변함없이 자기 백성을 사랑하시고 그들과의 관계를 소중히 여기시는 하나님의 역할–에 연관시키는 이유가 여기에 있다(Kraus).

시편 중에 상당한 비중을 차지하고 있는 일명 '저주시들'(imprecatory psalms)도 하나님의 완벽하심과 연관되어 해석해야 한다. 이스라엘 사람들의 기도라고 간주되는 시편의 일부가 원수들을 저주한다는 것이 자비와 용서를 선호하는 기독교인들에게 쉽게 수용되지 않는다(cf. Vos). 그러나 이 시들은 구약의 가르침의 전형적인 예이며, 비기독교적이고 불쾌한 것들로 단정짓는 것도 바람직하지 못하다(Day).

이 시들을 연구할 때 우리가 무엇보다도 먼저 생각해야 할 점은 이 기도들의 출발점이 바로 여호와 하나님이 경멸을 받고 그의 명예가 손상된 것에 있다는 사실이다(시 79:12). 이스라엘은 저주시를 통해 자신들이 원수를 갚겠다고 나서는 것이 아니라, 여호와께서 그들을 대신해서 원수를 갚아 주실 것을 기도할 뿐이다(cf. 신 32:35, 롬 12:19). 이스라엘이 기도하고 바라는 '원수 갚음'은 다른 게 아니라 원수 국가들의 경멸과 비웃음에 대한 여호와의 심판을 바라는 것이다. 그들이 드리는 기도는 원수들의 교만과 분노를 멈추는 것에 그 목적이 있다(Vos).

구약뿐만 아니라 신약도 하나님의 심판이 보이지 않고 이상적인 응보의 영역(ideal realm of retribution)에서 이루어지기를 바라는 것이 아니라, 하나님의 백성들의 현실(이 순간)에서 드러나기를 기원한다(Day). 그러므로 성도들이 환난과 핍박을 당할 때마다 하나님은 그들의 원수에게 보복해 달라는 기도가 계시록에서도 발견된다(계 6:10). 그러므로 '사랑과 앙갚음'이라는 양극을 세우는 것은 성경적인 진리에서 비롯된 것이 아니다. 이스라엘이 시편을 통해서 드리는 앙갚음의 기도는 단순히 신음 속에 거하는 하나님의 백성들의 바람이다. 그들은 하나님이 원수들의 교만과 경멸을 심판하셔서 주님의 놀라운 능력을 온 세상에 드러내시기를 바랄 뿐이다(Kraus). 이들의 '원수 갚음'에 대한 열망은 하나님의 완전한 공의를 전제하고 있기 때문에 결코 원수들의 교만을 가만히 둘 수가 없다는 믿음에서 비롯된 것이다.

(5) 하나님의 백성

여호와는 이스라엘의 하나님이시다(시 68:8). 여호와가 '이스라엘의 하나님'(אֱלֹהֵי יִשְׂרָאֵל)이시라는 표현은 여호와와 그의 백성을 나눌 수 없는 관계로 묶고 있다. 시편이 어떻게 이스라엘과 여호와를 떼어 놓을 수 없는 관계로 묘사하고 있는가 살펴보자. 첫째, 여호와의 이름이 언급될 때마다 그의 백성에 대한 언급도 같이 등장한다. 둘째, 여호와는 '이스라엘의 거룩하신 이'(קְדוֹשׁ יִשְׂרָאֵל)로 등장한다(시 71:22, 89:18). 여호와는 이스라엘의 거룩하신 이로서 자기 백성의 왕이기도 하시다(시 89:18). 이스라엘은 왕이신 여호와의 직접적인 통치 아래에 있는 그의 백성인 것이다. 셋째, 하나님은 '이스라엘의 목자'(רֹעֵה יִשְׂרָאֵל)로 등장하기도 하신다(시 80:1). 넷째, 하나님은 또한 이스라엘을 지키시는 분(שׁוֹמֵר יִשְׂרָאֵל)이시다. 이 모든 표현은 하나님과 이스라엘이 얼마나 밀접한 관계를 가지고 있는가를 역설하고 있다.

이스라엘은 언제 하나님의 백성이 되었는가? 시편은 이스라엘의 시작이나 하나님이 이스라엘을 찾아오기 시작하신 일을 회상할 때마다 출애굽 사건과 연결시킨다. 선조들-특히 아브라함-도 간혹 언급된다(시 47:9, 105:7, 9, 42). 그러나 이스라엘의 역사에 있어서 시편 기자들에게 가장 기본적인 출발점은 항상 출애굽 사건이다(시 105:43, 114:1, 136:11, 14, 21 등등). 여호와께서는 "그 백성으로 [이집트로부터] 즐거이 나오게 하시며, 그 택한 자로 노래하며 나오게 하셨다"(시 105:43). 그러므로 하나님이 이스라엘을 택하셨다는 가장 기본적인 증거는 주님이 자기 백성을 이집트에서 인도해 오셨다는 사실이다.

이스라엘은 하나님이 그들을 선택하신 사실에 대하여 추측하지 않았다. 그들은 항상 하나님이 그들을 이집트 노예 생활로부터 해방시키시고 약속의 땅으로 인도하신 출애굽 사건에 자신들을 연관시켰다. 또한 출애굽 사건은 여호와께서 이스라엘을 택하셨다는 최고의 증거였다. "여호와께서 자기를 위하여 야곱 곧 이스라엘을 자기의 특별한 소유(סְגֻלָּה)로 택하셨음이로다"(시 135:4).

'특별한 소유'(סְגֻלָּה)는 하나님이 시내산에서 제안하신 이스라엘과의 관계를 잘 묘사하고 있다. 이스라엘은 하나님의 가장 소중한 소유물이며 오직 그분에게만 속했다. 이러한 사실이 오늘날 사람들에게는 부담이 될지 모른다. 마치 자유/자치권을 빼앗기는 것같이 여겨질 수도 있기 때문이다. 그러나 이러한 관계는 이스라엘이 누릴 수 있는 최고의 자유와 상상할 수 없는 축복을 의미했다. 이스라엘은 독재적인 신정통치(tyrannical theonomy)의 희생물이 아니다. 그들은 매우 대단한 규모의 자유 운동의 일원이 되었다(Kraus).

출애굽 사건은 이스라엘이 자신의 능력으로 이루어 낸 자유를 향한 탈출이 아니었다. 여호와께서 그들을 해방시키셨다. 출애굽 사건이 안겨 주는 기쁨(시 105:43)은 하나님에 의하여 이집트에서 해방된 사람들이 그들을 구원하신 이의 편에 합세하게 된 것과 주님의 상상을 초월하는 능력의 나라에 들어가게 된 것에서 비롯되었다.

이러한 사실은 이스라엘에 정체성을 새롭게 확립하게 했다. 여호와께서 이스라엘을 만드셨다(עשׂה)(시 100:3, 149:2). 그러므로 이스라엘은 이렇게 고백했다. "그(여호와)는 우리를 지으신 이요(הוּא־עָשָׂנוּ) 우리는 그의 것이니 그의 백성이요(עַמּוֹ) 그의 기르시는 양이로다(צֹאן מַרְעִיתוֹ)"(시 100:3). 이스라엘은 자신들의 생존 자체가 여호와의 은혜라고 고백한 것이다. 그러므로 하나님의 선택 자체가 이스라엘에게는 새로운 신분과 새로운 관계를 시작하는 창조적인 사건이었다.

이스라엘은 출애굽 사건을 통해 여호와의 성소(קָדְשׁוֹ)와 그의 영토(מַמְשְׁלוֹתָיו)가 되었다(114:2). '이스라엘의 거룩하신 이'가 이스라엘이 그의 성소, 그의 거룩한 백성이 되도록 계획하셨기 때문이다. 이 사실이 시편 기자들에게 얼마나 중요한가를 생각해 보라. 시편 기자들에 의하면 하나님은 자신을 드러내시는 장소로 주로 '성소/성전'을 사용하셨다. 이스라엘은 성소에서 자신들의 모든 것을 바쳐 하나님을 경배했다. 성소에서 이스라엘은 하나님의 '영토'(dominion)가 된 것이다. 그러므로 여호와께서는 성소에서 이스라엘이라는 영토를 통치하셨다. 이스라엘의 통치권은 왕들과 정치적 목적, 국가적 관심사 등에 의존하는 것이 아니었다. 오직 여호와에게만 의존하는 것이었다. "여호와께서 너희를 다스리시리라"(삿 8:23)라는 말은 이스라엘의 격언으로 오랫동안 존재했다.

여호와의 백성으로서 이스라엘은 오직 그들의 하나님 여호와만을 의지하라는 도전을 꾸준히 받았다(시 115:9, 130:7, 131:3). 이러한 도전은 이스라엘에 가장 필요한 권면이었지만 실천하기 가장 어려운 것이었다. 그들이 지속적으로 하나님께 등을 돌렸기 때문이다. 이스라엘의 멈출 줄 모르는 죄는 그들이 선택받은 백성으로서 가야 할 길을 가로막는 결과를 초래했다.

시편 기자들이 이스라엘을 한 백성으로 언급할 때마다 그 강조점이 하나님의 백성으로서 이스라엘의 독특한 역할에 가 있다. 이스라엘은 여호와의 말씀과 사역에 의하여 '하나님의 백성'이 되었기 때문이다. 하나님은 자기 백성을 구속하셨다(시 77:15, 111:9). 그는 이스라엘의 자손들을 자신이 키우는 양들로 삼으셨다(시 79:13, 100:3). 하나님은 이집트에서 그들을 해방시키신 다음 광야로 인도하셨다(시 136:16). 그는 목자가 양 떼 앞에 서서 가듯이 그들을 앞서 가셨다(시 77:21). 왕이 자기 백성을 인도하듯이 하나님이 그들을 인도하셨다(시 68:8). 하나님은 광야에서 자기 백성을 먹이셨다(시 74:14). 여호와께서는 자기 백성을 위하여 기업(땅)을 택하셨다(시 47:4). 하나님은 그 땅의 거주민들을 몰아내고 그곳에 이스라엘을 '심으셨다'(시 44:2). 하나님은 자기 백성이 약속의 땅에서 번창하도록 하셨다(시 105:24ff). 이스라엘이 하나님께 '풍부한 화평'(רב שָׁלוֹם)을 받게 된 것이다. 이 모든 사실은 하나님과 이스라엘의 관계를 잘 설명하고 있다. 이스라엘은 하나님의 백성이다. 이 기본적인 관계가 이스라엘의 존재와 정체성과 운명 등을 모두 결정했다.

(6) 시온 사상

시온 사상은 시편 46, 48, 76편 등에 바탕을 둔 신학적 개념이다(cf. Ollenburger). 노트(Noth)와 폰라트(von Rad)가 처음 제시한 사상이며, 폰라트의 제자 로랜드(Rohland)에 의하여 크게 발전되었다. 시온 사상은 다음과 같이 네 가지 핵심 요소로 구성되어 있다.

1	시온은 북방 산(Zaphon)(צָפוֹן) 중 가장 높은 산이다(시 48:3-4[2-3]).
2	시온에서부터 강이 흐른다(시 46:5[4]).
3	여호와가 시온에서 흉흉한 바다 물(flood of chaos waters)을 물리치셨다(시 46:3[2-3]).
4	시온에서 여호와께서 열방과 그들의 왕들을 이기셨다 (시 46:7[6], 48:5-7, 76:4, 6-7).

로랜드(Rohland)는 위 네 가지 중 여호와께서 시온에서 열방을 물리치신다는 네 번째 요소가 시온 사상의 핵심이라고 주장했다. 여호와께서 시온을 침략하는 열방을 물리치는 방법은 다양하다. 때로는 하나님의 직접적인 현현(theophany)(시 48:6[5])으로 열방을 물리치거나 꾸짖음으로 열방을 물리치신다(시 46:7[6], 76:7). 하나님은 아침이 오기 전에 모든 적을 물리치시며(viz., 오랜 시간이 걸리지 않고 매우 빨리 적을 물리치심을 강조함, cf. 시 46:6[5]), 전쟁 무기들을 다 부수시므로 전쟁이 사라진다(시 76:4). 그러므로 시온 사상은 하나님의 왕권에 그 기초를 두고 형성되었다.

빌드버거(Wildberger)와 융커(Junker)는 '만국의 순례'(pilgrimage)가 시온 사상의 다섯 번째 요소로 포함되어야 한다고 주장했다. 이들의 주장은 이사야 2:1-4에 근거를 두고 있다. 그러나 대부분 학자는 이들의 주장을 받아들이지 않는다.

시온 사상은 언제 시작된 것인가? 두 개의 유력한 설이 있다. 첫째, 시온 사상은 다윗이 예루살렘을 점령하기 전부터 여부스족(Jebusites) 사이에 유행했다. 이스라엘 민족은 가나안 정복 시대 때 예루살렘을 빼앗지 못했다. 드디어 다윗 시대에 이르러서야(1000BC대) 정복했다. 이 성의 천연 요새적인 조건들 때문에 예루살렘은 결코 무너지지 않는다는 믿음이 신화가 되어 여부스족 사이에 나돌았을 가능성을 부각한다.

둘째, 통일 왕국 시대, 특히 다윗 시대에 이 사상이 발전되기 시작했다. 다윗이 여부스족을 물리치고 예루살렘을 취한 다음에 그곳에서 이스라엘을 통치했다. 이 과정에서 다윗의 왕권과 예루살렘의 존속성과 하나님의 보호 등을 주요 골자로 해서 이 사상을 발전시킨 것으로 추정하는 설이다. 시온 사상은 구약의 다른 주요 사상인 출애굽 사상과 정복 사상과 왕권 사상 등과 구분하여 연구되고 있다.

9. 시편과 신약

신약 저자들이 가장 많이 인용한 구약 정경이 시편이다. 신약 저자들의 시편 인용에 대하여는 다음 도표들을 참조하라. 시편의 순서에 따라 정리한 것이다. 신약 저자들이 가장 많이 활용한 시편 말씀은 다윗이 메시아를 주님이라고 부르는 시편 110:1이다(cf. Aloisi, Barry, Bateman).

시편	신약
2:1–2	행 4:25–26
2:1, 5	계 11:18
2:7	행 13:33, 히 1:5, 5:5,
2:8–9	계 2:26–27, 12:5, 19:15
4:4	엡 4:26
5:9	롬 3:13
6:8	마 7:23, 눅 13:27
8:2	마 21:16
8:4–6	히 2:6–8
8:6	고전 15:27, 엡 1:22
10:7	롬 3:14
14:1–2	롬 3:10–12
16:8–11	행 2:25–28, 31
16:10	행 2:31, 13:35
18:49	롬 15:9
19:4	롬 10:18
19:9	계 16:7, 19:2
22:1	마 27:46, 막 15:34
22:7–8	마 27:39, 막 15:29, 눅 23:35
22:8	마 27:43
22:13	벧전 5:8
22:16	요 19:28
22:18	마 27:35, 막 15:24, 눅 23:34, 요 19:24
22:21	딤후 4:17
22:22	히 2:12, 17
23:1–2	계 7:17
24:1	고전 10:26
31:5	눅 23:46
32:1–2	롬 4:7–8

33:3	계 5:9, 14:3
34:8	벧전 2:3
34:12–16	벧전 3:10–12
34:20	요 19:36
35:19	요 15:25
36:1	롬 3:18
40:6–8	히 10:5–7
41:9	요 13:18
42:6, 12; 43:5	마 26:38, 막 14:34
44:22	롬 8:36
45:6–7	히 1:8–9
51:4	롬 3:4
53:1–2	롬 3:10–12
55:22	벧전 5:7
68:18	엡 4:8
69:4	요 15:25
69:9	요 2:17, 롬 15:3
69:21	마 27:34, 48; 막 15:36, 눅 23:36, 요 19:28
69:22–23	롬 11:9–10
69:25	행 1:20
69:28	계 3:5, 17:8, 20:12, 21:27
75:8	계 14:10
78:2	마 13:35
78:24	요 6:31
82:6	요 10:34
86:8–10	계 3:9, 15:4
89:3–4	행 2:30
89:20	행 13:22
89:26–27	히 1:5
89:27	계 1:5
90:4	벧후 3:8
91:11–12	마 4:6, 눅 4:10–11
91:13	눅 10:19
94:11	고전 3:20
94:14	롬 11:1–2
95:7–8	히 4:7
95:7–11	히 3:7–11
95:11	히 4:3
97:7	히 1:6
102:25–27	히 1:10–12

103:8	약 5:11
104:4	히 1:7
105:40	요 6:31
106:20	롬 1:23
109:8	행 1:20
109:25	마 27:39, 15:29
110:1	마 22:44, 26:64, 막 12:36, 14:62, 16:19, 눅 20:42–43, 22:69, 행 2:34–35, 고전 15:25, 엡 1:20, 골 3:1, 히 1:13, 8:1, 10:12–13, 12:2
110:4	히 5:6, 7:17, 7:21
112:9	고후 9:9
115:4–7	계 9:20
115:13	계 11:18, 19:5
116:10	고후 4:13
117:1	롬 15:11
118:6	히 13:6
118:22–23	마 21:42, 막 12:10, 눅 20:17, 행 4:11, 벧전 2:7
118:25–26	마 21:9, 15; 막 11:9–10, 요 12:13
118:26	마 23:39, 눅 13:35, 19:38
132:5	행 7:46
132:11	행 2:30
135:15–17	계 9:20
137:8	계 18:6
137:9	눅 19:44
140:3	롬 3:13
143:2	롬 3:20, 갈 2:16
146:6	행 2:24, 14:15; 계 10:6

10. 개요

제1권: 1–41편

제2권: 42–72편

제3권: 73–89편

제4권: 90–106편

제5권: 107–150편

엑스포지멘터리

시가서 개론

잠언

EXPOSItory comMENTARY

잠언

여호와를 경외하는 것이 지식의 근본이거늘
미련한 자는 지혜와 훈계를 멸시하느니라
내 아들아 네 아비의 훈계를 들으며
네 어미의 법을 떠나지 말라
이는 네 머리의 아름다운 관이요
네 목의 금 사슬이니라
(1:7–9)

내가 두 가지 일을 주께 구하였사오니
내가 죽기 전에 내게 거절하지 마시옵소서
곧 헛된 것과 거짓말을 내게서 멀리 하옵시며
나를 가난하게도 마옵시고 부하게도 마옵시고
오직 필요한 양식으로 나를 먹이시옵소서
혹 내가 배불러서 하나님을 모른다
여호와가 누구냐 할까 하오며
혹 내가 가난하여 도둑질하고

내 하나님의 이름을 욕되게 할까 두려워함이니이다

(30:7-9)

소개

잠언은 독자를 향해 끊임없이 직선적으로 도전하며 거침없는 '돌직구'를 날린다. 또한 분명하고 확고한 윤리에 기초하고 있지만 도덕적인 삶을 강요하기보다 삶에 관해 대답하고, 그 삶에 어떻게 대응할 수 있는지 훈련하며, 이를 통해 인격을 쌓도록 권면한다. 그러므로 잠언은 독자들을 향한 설득이라고 말할 수 있다(1-9장은 이 같은 원리에서 예외다).

우리가 의식해야 할 사항은 시가서의 공통적인 취지가 사회 전반을 개혁하는 데 있지 않다는 사실이다. 시가의 목적은 사회 개혁이 아닌, 개인을 권면하고 지도하는 데 있다. 이러한 취지에 따라 잠언은 사회의 변혁보다는 현존하는 테두리 안에서 사회와 조화를 이루고 살아가는 지혜를 제시하는 것을 목적으로 한다.

1. 잠언과 고대 근동

잠언은 이스라엘이 창안한 독특한 장르의 문학이 아니다. 잠언은 여러 고대 문명의 중요한 부분을 차지했던 문학으로, 많은 고서가 이스라엘의 주변 국가들에서 발견된다. 성경의 잠언은 주로 두 가지 소(小)장르(sub-genre)로 구성된다: '부모가 자식에게 훈계하는 교훈' 형식과 '간략한 교훈' 형식이다. 이 중 '아버지—아들' 형식은 주전 3000년대 때부터 메소포타미아와 이집트 지역에서 이미 사용되었던 증거가 남아 있다. 메소포타미아 지역에서는 주전 3000-2000년대에 유래한 28개의 수메리아어와 아카디아어 잠언 모음집이 발굴 되었으며, 이집트에는 이 시대로부터 유래된 잠언 모음집은 없지만 당시 이집트 문학 작품 곳곳에서 잠언이 사용되었던 증거가 남아 있다. 많은 학자는 잠언 22:17-24:22이 이집트 잠언 모음집 중 하나인 아메네모페의 가르침(Instructions of Amenemope)을 상당 부분 인용하고 있다고 한다(Dell, McKane, Murphy, Waltke, cf. Kitchen, Lucas).

(1) 잠언의 정황

잠언이 사용된 정황을 살펴보면 상당히 다양하다는 사실을 알 수 있다. 첫째, 가정에서 아버지가 아들을 가르침을 배경으로 하는 잠언이다. 수메르어(Sumerian)의 잠언집 '수룹팍의 가르침'(*Instructions of Suruppak*), 바벨론의 '지혜의 조언'(Counsels of Wisdom), 우가릿(Ugarit)의 '슈비빌움의 조언'(Counsel of Shubeawilum) 등이 모두 이러한 정황을 배경으로 저작되었다. 둘째, 왕궁을 배경으로 하는 잠언이다(cf. 왕상 4:30-34; 잠 25:1; 31:1). 셋째, 학교에서 선생—학생 관계를 배경으로 하고 있는 잠언이다. 잠언은 고대 사회에서 교육의 중요한 부분을 차지했다. 학생들은 흔히 잠언을 외우고 씀으로 글쓰기를 배웠다. 이들을 가르쳤던 서기관들은 잠언을 문서화하여 교과서로 사용하며 보존하고 전수했다(cf. 왕하 18:18).

(2) 잠언의 실용성

고대 사회에서 잠언(격언, 속담 등)을 만든 사람들은 살아가는 데 필요한 지혜가 간결하여 외우기 쉬운 잠언을 통해 쉽게 유통될 수 있으며, 접한 사람들의 삶을 파고들 수 있다고 생각했다. 그들은 세 가지를 전제하여 작품을 남겼다. 첫째, 잠언을 통해 표현된 지혜는 매우 실용적이다. 둘째, 삶의 지혜를 제공하는 잠언은 신들이 인간에게 전수해준 것이다. 셋째, 지혜의 결정체인 잠언은 특별한 채널을 통하여 온다. 이 세 가지를 하나씩 살펴보자.

첫째, 잠언(지혜)은 매우 실용적이다. 잠언은 이론적이거나 사색적이기보다는 실질적이며 바로 삶에 적용할 수 있는 실용성을 지녔다. 왕이 지혜롭다는 것은 그가 통치를 잘 하기 때문이다. 보석상이 지혜로운 것은 그가 보석을 잘 자르고 다듬어서 좋은 작품을 만들 수 있기 때문이다. 또한 여인이 지혜롭다는 것은 집안 살림을 잘 하기 때문이다. 지혜는 지닌 사람의 삶에 즉시 효과를 나타낸다. 그러므로 많은 지식을 자신의 삶에 실천하지 않는 사람을 지혜로운 자라고 하지 않는다. 이러한 차원에서 구약 전체에서 자주 사용되는 히브리어 단어 '알다'(ידע)의 의미를 생각해 볼 필요가 있다.

사무엘서는 실로에서 사역하는 엘리 제사장과 그의 아들들의 이야기로 시작한다. 그의 아들들도 아버지처럼 성막에서 사역하는 제사장들이었는데 여호와께 제사를 드리러 온 예배자들에게 온갖 악한 짓을 했다. 사무엘서 저자는 제사장들인 그들이 여호와가 계시는 성막에서 이런 짓을 한 것은 그들이 여호와를 '알지 못했기'(לֹא יָדְעוּ) 때문이라 한다(삼상 2:12, cf. 3:7). 율법을 외우다시피 하고, 매일 하나님께 드리는 예배를 인도하는 제사장들이 여호와를 모른다는 것은 충격적일 수 있지만, 사실은 그렇지 않다. 아무리 여호와에 대해 이론적인 지식을 많이 가졌다 할지라도, 자신이 그 지식에 따라 살지 않으면 그는 여호와를 모른다고 할 수 있다. 지식은 매우 실용적이기 때문이다.

둘째, 잠언(지혜)은 신들이 인간에게 전수해 준 것이다. 지혜는 근본적으로 신들의 소유물이라는 것이 고대 사람들의 생각이었다. 지혜를 독점하던 신들이 때로는 여러 가지 경로를 통해 사람들에게도 조금 나누어 주었다. 이러한 사고가 오랫동안 메소포타미아 지역을 지배했다. 그들의 신화에 의하면 신들은 모두 지혜로웠다. 그중 특히 에아/엔키(Ea/Enki)라는 신은 다른 신들에게 항상 좋은 아이디어를 제공해 주던 가장 지혜로운 신이었다.

고대 근동의 한 신화에 의하면 인간은 두 단계를 통해 창조되었다. 첫 번째 단계에서는 인간이 짐승들과 다를 바 없이 살았다. 신들이 인간과 짐승들을 별 차이 없이 함께 창조했기 때문이다. 이후 두 번째 단계에서야 인간은 비로소 지혜를 가지고 '인간답게' 살 수 있게 되었다. 이 단계에서 신들이 인간들에게 지혜를 주었기 때문이다. 반면에 성경은 하나님이 처음부터 사람을 자신의 모양과 형상대로 창조하셨다고 하는데 (창 1:26-28), 이러한 사실은 인간이 창조되는 순간부터 이미 하나님의 형상과 모양의 일부인 지혜를 갈게 되었던 것을 기정사실로 한다.

신들은 다른 짐승들에게는 주지 않은 지혜를 왜 인간에게만 준 것일까? 고대 근동의 신화들에 의하면 결코 선한 동기에서 비롯된 일은 아니다. 신들은 자신들이 창조한 세상을 운영하는 일과 그들이 해야 하는 일을 귀찮아했다. 그러므로 신들은 창조의 두 번째 단계에서 인간에게 지혜를 주어 그들의 일을 대신하게 했다. 창조의 첫 번째 단계에서 인간은 짐승들과 별로 다를 바가 없어서 신들이 부려 먹기에 적합하지 않았기 때문이다. 신들이 인간들을 노예로 부리기 위해 그들에게 지혜를 준 것이다.

신들은 인간에게 지혜를 주어 자신들이 필요한 것을 재배하고 건축하도록 했다. 그러므로 고대 근동의 신화들은 인간은 평생 신들을 위해 고생만 하다가 일생을 마친다고 했다. 반면에 성경은 지혜는 여호와께서 자기 모양과 형상에 따라 창조하신 인간에게 주신 가장 기본적인 선물이라고 한다. 그러므로 지혜롭게 사는 사람은 그에게 지혜를 선물로 주신 하나님의 의도에 가장 잘 부합해 사는 사람이다.

우리는 한 가지 중요한 사실을 생각해 보아야 한다. 많은 학자는 잠언을 포함한 성경의 지혜 문학이 처음에는 비종교적이고 세속적이었으나 나중에서야 종교성을 띠게 되었다고 주장한다. 이러한 주장으로 학계를 이끌어 갔던 사람이 폰라트(von Rad)이다. 그는 성경의 지혜 문학이 처음에는 종교성을 전혀 지니지 않았다고 주장한다. 폰라트는 훗날 지혜 문학이 시내산 언약, 출애굽 사건 등과 관계를 지으면서 종교성을 띠기 시작했다고 한다.

그러나 생각해 보면 그의 주장은 큰 설득력이 없다는 것이 위 사실에서 드러난다. 성경뿐만 아니라, 고대 근동의 신화들을 살펴보면 지혜의 출발점은 처음부터 신들이었다. 그렇다면 왜 성경의 지혜서만 그 출발점이 비종교적인 정황이었을까? 고대 근동의 모든 증거가 지혜 문학은 근본적으로 종교적인 세계관을 장려하고 있다는 점을 역력히 드러내고 있다. 앞으로 본문 주해에서 지속적으로 깨닫게 되겠지만, 잠언의 상당 부분은 창조주 하나님과 연관 짓지 않으면 의미가 사라지거나 훼손된다. 신앙은 잠언이 세워진 가장 기본적인 바탕이다. 그러므로 잠언은 여호와를 경외하는 것이 지식의 근본이라고 한다(1:7).

셋째, 잠언(지혜)은 신들의 특별한 채널을 통해 온다. 누가 지혜를 세상에 알리는 신들의 특별한 통로인가? 지혜는 신들로부터 직접 왕, 족장, 가장, 서기관을 통해서, 혹은 그들의 작품을 통해서 세상에 온다는 것이 당시 생각이었다. 이러한 사고는 기득권자들의 위치를 더욱더 부각하는 결과를 초래했다. 왕이 왜 존귀한가? 신들이 그를 통해 지혜를 주었기 때문이다. 가장(家長)이 왜 중요한가? 신들이 가장을 통해 그 가정에 지혜를 주었기 때문이다. 그러므로 가장의 가르침을 거부하고 왕을 거역하는 것은 신들에게 반역하는 것과 같은 효과를 발휘했다.

성경은 이러한 고대 근동의 정서를 부인한다. 성경은 지혜의 근원을 여호와를 경외하는 것에서 찾는다(잠 1:7). 그러므로 왕과 족장 등 사회 지도자들이 매개체가 되어 하나님의 지혜를 세상에 전달할 수 있지만, 만일 그들이 여호와를 경외하지 않는다면, 하나님은 그들을 일반인들에게 지혜를 전달하는 통로로 사용하지 않으실 것이다. 반면에 일반인이라도 여호와를 경외하면, 하나님은 그들을 세상에 지혜를 선포하는 통로로 사용하실 수 있다. 하나님이 인간에게 주시는 지혜 앞에서 신분의 귀천은 별 의미가 없으며, 오직 각 사람의 믿음의 차이에 따라 하나님이 그를 지혜의 통로로 사용하실지, 아니하실지를 판가름한다.

잠언은 편집자들이 그들에게 전수되어 내려오던 교훈과 가르침을 이렇다 할 편집을 하지 않고 모아 놓은 책일까? 거의 모든 학자는 정경 편집자들은 자신들이 물려받은 자료들에 새로운 의미와 메시지를 부여하기 위해 편집한 것이라 생각한다. 새로운 메시지를 더하기 위해 필요에 따라서는 전수받은 자료들을 재구성하기도 하고, 더하거나 빼기도 하고, 플롯과 테마를 더하기도 했다. 편집자가 전수받은 자료를 새로이 정리하는 것은 저자가 새로운 작품을 집필하는 것에 버금가는 일이다.

잠언은 누가 수집한 것이며 언제쯤 완성된 것일까? (잠언에 반영된 컬렉션에 대해서는 '구조'를 참조하라). 책에서 유추할 수 있는 모든 것을 감안할 때, 잠언은 여러 출처가 모여 편집 과정을 통해 하나로 묶여진 것이 분명하다. 그렇다면 누가 자료들을 수집하여 하나로 묶었을까? 이 점에 대해 잠언은 단서가 될 만한 기록을 별로 남기지 않았다. 다만 가장 유력한 역사적 표제는 25:1의 "이것도 솔로몬의 잠언이요 유다 왕 히스기야의 신하들이 편집한 것이니라"라는 말씀이다. 이 표제를 근거로 많은 사람이 히스기야왕 때(ca. 주전 700년) 이 책의 형태가 대부분 갖춰진 것으로 추정한다.

고대 근동의 잠언 문학과 성경의 잠언 문학은 어떤 차이점을 지녔을까? 이 점에 대해 학자들은 대체로 두 가지를 말한다. 첫째, 성경의 잠언(특히 1-9장)은 고대 근동이나 이집트의 잠언들보다 덜 구체적(less specific)이라는 점이다. 성경의 잠언은 다른 나라의 잠언들보다 인격과 원리를 훨씬 더 강조하는 성향이 있는가 하면, 고대 근동의 잠언들은 성경의 잠언들보다 행위를 더 강조한다. 둘째, 성경의 잠언은 고대 근동의 초기 지혜 문학에서는 찾아볼 수 없는 고도의 은유적인 기술법을 사용하고 있다는 점이다. 이는 1, 8, 9장에서 지혜가 의인화되는 것과 지혜의 원수들이 '악한 자들'(1:8-19; 2:13-15; 4:10-19)과 '음녀'(2:16-19;

5장; 6:20–35; 7장; 9:13–18)로 의인화되는 것에서 찾을 수 있다.

2. 특성

잠언은 기억에 남기 쉬운 간결한 가르침으로 여러 사람의 지혜를 담고 있으며 다음과 같은 특성을 지니고 있다.

첫째, 간결하다. 잠언은 자세한 설명을 포함하고 있지 않을 뿐만 아니라 몇 개의 단어에 불과한 문장으로 구성되어 있다. 지나치게 간결한 문장 탓에 의미를 찾기가 쉽지 않을 때가 있다.

둘째, 삶에 관한 지혜를 제시한다. 시대와 문화, 때로는 종교까지 초월하여 사람이 어떻게 사는 것이 지혜로운 삶인가에 대해 가르친다. 이런 면에서 잠언은 범우주적이라 할 수 있다. 잠언은 단지 유대교—기독교인만이 아닌, 종교에 상관없이 누구든 창조주에게서 오는 지혜에 따라 살고 싶은 열망이 있는 사람들을 위해 기록되었다.

셋째, 구체적이고 확실한 표현을 사용한다. 잠언의 언어는 매우 직선적이며 구체적이다. 그러므로 잠언을 읽다 보면 머릿속에 강한 이미지가 떠오르는 일이 자주 있다. 확고한 언어를 사용해 읽는 사람들의 마음에 각인이 되기를 바라기 때문이다.

넷째, 정형화된 표현법(fixed formula)을 많이 사용한다. 예외도 종종 있기는 하지만, 잠언 대부분은 정해진 양식에 따라 작성되었다. 더 나아가 경우에 따라서는 단어 숫자나 음률을 맞추기 위해 문법상 필요한 단어를 생략하기도 한다. 무엇보다도 외우는 일을 돕기 위해서이다.

다섯째, 일반화된 틀, 패턴, 패러다임 등을 통해 삶을 묘사한다. 예를 들자면 잠언은 삶의 지혜를 말할 때 어리석은 자와 지혜로운 자를 비교해서 가르침을 전개해 나간다. 또한 가르침은 대체적으로 보편성을 띄는 것들이다. 그러므로 경우에 따라서는 특정한 문화와 시대에는 어울리지 않을 수도 있다.

여섯째, 시가체로 이루어져 있다. 시(詩)라기보다는 간단한 문장이 더 정확한 표현일 것이다. 잠언은 이처럼 몇 개의 단어로 형성된 간단명료한 문장들이기 때문에 기억하기가 쉽다. 정형화된 표현을 사용하는 것과 간단한 문장으로 구성된 것 모두 쉽게 외우도록 하기 위해서이다.

3. 양식

학자들은 잠언을 양식(정형화된 표현법)에 따라 분류할 때, 적게는 5-6가지, 많게는 15가지로 분류한다. 우리는 구약의 격언들을 다음과 같이 11가지의 양식에 따라 논하고자 한다. 각 유형의 특징을 간략하게 살펴보자.

	종류(form)	예(example)	성구
1	가르침(instruction)	"아들들아 아비의 훈계를 들으라"	잠 4:1
2	권면(admonition)	"네 마음을 지키라"	잠 4:23
3	계수적 (numerical saying)	"깨닫지 못하는 것 서넛이 있나니"	잠 30:18-19
4	"…보다 나은…" (better-than saying)	"지혜를 얻는 것이 금을 얻는 것보다 얼마나 나은고"	잠 16:16
5	비교 (comparative saying)	"젖을 저으면 엉긴 젖이 되는 것 같이"	잠 30:33
6	가증 (abomination saying)	"악인의 제사는 미워하셔도"	잠 15:8
7	수훈(beatitude)	"…는 복이 있는 자니라"	잠 14:21
8	역설 (paradoxical saying)	"부드러운 혀는 뼈를 꺾느니라"	잠 25:15
9	유희시(acrostic)	현숙한 여인의 시	잠 31:10-31
10	대중적/민속적 (popular/folk saying)	"사람이 어떠하면 그의 힘도 그러하니라"	삿 8:21
11	쌍(pairs)	"하라/하지 말라"	잠 26:4-5

(1) 가르침(instruction)

고대 근동에서 흔히 사용된 교수법이다. 이집트의 아메네모페의 가르침(*Instructions of Amenemope*)과 잠언 22:17 이후에 기록된 잠언들이 이 양식을 취하고 있으며, 솔로몬 잠언(cf. 1–9장)의 중요한 양식이다: "내 아들아 악한 자가 너를 꾈지라도 따르지 말라"(1:10). 이 양식은 흔히 '아들—아버지' 형식을 취하는데, '아버지—아들'이 꼭 가족관계로 해석될 필요는 없다. 고대 사회에서는 '학생—선생' 관계도 '아들—아버지'로 표현하는 것이 일상화되어 있었기 때문이다.

이 양식에서는 지혜와 어리석음이 의인화되어서 어리숙한 청년의 마음을 사로잡으려 한다. 저자가 지혜에 관해 가르치면서 여러 가지 다양한 용어를 사용하는 경우, 이 단어들의 차이점이 아니라 공통점이 강조되어야 한다. 또한 잠언이 성적(性的)인 언어를 사용하는 경우 이 언어를 영적으로 해석하려 하지 말고 액면 그대로 수용하는 것이 바람직하다(cf. 5, 7장). 이렇게 할 경우, 이 같은 가르침은 '성교육'의 모델로 제시될 수 있다.

(2) 권면(admonition)

권면은 가장 흔한 종류의 잠언이다. 대개 명령이 먼저 주어지며 그 의도(motive)가 뒤따른다. 권면 부분은 대부분 명령형으로 표현된다(이렇게 하라/이렇게 하지 말라). 많은 잠언이 이런 유형으로 표현되어 있다: "내 아들아 네 아비의 훈계를 들으며 네 어미의 법을 떠나지 말라 이는 네 머리의 아름다운 관이요 네 목의 금 사슬이니라"(1:8–9). 부모의 훈계를 귀담아듣는 지혜가 있는 사람은 훗날 그 훈계로 인하여 많은 영광과 존귀함을 얻게 될 것이라는 권면이다. 이 양식을 취하는 잠언을 해석할 때에는 명령의 내용과 의도(motive)를 잘 파악해야 한다. 그리고 나서 명령과 동기(motive)의 관계를 관찰하여 해석해야 한다.

(3) 계수적(numerical saying)

이 잠언은 대개 숫자와 목록을 나열하며 제시된다. 숫자는 비슷한 성향의 것들을 나열하여 일관성을 보게 한다. 숫자는 또한 배우는 자들의 기억을 돕는다. 이 양식은 30장에서 많이 사용된다. 한 예로 "세상을 진동시키며 세상이 견딜 수 없게 하는 것 서넛이 있나니 곧 종이 임금된 것과 미련한 자가 음식으로 배부른 것과 미움 받는 여자가 시집간 것과 여종이 주모를 이은 것이니라"(30:21-23). 이 유형의 잠언을 해석할 때에는 함께 나열된 것들을 하나로 묶는 공통점들을 찾아야 한다. 또한 잠언의 의도가 어떻게 이런 목록을 통하여 강조되고 있는지를 생각해 보아야 한다.

(4) "…보다 나은…"(better-than saying)

이 양식은 한 가지가 다른 것보다 귀하게 여겨져야 한다는 가르침을 줄 때 주로 사용된다. 잠언에서 자주 사용되는 유형이며 한 예로 "지혜를 얻는 것이 은을 얻는 것보다 낫고 그 이익이 정금보다 나음이니라"(3:14)를 들 수 있다. 당장은 은(돈, 부)이 지혜보다 더 나은 것으로 보일 수 있지만, 장기적인 안목에서는 은을 가지는 것보다 지혜를 가지는 것이 더 나을 것이다. 지혜로운 자는 은이 아니라 훨씬 더 값진 것을 얻게 될 것이기 때문에, 저자는 지혜가 정금보다도 나은 것이라고 한다. 듣는 이에게 확실한 가치관과 우선권(priority)을 제시하는 잠언이다.

이 유형은 이집트에서 광범위하게 사용되었던 양식이다. 하나의 예로 안크셰숀크(Ankhsheshonq)는 "벙어리가 재빠른 혀보다 낫다"는 격언을 남겼다. 이 형태의 잠언이 성경에서는 전도서 안에서 많이 사용된다. 이러한 잠언을 해석할 때에는 잠언 안에서 어떤 것이 수용되고 어떤 것이 거부되는지를 관찰해야 한다. 또한 수용/거부되는 것들이 서로 어떻게 연관되어 있으며 이것들이 한 사람을 놓고 어떻게 경쟁하는가를 생각해 보아야 한다.

(5) 비교(comparative saying)

잠언은 은유법과 비교법을 매우 많이 사용한다. 은유법적 비교는 듣는 이로 하여금 메시지에서 적용으로 쉽게 넘어갈 수 있도록 도와준다. "온순한 혀는 곧 생명 나무이지만 패역한 혀는 마음을 상하게 하느니라"(15:4) 등이 이 유형에 속한다. 혀는 사람을 격려할 수도, 혹은 상처를 줄 수도 있다는 사실을 강조한다.

또한 듣고 행하는 이를 그의 행동에 동의하지 않는 자들로부터 보호하기 위하여 언어가 애매하게 사용되는 경우도 있다. 한 예로 "손자는 노인의 면류관이요 아비는 자식의 영화니라"(17:6)를 생각해보자. 이 말씀의 첫 부분이 제시하는 논리는 '손자가 노인의 면류관'이라는 것이다. 이 논리를 그대로 유지하면 자식은 아비(부모)의 영화가 되어야 한다. 그러나 저자는 오히려 부모가 자식의 영화라고 한다. 일상적으로 자식은 부모의 면류관이 되어야 하지만, 경우에 따라서는 오히려 부모가 자식의 면류관이 되는 상황을 포함하기 위해 이러한 표현을 사용하고 있는 것이다. 리모콘을 중심으로 모든 것에 선택을 부여하는 현대사회에 가장 적합한 잠언이라 생각된다. 이 양식의 잠언을 해석할 때에는 잠언이 제시하고 있는 이미지, 주제, 그리고 이미지와 주제가 만나는 점을 파악해야 한다.

(6) 가증(abomination saying)

이 양식의 잠언은 "여호와께서 미워하시는 것 …"으로 고정이 되어 있다(cf. 11:1). "대저 패역한 자는 여호와께서 미워하시나 정직한 자에게는 그의 교통하심이 있으며, 악인의 집에는 여호와의 저주가 있거니와 의인의 집에는 복이 있느니라"(3:32-33) 등 이 유형의 잠언은 상당히 흔하다(cf. 6:16; 8:7; 11:20; 12:22; 13:19; 15:8). 신명기에서도 제물에 대해 자주 사용되는 표현법이다(cf. 7:25). 이 양식은 수메르(Sumer)에서 많이 사용되었던 것으로 알려져 있다. 이 잠언은 세상에 존재하는 '옳고 그름'에 대한 하나님의 평가를 강조한다. 당연히 옳은 것은 권장하고, 옳지 않은 것은 배제하도록 하기 위한 잠언이다.

(7) 수훈(beatitude)

권위를 가진 자들(아버지, 선생, 제사장, 왕)이 구체적인 정황에 처한 사람에게 축복을 선포하는 양식이다(cf. 시 1편). 한 예로 "지혜를 얻은 자와 명철을 얻은 자는 복이 있나니 이는 지혜를 얻는 것이 은을 얻는 것보다 낫고 그 이익이 정금보다 나음이니라"(3:13-14)를 들 수 있다. 이 유형의 잠언은 이집트에서도 흔히 사용되었으며 구약에서는 시편, 선지서 등에서도 종종 사용된다. 이 양식을 지닌 잠언에서는 무엇이 귀하게 여겨지는가와 선포되는 축복의 내용을 파악해야 한다. 가장 강조되어야 할 것은 잠언 안에서 귀하게 여겨지는 가치/물건이다. 또한 이러한 축복을 비는 사람의 정체를 파악하는 것도 해석에 도움이 된다.

(8) 역설(paradoxical saying)

등장하는 두 개의 요소가 서로 맞지 않는 양식을 취하는 잠언이다.

26:4-5이 그 대표적인 예이다. 삶의 유동성/애매함을 잘 표현하는 잠언들로 간주된다. 때로는 한가지가 맞고 때로는 그것에 반대되는 것이 옳다는 사실이 강조된다. 미국의 속담들을 통하여 이러한 정황을 생각해 보자. 미국에는 "서두름은 쓰레기를 생산한다"(Haste makes waste)라며 일을 할 때 성급하게 하면 결과가 뻔하다는 말이 있다. 반면에 "주저하는 자는 망한다"(He who hesitates is lost)라며 결단력을 가지고 신속하게 일을 처리해야 한다는 말이 있다. 하나는 일 처리를 빨리하지 말라며 신중할 것을 가르치는가 하면, 다른 하나는 주저하지 말고 일 처리를 빨리하라는 권면이다.

이 둘 중 하나가 잘못된 것인가? 아니다. 이 두 가지가 모두 적절한 교훈이다. 우리가 해야 할 일은 우리가 처해 있는 상황이 이 둘 중 어느 원칙을 따르는 것이 바람직한가를 분별하는 것이다. 잠언의 이러한 상대적/정황적 성향은 우리에게 겸손을 요구한다. 함부로 옳고 그름을 판단하지 말라는 것이다. 잠언이 영원불변하는 원칙이 아니라, 상대적인 것임을 가장 확실하게 보여 주는 유형이다.

(9) 유희시(acrostic)

유희시로 구성된 잠언은 히브리어 알파벳을 순서적으로 사용하여 메시지를 전한다. 대표적인 예가 31:10-31이다. 이 본문은 히브리어 알파벳을 순서적으로(א에서 ת에 이르기까지) 각 문장의 첫 번째 글자로 사용하여 현숙한 여인의 예찬론을 펼친다.

이 유희시는 현숙한 여인의 아름다움을 미적(aesthetic)으로 강조한다. 영어에 비교하자면 'A to Z'를 순서적으로 사용하여 현숙한 여인의 완벽성(completeness)을 부각한다. 그러다 보니 경우에 따라서는 문맥의 흐름이 다른 시들과 비교했을 때 매끈하지 못할 때가 있다. 유희시 잠언은 시가 언급하고 있는 주제의 최상적(superlative) 성향을 강조하고자 한다. 잠언은 아니지만, 시편 119편, 예레미야애가 등을 포함한 성경의 상당 부분이 유희시로 작성되어 있다.

(10) 대중적/민속적(popular/folk saying)

이 유형의 잠언은 오랜 시간을 통해 문화의 한 부분이 된 사상/가치관을 전한다. 예를 들자면 성경의 세계에서 들나귀는 좌충우돌하며 주변을 제압하는 사람의 상징이다. 그래서 천사는 하갈에게 앞으로 태어날 이스마엘이 주변 사람들에게 들나귀처럼 될 것이라고 한다(창 16:12). 잠언에서 개미는 부지런함의 상징이다(6:6-8). 그러므로 게으른 자들에게 개미에게 가서 배우라 한다. 이런 유형의 잠언들은 이야기체(narrative)에서도 사용된다(창 10:9; 삿 8:2, 21).

(11) 쌍(pairs)

쌍을 이루고 있는 단어들의 의미적 관계, 문법적 관계, 반복, 주제적 일관성 등에 의해 형성된 잠언이다. 예를 들자면 "지혜로운 아들은 아비를 기쁘게 하거니와 미련한 아들은 어미의 근심이니라"(10:1)에서 '지혜로운 아들과 미련한 아들', '아비와 어미'가 쌍을 이루며 대조를 형성한다. 10:1-22:17의 1/3 정도가 이런 성향을 보인다. 경우에 따라 이 양식을 취하는 잠언에서는 한꺼번에 여러 쌍이 동시에 사용된다. 이 잠언들의 핵심은 쌍을 이루는 개념들의 대조에 있다.

4. 적용 범위

잠언은 때와 장소에 상관없이 항상 진실을 말하는가? 예를 들자면 10:4은 "손을 게으르게 놀리는 자는 가난하게 되고 손이 부지런한 자는 부하게 되느니라"라고 한다. 이 원리가 언제 어디서나 유효한가? 그렇다면 불로소득을 통해 부를 누리는 사람들은 어떻게 생각해야 하는가? 학자들은 이 이슈에 대하여 세 가지 가능성을 논한다(cf. Wilson).

첫째, "잠언은 약속이다." 주의 백성이 잠언에 비추어진 결과를 약속으로 간주하여 그렇게 될 것을 믿고 자기 것으로 만들어야 한다는 주장이다. 이 제안은 사람들이 잠언의 약속을 믿기만 하면 하나님이 그들에게 허락하시리라고 주장한다. 그러나 잠언을 잘못 적용하는 경우가 너무 많으며 말씀을 지나치게 영적으로 해석한다. 한 예를 생각해보자. "손이 부지런한 자는 부하게 되느니라"가 효과를 거두지 못할 때, 사람들은 "정말 그가 부지런했나?"하는 엉뚱한 질문을 하게 한다. 혹은 '부'가 영적으로 해석된다. 손이 부지런한 자는 분명히 영적인 축복을 받게 된다는 뜻이라는 것이다.

둘째, "잠언은 삶에 대한 일반적인 지혜이며 이 지혜의 진실성은 상황에 의해 결정된다." 이 주장에 의하면 잠언은 항상 모든 정황에 일률적으로 적용될 수 없다. 잠언은 그 잠언이 전제하는 모든 여건이 맞을 때 비로소 적용되어야 한다. 그러나 잠언이 전제하고 있는 여건들이 우리의 삶과 현실에 완전히 일치할 때가 몇 번이나 될까? 그리 많지는 않을 것이다. 또한 여러 시편, 예수님의 산상수훈, 야고보서 등도 잠언적인 성향이 짙다. 이처럼 잠언적 성향이 짙은 말씀이 내포하고 있는 요소들이 우리의 삶의 정황과 잘 일치하지 않는다고 해서 말씀의 권위가 없어지는가? 결코 그렇지 않다. 잠언이 성경의 다른 부분에서, 혹은 다른 문화권에서 이용되는 예를 보면 이미 권위를 지닌 채 사용된다. 잠언도 다른 정경처럼 저자/편집자에 의해 오늘날 우리가 접하는 형태를 갖춘 순간 하나님의 말씀으로서 권위를 지니게 되었다. 하나님의 영감을 받은 말씀이 인간의 실제적인/체험적인 확인을 받아야 비로소 진리가 되는 것은 아니다.

셋째, "잠언은 삶의 한 단면을 보여 준다." 이 해석에 따르면 성경의 잠언은 항상 진실되다. 삶의 한 단면만을 보여 주고 있기 때문이다. "부지런함은 부를 가지고 오고 게으름은 가난을 가지고 온다"는 말씀은 분명히 옳다. 그러나 삶이 그렇게 단순한 것은 아니다. 다른 요소가 작용할 수 있다. 그러므로 이 잠언이 제시하는 삶의 한 단면에서는 항상 옳다. 만약에 삶의 복잡함을 논하려면 어느 한 잠언을 해석하고 삶에 적용하는 과정에서 그 잠언뿐만 아니라 그 외 모든 잠언으로 총체적인 배경을 먼저 고려하고 그 안에서 해석해야 한다.

상황성 이슈와 연관하여 염두에 두어야 할 것은 잠언은 성격상 다른 잠언을 궁지에 몰아넣을 수도 있고, 두 개의 잠언이 서로 상충될 수도 있다는 사실이다. 우리말에도 "망설이는 자는 놓칠 것이다"와 "돌다리도 두드려 보고 건너라"가 공존한다. 서로 다른 상황에서는 둘 다 진실인 것처럼 말이다. 다음 예를 생각해 보라. 미련한 자에게 대답할 때와 대답해서는 안 될 때가 동시에 언급되고 있다.

미련한 자의 어리석은 것을 따라 대답하지 말라
두렵건대 너도 그와 같을까 하노라
미련한 자에게는 그의 어리석음을 따라 대답하라
두렵건대 그가 스스로 지혜롭게 여길까 하노라
(26:4–5)

5. 주요 사상

잠언은 구약의 다른 책들과 비교해 보면 새로운 사상이나 신학을 제시하지는 않는다. 그러나 책의 성향을 살펴보면 독특한 면모 몇 가지를 쉽게 찾을 수 있다. 이 중 다섯 가지를 살펴보도록 하자; (1) 악을 배척하고 선을 선호하는 세상, (2) 지혜와 종교적인 경건, (3) 선과 악 중 택할 수 있는 자유, (4) 지혜와 미련함 중 양자택일 요구, (5) 경지에 이른 대조.

(1) 악을 배척하고 선을 선호하는 세상

잠언에 의하면 세상은 스스로 선과 악을 응보하는(self-righting) 곳이다. 하나님이 세상을 창조하실 때 세상이 스스로 악을 배척하고 선을 지향하도록 하는 메커니즘(mechanism)을 주셨기 때문이다. 그러므로 세상은 정의와 불의를 못 본 척하지 않는다. 세상은 정의를 보상하고 불의를 벌한다. 잠언은 '여호와'(יְהוָה)라는 언약적 이름을 80회 이상 사용하여 이스라엘의 하나님이 바로 이 메커니즘을 세상에 넣어 두셨으며, 언제든 세상에 개입하여 정의를 보상하고 불의를 심판하는 심판주라고 한다. 또한 여호와는 '하나님'(אֱלֹהִים)이란 창조주 이름도 지니신 분이다. 이 세상에서 행해지는 모든 선과 악은 창조주 하나님이자 이스라엘과 특별한 관계를 맺으신 여호와께서 직접 보상하시거나 심판하신다.

(2) 지혜와 종교적인 경건

잠언이 추구하는 지혜는 정의와 종교적인 경건을 포함하며, 어리석음은 이것들을 배제한다. 지혜는 세 가지 면모를 갖추고 있다. 첫째, 현실을 잘 파악하게 하는 슬기로움이다. 둘째, 인간이 취해야 할 삶의 방식을 제시해 주는 윤리 혹은 도덕이다. 셋째, 피조물인 인간과 창조주의 관계를 확립해 주는 종교성이다. 쇼켈(Alonso Schökel)은 잠언이 편집 초기부터 이 세 가지(지식, 행동, 경건)를 의도적으로 연관시켰다고 한다. 책의 두 번째 컬렉션을 형성하고 있는 10:1-22:16의 시작이 이 세 면모를 잘 드러내고 있다.

지혜로운 아들은 아비를 기쁘게 하거니와

미련한 아들은 어미의 근심이니라
불의의 재물은 무익하여도
공의는 죽음에서 건지느니라
여호와께서 의인의 영혼은 주리지 않게 하시나
악인의 소욕은 물리치시느니라
(10:1-3)

1절은 지혜로운 아들과 미련한 아들이 부모를 어떻게 기쁘게 하고 슬프게 하는가를 대조하여 그들의 지식이 있고 없음을 대조한다. 2절은 재물을 불의한 방법으로 얻는 경우를 언급한다. 정의로운 행동과 불의한 행동을 대조하여 도덕성의 중요성을 부각하고 있는 것이다. 3절은 심판하시는 여호와께서 의인은 보살피고 악인은 벌하신다고 한다. 이 말씀은 여호와께서 세상에서 정의가 실현되도록 보장하시는 분이라는 사실을 강조한다.

(3) 선과 악 중 택할 수 있는 자유

잠언은 인간에게 선과 악을 구별하고 선택할 수 있는 심리적인 자유가 있다고 한다. 삶은 선택의 연속이며, 자신이 선택한 행동을 좌우하는 기관(器官)들—통찰(perception), 결정(decision), 표현(expression), 감정(emotion)—에 의해 삶이 정의될 수 있다. 잠언은 눈, 귀, 입, 마음, 손, 발 등 구체적인 이미지를 사용해 인간이 지니고 있는 선택의 자유를 강조한다.

인간이 올바른 선택을 위하여 자유권을 행사할 것이라는 사실을 얼마나 신뢰하는가는 잠언이 '선을 아는 것(knowing good)'과 '선을 행하는 것(doing good)'을 동일시한다는 데서 알 수 있다. 선을 아는 것은 그 선을 행동으로 옮기는 것을 의미하며, 인간이 선을 택하는 것은 인간에게 그만한 선택의 능력이 있다는 것을 전제한다.

잠언에서 선을 아는 것이 선한 행동과 직접 연결되는 것처럼 악하다는 것도 악한 행동과 직접 연관된다. 그러므로 어리석음은 단순히 '지혜가 없다'는 뜻이 아니다. 어리석음은 지혜로운 행동에 상반되는 것들을 포함한다. 어리석음은 소심함과 두려움과 교만과 게으름 등을 내포하고 있다. 잠언 안에서 무식함은 윤리적 문제를 일으키며, 아는 것은 도덕적 의무감을 동반한다. 그러므로 지혜로운 자는 윤리적인 사람이며, 어리석은 자는 악한 사람이다. 학자들은 이러한 잠언의 가르침을 고대 근동 배경에서는 매우 독특한 것이라 평가한다.

4:20-27은 이 같은 인간의 자유를 매우 잘 드러내는 말씀이다. 진하게 구분된 단어들은 인간의 사리 판단을 돕는 장기들이다. 이 장기들은 환유/전유(metonymy)를 통해 인간의 행동을 주장하는 기관(器官)들—통찰(perception), 결정(decision), 표현(expression), 감정(emotion) 등—을 의미한다. 예를 들자면 눈은 통찰력을 의미하고, 발은 행동을 의미하는 것 등등이다.

내 아들아 내 말에 주의하며
내가 말하는 것에 네 귀를 기울이라
그것을 네 눈에서 떠나게 하지 말며
네 마음(심장) 속에 지키라
그것은 얻는 자에게 생명이 되며
그의 온 육체의 건강이 됨이니라
모든 지킬 만한 것 중에 더욱 네 마음(심장)을 지키라
생명의 근원이 이에서 남이니라
구부러진 말을 네 입에서 버리며
비뚤어진 말을 네 입술에서 멀리 하라
네 눈은 바로 보며

네 눈꺼풀은 네 앞을 곧게 살펴
네 발이 행할 길을 평탄하게 하며
네 모든 길을 든든히 하라
좌로나 우로나 치우치지 말고
네 발을 악에서 떠나게 하라

사람이 배우고, 결정하고, 행동으로 옮기는 과정은 보고, 듣고, 깨닫는 것을 통해 얻은 통찰력을 표현하는 것과 직접적인 연관이 있다. 위에서 언급한 것처럼 인간의 장기들(organs)이 이 과정을 시작한다. 인간의 여러 장기 중 가장 중요한 것은 입(혹은 혀, 입술)이다. 말은 그 어느 장기보다 발언자의 인격을 잘 드러낸다. 또한 말을 통해 훈계가 이뤄지며 지식이 전수된다. 그러므로 말은 진실해야 하며 신뢰성을 지녀야 한다. 반면에 잠언은 거짓말을 매우 혹독하게 비난한다(17:4; 19:22; 30:6). 특히 법정에서 거짓 증언을 하는 자에 대한 경고는 우리를 두렵게 만든다(6:19; 12:17; 14:5, 25; 19:5, 9, 28; 21:28). 이런 관점에서 1-9장에 드러나는 '지혜'(Lady Wisdom)와 '음녀'(Woman Folly)의 가장 큰 차이점이 진실 혹은 신뢰라는 사실은 저자에게 진실과 거짓 여부가 얼마나 중요한가를 잘 보여 주는 듯하다.

(4) 지혜와 미련 중 양자택일 요구

잠언은 지혜와 어리석음이 사람들에게 지속적으로 양자택일을 요구한다고 한다. 앞에서 언급한 것처럼 잠언은 인간의 자유로운 선택을 매우 중요시한다. 그러나 동시에 사람의 선택이 초래하는 사회적인 여파를 부각함으로써 인간의 자유로운 선택에 균형을 제시한다. 사람은 선택에 따라 '선한 자의 길'(2:20; 4:18)을 걷게 되거나, '악인의 길'(4:14, 19; 12:26; 13:5, 6; 15:9; 25:26)을 가게 된다. 누구든 선택할 수 있는 이 두 길은 '생명' 혹은 '죽음'에 도달하게 하는 유동성을 지니고 있다.

이 두 길은 영구적이고 운명적인 선택이 아니며, 인간의 의지와 행동에 따라 언제든지 내려오고 올라갈 수 있는 길이다. 또한 어느 쪽을 택하든지 같은 길을 걷는 공동체를 발견하게 된다. 즉, 잠언은 인간의 자유 선택을 공동체적인 책임감으로 균형을 맞추고 있는 것이다. 1:8–19과 4:10–19은 이 두 선택의 결과를 묘사하고 있다. 특히 4:18–19은 빛과 어두움의 비유로 선한 사람의 길과 악인의 길을 대조한다. 요한 서신이 '빛의 자녀'와 '어두움의 자식들'을 구분하는 것은 아마도 이러한 사상에서 유래되었다고 생각된다.

의인의 길은 돋는 햇살 같아서
크게 빛나 한낮의 광명에 이르거니와
악인의 길은 어둠 같아서
그가 걸려 넘어져도 그것이 무엇인지 깨닫지 못하느니라

(5) 경지에 이른 대조

잠언은 우리의 삶에서 대조되는 것들을 매우 다양하고 효과적으로 사용하여 그 기법이 경지에 이르게 한다. 대조를 이루는 주제들을 살펴보면 지혜로운 자와 어리석은 자, 의로운 자와 악인, 부지런한 자와 게으른 자, 부자와 가난한 자 등을 포함한다. 대조를 이루는 각 쌍은 고유한 특성을 지니고 있다. 예를 들자면, '지혜로운 자—어리석은 자' 쌍은 하나님의 보응과 직접적인 관계가 없는 듯하다. 그러나 '의로운 자—악인' 쌍은 하나님의 보응을 뚜렷이 강조한다.

'부자—가난한 자'의 관계를 생각해 보자. 많은 학자가 지적하듯이 부(副)는 부자들의 헌신적인 각오와 노력의 결과이다. 또한 불로소득 혹은 악한 행실의 결과일 수도 있다. 그러므로 지혜자들은 부지런함과 성실함만이 부를 가져온다고 생각하지 않았다. 반면에 가난이 게으름만의 결과라고 생각하지 않았다. 성실하고 부지런하게 일을 해도 가난할 수 있기 때문이다.

6. 해석

현대 기독교인들은 잠언을 어떻게 이해해야 하는가? 잠언은 매우 구체적이고 지혜로운 행동(specific & wise action)에 관해 지시하지 않는다. 잠언은 우리의 삶에서 지혜가 기본적이고 지속적인 선택이 되어야 한다는 것을 가르친다. 그러므로 책은 지혜를 추구하는 일이 마치 지속적인 갈등의 연속인 드라마처럼 묘사하고 있다. 지혜를 얻는 것은 인간의 노력의 결과이면서 동시에 하나님의 선물이다. 이러한 사상은 2장에 잘 표현되어 있다.

지식을 불러 구하며
명철을 얻으려고 소리를 높이며
은을 구하는 것 같이 그것을 구하며
감추어진 보배를 찾는 것 같이 그것을 찾으면
여호와 경외하기를 깨달으며
하나님을 알게 되리니
대저 여호와는 지혜를 주시며
지식과 명철을 그 입에서 내심이며
(2:3-6)

더 나아가 짤막한 가르침들로 구성되어 있는 10-31장은 지혜가 무엇인가에 대한 정보를 제공하기보다는 지혜에 대한 관점을 제시한다. 그러므로 지혜를 추구하는 것은 기독교인이나 유대인들에게만 제한된 것이 아니라 이 땅을 살아가는 모든 사람의 몫이다. 이미 언급한 것처럼 잠언은 상황에 따라 적용할 수도 있고, 적용해서는 안 될 경우도 있기 때문에 적용 범위를 정하는 것이 가장 중요하다. 잠언을 삶에 적용하기 전에 다음과 같은 요소들을 바탕으로 해석하는 것이 바람직하다.

1	잠언을 액면 그대로 받아들이라.
2	연구하는 말씀의 상황성을 확인하거나 부인하는 예를 잠언 내에서 찾아보라.
3	시적(詩的) 성향을 주시하라.
4	'줄'(strings)이나 짝을 의식하라. 잠언은 여러 개가 함께 등장하는 특징이 있기 때문이다.
5	잠언의 상황성을 제시하는 증거들을 살펴보라.
6	잠언이 제시하는 특별한 가치를 묵상해 보라.

7. 주제 색인(topical index)

잠언이 언급하고 있는 주제는 매우 광범위하다. 잠언은 여러 가지 주제를 동시에 취급하기도 하기 때문에 한 잠언이 여러 주제로 색인될 수 있다. 잠언은 매우 강한 상황성을 지니고 있기 때문에 잠언에서 설교하고 성경 공부할 때에는 그 잠언과 연관된 주제의 정황성을 고려하는 것이 필수적이다.

가난(Poverty)

- 가난의 영향 19:7; 22:7
- 가난의 위험 6:9–11
- 가난한 자에 대한 처우 14:31; 22:22–23; 28:3; 29:14; 30:14; 31:8–9, 14
- 불법에 영향받기 쉬움 13:23

가르침

- 정당성 27:11

가정

가정을 위한 준비 31:19–21
가정 파산(몰락) 19:14
부모 학대 19:26; 30:17
자녀 양육 22:6
평화로운 관계 21:9, 19; 25:24
현숙한(분별 있는) 아내 19:14
다투는 아내 27:15–16

감정

개인의 감정 14:10
건강에 영향 17:22
사랑/증오(미움) 10:12
섞임(혼합) 10:12
왕의 감정 19:22; 20:2
의를 행했을 때의 기쁨 11:10
즐거움과 슬픔 15:13, 15

거래

사회적 책임 11:26
어리석은 보증 6:1–5

게으름

게으른 자의 결말 20:4; 24:30–34
게으른 자의 변명 22:13; 26:13
게으른 자의 특성 19:24
게으름을 피함 6:6–11
게으름의 결과 19:15; 21:25
게으름의 영향 18:89
근심과 가난 11:29

결혼

결혼 전의 재력 24:27

겸손

겸손의 보상 18:12
겸손의 현명함 25:6–7

무지의 자백 30:2–4
약탈보다 더 좋은 16:19
타인으로부터의 칭찬 27:2
허세보다 더 좋은 12:9
현명하고 영예로운 11:2; 29:23
경건
경건의 보상 22:4
계시
순종으로 29:18
신뢰할 만한 것 19:17
계획
건전한 충고 20:18
불확실한 미래 27:1
악 또는 평화를 위한 계획 12:20
의로운 계획과 악한 계획 12:5
하나님께 위임된 계획 16:13
하나님을 기쁘시게 하는 계획 15:26
고난
시험하기 위한 고난 24:10
공의
불의한 재물보다 나은 것 16:8; 28:6
삶을 보호함 13:6
삶을 지탱케 함 12:3
생을 풍요롭게 하는 것 11:30
의욕 있게 하는 것 29:2
재물보다 나은 것 11:4
관용
관용의 본질 22:9
무관심과 대비됨 28:27
정의의 증거 21:26
교만
교만의 결과 16:18

교만의 실패 16:5
교제
가난하게 만드는 교제 23:20-21
무익한 교제 14:7
악한 사람과의 교제 16:29; 24:1-2
위험한 교제 12:26; 17:12; 22:24-25
지혜로운 자/미련한 자와의 교제 13:20
교훈
교훈에 주의하는 자의 보상 13:13
교훈을 거부함 18:2
교훈을 따름 19:16
교훈의 수용 19:20
생명을 위한 유익 13:14
권고
따라야 함 23:26-28
친구의 권고 27:9
권력(Power)
정치적 권력 14:28
권면(격려)
통치자(왕)의 16:15
기도(Prayer)
아굴의 기도 30:7-9
응답되지 않는 무법자의 기도 28:9
하나님의 응답 15:29
논쟁
효과 18:19
하나님에 의해 중재 18:18
뇌물
형통케 하는 17:8
능력
특권보다 나은 17:2
다툼
출처 22:10

악화 29:9

통제 17:14

만족

건강에 유익한 것 14:30

의의 상급(보상) 13:25

탐욕은 해롭게 하는 것 15:27

말

가난한 자를 조롱하는 17:5

가치 있는 10:20

거만하고 논쟁을 좋아하는 17:19

거짓말 29:12

거짓말보다 오래가는 12:19

거짓말과 중상모략 10:18

거짓 증거 19:5; 24:28; 25:18

격려 12:25

결과가 따르는 18:7, 21

겸손한 말, 가혹한 말 18:23

교화함 10:21

교활한 말 25:23

기쁘게 하는 말, 사악한 말 10:32

깊은(심오한) 18:4; 25:11

신중한 15:28

까닭 없는 저주 26:2

남의 학식을 더하게 하는 16:21

능숙한 방어 12:6

다툼을 일으키는 18:6

만족을 얻는 18:20

말의 결과 14:3

믿을 만한 16:10

보증을 피하는 11:15

부적절한 인사 27:14

정직하지 못한 17:7

분열시키는 16:28

비웃음보다 침묵 11:12
상하게 하는 15:4
선한 16:24
선한 충고 11:14
성급한 서원 20:25; 22:26-27; 29:20
상처 입히는 말, 치료하는 말 12:18
속이는 26:18-19, 23, 28; 29:5
시기상조의 18:13
신뢰를 유지하는 11:13
신중한 12:23
신중한 증언 25:8
신중함의 지혜 13:3
악한 17:4
어리석은 10:10
여호와로부터 응답 16:1
위선적인 26:24-25
위증 19:9
위험한 12:13
유순한 15:1
유용한 15:4
인내하는 25:15
자랑하는 25:14
적절한 15:23
정직하고 세련된 22:11
제어하는 10:19; 21:23
조롱하는 9:7-8
좋은 소식 15:30; 25:25
중상으로부터 안전 11:9
지식을 전파하는 15:7
지혜로운 16:23; 20:15
지혜로운 말, 미련한 말 10:13-14; 15:2
지혜롭고 즐거운 23:15-16
지혜의 말, 사악한 말 10:31

진실한/거짓 증인 12:17; 14:5, 25; 21:28
충고의 가치 15:22
침묵의 지혜 17:28
하나님을 기쁘시게 하는 진실 12:22
해가 되는/덕이 되는 말 11:11; 13:2; 15:4
험담 18:8; 20:19; 26:22
훈계 9:8–9; 25:12

말다툼

배상 14:9
사적인 말다툼 25:9–10

명예

좋은 것 10:7; 22:1

미련한 자

메신저가 필요 없음 26:6
미련한 자에게 대답하기 26:4–5
미련한 자의 분노 27:3
어리석음을 반복함 26:11
우둔한 24:7; 26:7
위험한 26:10
잠언으로 사용함 26:9

번영, 성공, 부유

가정에서의 번영 14:1
관대함에 대한 번영 11:24–25
근면한 경영 21:5
말과 일을 통한 번영 12:14
보증된 번영 14:11
빠르지만 만족스럽지 못한 번영 20:21
사기 수단에 의한 번영 21:6
사업에서의 번영 14:4; 31:16–18
의로운 사람의 보상 13:21
의로운 추구에 대한 번영 12:12
정직한 투자 13:11

범죄
범죄의 결과 28:17
보증(서약)
경솔한 22:26–27
보호
악인으로부터의 보호 2:12–15
복수
피할 것 24:29
부도덕
부도덕에 대한 경계 6:20–35
부도덕의 결과 7:24–27
부모
부모 공경 23:22
가르침에 순종 4:20–22; 7:1–5
부정직
거짓된 증인 24:28
효과 20:17
부지런함(근면)
게으름의 반대 10:5
결과 28:19; 31:15
공상에 잠김보다 낫다 13:4
규칙 28:19; 31:22–24
번영(성공) 12:11
부지런함을 배우라 6:6–8
부지런함의 동기 16:26
성공 12:27
유익 14:23
진보(전진) 15:19
분별력
도덕 2:9–22
멍청함의 반대 14:15
삶을 위한 것 2:9–11

은총을 가져옴 13:15

불법

뇌물 21:14; 28:21

신분의 남용 30:21–23

착취와 뇌물 22:16

편벽되이 비난함 18:5

불행

적의 불행 24:17–18

비판

만족함이 없는 욕망 27:20; 30:15–16

소망적 27:17

사랑(Love)

신중함으로 보이는 17:9

삶에 대한 기대

기쁨과 파멸 10:28

낙심시키는 것과 격려하는 것 13:12

선한 또는 악한 11:23; 16:22

성취된 13:19

실현된 소망 11:27

악한 자의 기대 11:7

의인의 지속성 13:9

희망들과 두려움들 10:24

상급

공의의 대가 15:6

구제 19:17

삶과 파멸 16:31

삶의 결과 28:10

섬김의 대가 27:18

약함에 대한 승리 14:19

장수 16:31

정의의 대가 13:25

축복 10:6

필요를 채워주는 것 10:3

행위의 대가 11:18

생명

보존 24:11–12

자연에서 관찰한 30:18–19

파멸과 후회를 피함 5:7–14

하나님으로부터 29:13

선물

선물의 효력 18:16

섭리

섭리를 드러냄 25:2

신의 섭리 20:24

성격(좋은)

가르침을 잘 받음 15:31

겸손 29:23

남의 마음을 알아 줌 27:19

성실 19:22

어짊 12:4

인자 20:6

자제 17:27; 25:28; 29:11

정직 25:26

지도력 30:19–31

짐승도 돌아봄 12:10

충성스러움 28:20

환난 중에도 강함 24:10

힘과 명예 20:29

성격(나쁜)

게으름 26:13–15

격노하는 기질 19:19

교만 21:4, 24; 29:23; 30:13

다투기를 좋아함 26:21

무자비함 21:13

반사회적임 18:1

배부른 자와 주린 자 27:7

부적절한 지위 19:10
분노 29:22
분별력 없음 11:22
쉽게 화를 냄 14:17
악한 마음 21:10
악한 태도 16:30
완고함 29:1
자기기만 28:11
자기의 영예를 구함 25:27
자만 26:12, 16
진실치 못함 25:19
질투 27:4
탐욕 29:27
탐하는 마음과 신뢰의 대조 28:25
하나님을 원망함 19:3

성실

권고 3:5–12; 5:15–17
보호 11:3
성실의 유산 20:7
인정(존중)받는 것 25:13
축복 16:10

세속

세속의 결말 14:12

소유

거룩한 13:22
존중 22:28; 23:10–11

숙련된 기술

이익 22:29
하나님의 주권 16:9, 33; 19:21; 21:1, 30–31; 22:2, 12

술

지나침 23:29–35; 31:4–7
효과 20:1

신뢰
의로움 28:1
재난(불행) 10:25; 14:32
심령
건강한 18:4
심판
공평한 21:18
불공평한 24:23-25
심판의 확실성 21:12; 29:16
여호와의 심판 22:14
아내
더불어 즐거워함 5:18-19
관심 집중 5:15-19
축복 18:22
현숙한 31:10-31
악
보호 1:11-19
대항 25:13
부러워하지 말 것 3:31-35; 4:14-19
뻔뻔스러움 30:20
피할 것 4:14-19
안전
공의로 말미암은 안전 29:4
믿음의 목적인 안전 11:28
부질없는 안전 27:8
완전에 기초한 안전 28:18
의인의 안전 10:30; 12:7, 21; 29:6
재산 18:1
주님의 길 10:29
주님의 이름 18:10
주를 신뢰함에서 오는 안전 29:15
지혜를 말미암은 안전 22:5

하나님의 지식과 보호의 안전 2:5–8

안정

올바른 정부 28:28

의를 통한 25:4–5

재정적 24:27

정부의 20:28; 28:2

양심(마음)

찾는 것 20:27

어리석음

간음의 어리석음 5:20–23

고칠 수 없는 27:22

결과 9:18

부모에게 17:25

우매의 초대 9:13–17

근심거리 17:21

열심

지식 없는 열심 19:2

영광

가족 관계에의 영화 17:6

미련한 자에게 어울리지 않는 26:1, 8

부모 23:22

예배

받으시는 예배 15:8하

받지 않으시는 예배 15:8상; 21:27

올바름(정직함)

우정의 표시 24:26

우정

영향을 주는 19:6

정직으로 두드러진 24:26

친밀함 18:24

유혹(사주)

경고 5:1–6

방어 5:7–14

심각한 결과 2:24–27

유혹의 묘사 7:6–23

지혜로 피함 5:3–6; 7:1–27

율법(Law)

율법에 대한 존경 28:4

의인

권세 있는 삶 2:20–22

의인의 대접(반응) 24:15–16

이웃

불친절함 3:27–30

적절한 처우 14:21

인간성

하나님의 창조 20:12

인내

인내의 영향 15:18

인내의 특성 19:11

조급함의 반대 14:29

힘보다 더 효과적임 16:32

잠언(지혜)

필요한 지혜 24:5–6

왕의 잠언(지혜) 25:3

재물

근면을 통해 옴 10:4

복 10:22

부정하게 번 1:10–19; 28:8

불이익 13:8

부정한 것은 피할 것 1:10–19

쉬 없어짐 23:4–5

안전하게 지켜줌 10:15

영영히 있지 못함 27:23–27

육신적 풍요보다 영적 풍요가 중요 15:16–17

인기 14:20

지혜로운 자에게 유익이 됨 14:24

친구를 모음 19:4
재정
보증인의 상태 6:1–2
안정 24:27
채무로부터의 면제 6:3–5
정의
가난한 자를 위한 29:7
뇌물에 의해 왜곡된 17:23
반대 심문 18:17
부정한 17:15
부정한 증인 19:28
악을 제거함 20:26
여호와의 정의 15:25
왕의 식별 20:8
은혜를 모르는 자를 위한 정의 17:13
깨달음 28:5
실행 21:15
하나님의 29:26
정직
사업에 있어서 11:1; 16:11; 20:10, 14, 23
지도자들에 의해 증명됨 16:13
허세보다 더 좋은 13:7
종들(하인)
게으른 종 13:17
지혜 있는 종과 쓸모없는 종 14:35
죄
간음 30:20
죄로부터의 자유 16:6
죄에 연루됨 29:24
죄의 영향 18:3
주를 경외함
복됨 28:14
생명 14:27

안전과 만족 19:23
여호와와 왕 24:21-22
장수 10:27
정직 14:2
조언 23:17-18
지식의 근본 1:7; 9:10-11
지혜와 영예 15:33
확신 14:26

즐거움(Pleasure)
선한 즐거움과 악한 즐거움 10:23
즐거움의 대가 21:17

증언
거짓 증언 24:28; 25:18

지식 이해
명철한 자가 찾는 지식 15:14
사려 깊은 행동의 기초 13:16
신중함의 증거 14:18
여호와의 21:2
간직함 10:13-14
구함 18:15
하나님을 아는 2:5-8

지혜
가장 가치 있는 재산 3:13-18
가족을 기쁘게 함 29:3
거래에서 지혜의 중요성 17:18
거만한 자의 반응 9:7-8상
고귀하고, 바르고, 진실한 것 8:6-9
다른 사람을 기쁘게 함 10:1; 15:20
모욕을 참음 12:16
미련한 자는 얻을 수 없음 17:16; 24:7
미련한 자에게는 버림받음 23:9
보상 9:12
복종적임 10:8

부보다 나음 16:16
분노를 그치게 함 29:8
악에 대해 신중함 27:12
알뜰하게 꾸릴 줄 앎 21:20
유익성 19:8
잠언의 목적 1:2–6
장래를 보장함 24:13–14
장수하게 함 3:21–26
재앙을 피함 22:3
전통을 받아들이는 것 4:1–4상
중요성 21:16
지혜 간직의 유익 4:4하–9
지혜 추구를 자극하는 동기 8:10–21
지혜 추구의 유익 2:1–22; 8:32–36
지혜로운 여인의 표본 31:10–31
지혜로운 자의 반응 9:8하–11
지혜를 무시하는 자들에 대한 경고 1:20–33
지혜를 받아들인 결과 2:5–22
지혜를 소유한 자 14:33
지혜를 얻는 자들 14:6
지혜의 가치 23:23–25
지혜의 실용성 24:3–4
지혜의 초대 8:1–5, 10, 32–36; 9:1–6
지혜의 호소 8:1–36
진노를 쉬게 함 16:14
창조의 근본 요소 3:19–20; 8:22–31
책망을 받음 9:8–9
충고를 들음 12:15; 13:10
훈계를 들음 13:1
훈계를 받는 것 1:8–9; 2:1–4; 3:1–4; 4:1–4상, 20–22
힘보다 강함 21:22; 24:5–6

질투(시기)

사악한 24:19–20

징계

부당한 17:26

정당한 22:8

징벌

거룩한 것 16:4

반드시 있어야 할 것 11:8; 21:7

복수의 의미 24:29

하나님의 일 20:22

행위의 대가 14:14

확실한 사실 11:21, 31; 17:11; 19:29; 26:26–27

채무

이행할 채무 20:16; 27:13

책망

가치 있는 것 27:6

사랑의 한 부분 27:5

아첨보다 나은 것 28:23

친구

도움이 되는 27:10

위급할 때 성실한 17:17

친절

무자비보다 더 좋은 11:17

존경을 가져옴 11:16

탈선

경고 6:12–16

탐욕

탐욕의 결과 28:22

통치자

통치자 앞에서 주의점 23:1–2

통치자의 감정 20:2

통치자의 사악함 28:15

통치자의 선과 악 28:16

통치자의 억압 28:3

행위(긍정적)

다툼을 피함 20:3
생명에 도움을 주는 15:24
생명에 이르는 11:19
숙고함 14:8
이웃을 해치는 일을 피함 3:27–30
지혜와 명철을 연마함 1:2–6
추론함 16:25
하나님이 용납하시는 행위 15:9

행위(부정적)

곧은 길 15:21
남의 불행을 기뻐함 24:17–18
대적에 대한 호의 25:21–22
부모를 저주함 20:20
부모를 존경하지 않음 30:11
부모의 것을 빼앗음 28:24
사악한 행위 17:20
선과 악 10:11–14; 14:22
순결 20:9
순종과 방탕 28:7
악의에 찬 행위 16:27
어리석은 참견 26:17; 30:10
거짓말에 대한 증오/부끄러운 행동 13:5
의로움과 사악한 11:5–6
의로움과 자기만족 28:26
절제 26:16–17
지혜와 어리석음 10:8–10
평화로운 16:7
하나님을 기쁘게 하는 것 11:20; 12:2
하나님이 미워하는 행위 6:16–19
합당치 않은 행위 25:20

험담함 26:20

화목

화목의 가치 17:1

환대

불쾌한 23:6-8

회개

실제적인 수단 28:13

훈계(훈련)

거절 15:12; 19:27

결핍 29:19

계획에 전념하는 것 17:24

받아들이는 것 12:1; 13:1

방법 29:19

분별력에 이르는 17:10

사랑의 증거 13:24

어버이의 22:15

영적 가치 20:30

영향을 끼치는 19:25

유익한 10:17; 13:18; 15:32; 19:18

육체의 26:3

지혜롭게 주의 15:5

필요 15:10; 23:13-14

효과 21:11; 29:15, 17

8. 구조

성경의 모든 책 중 학자들이 구조를 파악하는 데 가장 큰 어려움을 겪는 책이 바로 잠언이다. 매우 다양한 주제들이 언급되고 있을 뿐 아니라 연이은 잠언 기록들 간의 상관성이 부족한 경우가 허다하기 때문이다. 따라서 문학적 흐름과 문맥을 감지하기가 매우 어렵다. 학자들 또한 이 주제에 관해 거의 연구하지 않았다. 최근 들어 책의 흐름과 구조

파악에 관한 잠언 학계의 연구가 다시 활발해지고 있다. 그럼에도 불구하고 아직까지 괄목할 만한 결과를 찾을 수 없다(cf. Bartholomew, Fox, Heim, Hildebrandt, Longman, Van Leeuwen, Waltke, Wilson).

잠언은 당시 이스라엘뿐만 아니라 주변 사회에서 유통되던 가르침을 모아 편집한 것이다. 그럼에도 불구하고 잠언은 편집자들의 지혜와 통찰력을 반영하고 있는 창의적인 책이다. 고대 근동의 여러 문화권에서도 전수되어 내려오는 자료들을 수집하여 선집적으로 모아 놓은 일을 새로운 문학의 창조로 간주했다. 잠언은 이러한 풍습을 그대로 반영하고 있다. 잠언에는 최소한 8개의 모음집이 있다. 다음 도표를 참조하라.

구절	표제	범위
1:1	"다윗의 아들 이스라엘 왕 솔로몬의 잠언"	1-9장
10:1	"솔로몬의 잠언이라"	10:1-22:16
22:17	"지혜 있는 자의 말씀"	22:17-24:22
24:23	"이것도 지혜로운 자들의 말씀이라"	24:23-34
25:1	"이것도 솔로몬의 잠언이요 유다 왕 히스기야의 신하들이 편집한 것이니라"	25-29장
30:1	"야게의 아들 아굴의 잠언"	30장
31:1	"르무엘 왕의 잠언"	31:1-9
31:10-31	제목 없음. 현숙한 여인을 찬양하는 유희시	31:10-31

첫 번째 표제(1:1)는 1-9장뿐만 아니라 책 전체의 제목이기도 하다. 이러한 사실은 "다윗의 아들 이스라엘 왕 솔로몬의 잠언"(מִשְׁלֵי שְׁלֹמֹה בֶן־דָּוִד מֶלֶךְ יִשְׂרָאֵל)이란 문장에서 '다윗, 솔로몬, 이스라엘'의 히브리어 자음의 숫자적 가치에서 짐작할 수 있다. 히브리 사람들은 아라비아 숫자를 사용하지 않고 자신의 알파벳에 숫자적 가치를 지정하여 사용하였다. 이러한 방식을 기준으로 이 이름들(다윗, 솔로몬, 이스라엘)을 구성하고 있는 알파벳이 지닌 숫자들을 더하면 총 930이며 이 숫자는 잠언

을 구성하고 있는 구절 숫자 934와 매우 가깝다는 것에서도 암시되어 있는 듯하다.

두 번째 표제인 "솔로몬의 잠언이라"(מִשְׁלֵי שְׁלֹמֹה)(10:1)에서 '솔로몬'에 사용된 숫자적 가치를 계산해보면 375이다(ש=300, ל=30, מ=40, ה=5). 흥미로운 사실은 10:1이 제목 역할을 하고 있는 10:1–22:16을 구성하고 있는 절 숫자가 정확히 375이다. 그러므로 대부분 학자는 이 섹션에 기록된 잠언이 솔로몬과 연관되어 있다고 추정한다.

히브리어 알파벳으로 숫자를 대신하는 것을 게마트리아(Gematria)라고 한다. 그렇다면 언제부터 유대인들은 게마트리아를 사용하여 숫자를 표기하기 시작한 것일까? 히브리어 알파벳의 숫자 표기 증거를 담고 있는 유물 중 가장 오래된 것은 주전 2세기이다. 그러나 대부분 학자는 이보다 훨씬 오래전부터 이 표기법이 사용되었을 것이라고 추정한다. 위 사항에 기초하여 책의 구조가 다음과 같이 제시될 수 있다.

I. 서론(1:1–7)
II. 지혜에 대한 강연(1:8–9:18)
III. 솔로몬의 잠언(10:1–22:16)
IV. 지혜 있는 자의 잠언집 1(22:17–24:22)
V. 지혜 있는 자의 잠언집 2(24:23–34)
VI. 후세대가 모은 솔로몬의 잠언(25:1–29:27)
VII. 아굴의 잠언(30:1–33)
VIII. 르무엘의 잠언(31:1–9)
IX. 현숙한 여인의 노래(31:10–31)

엑스포지멘터리

시가서 개론

전도서

EXPOSItory comMENTARY

전도서

범사에 기한이 있고 천하 만사가 다 때가 있나니
날 때가 있고 죽을 때가 있으며
심을 때가 있고 심은 것을 뽑을 때가 있으며
죽일 때가 있고 치료할 때가 있으며
헐 때가 있고 세울 때가 있으며
울 때가 있고 웃을 때가 있으며
슬퍼할 때가 있고 춤출 때가 있으며
돌을 던져 버릴 때가 있고 돌을 거둘 때가 있으며
안을 때가 있고 안는 일을 멀리 할 때가 있으며
찾을 때가 있고 잃을 때가 있으며
지킬 때가 있고 버릴 때가 있으며
찢을 때가 있고 꿰맬 때가 있으며
잠잠할 때가 있고 말할 때가 있으며
사랑할 때가 있고 미워할 때가 있으며
전쟁할 때가 있고 평화할 때가 있느니라

(3:1-8)

청년이여 네 어린 때를 즐거워하며
네 청년의 날들을 마음에 기뻐하여
마음에 원하는 길들과 네 눈이 보는 대로 행하라
그러나 하나님이 이 모든 일로 말미암아
너를 심판하실 줄 알라
그런즉 근심이 네 마음에서 떠나게 하며
악이 네 몸에서 물러가게 하라
어릴 때와 검은 머리의 시절이 다 헛되니라
(11:9–10)

소개

전도서는 분명 구약 정경 중 하나지만 내용과 관점에 있어서 구약 전반과 잘 융화되지 못한다고 하여 '성경의 이민자'(the Bible's resident alien)로 불리기도 한다(Garrett). 한 주석가는 전도서가 구약 나머지 책들의 메시지와 비교해도 문제가 전혀 없다고 하는 사람은 아직 전도서를 읽어 보지 않았기 때문이라고 한다(Hubbard). 내용이 정경 다른 부분과 비교할 때 상당히 독특하기 때문에 전도서를 해석하거나 삶에 적용하기에는 기독교인들뿐만 아니라 유대인들에게도 결코 쉬운 일이 아니다(cf. Provan).

우리가 전도서 저자의 사고 체계에 들어가는 것은 마치 온갖 위험 요소들로 가득 찬 건물의 한 코너에 숨겨진 비밀스러운 방에 들어가는 일과 같다고 하는 사람도 있다(cf. Whybray). 그것은 전도서가 그동안 소중히 여기며 추구했던 모든 가치를 부인하거나 흔드는 느낌을 주지만 그렇다고 분명하게 반박할 수도 없어 조용히 원래 자리로 돌아와야 하기 때문이다. 그래서 초대 교회 교부이자 불가타(Vg.)의 번역자였던 제롬(Jerome)은 많은 유대인이 당시 전도서를 아예 정경에서 제거하거나 제거하지 않으려면, 이 책이 삶의 허무함을 피하기 위해 수도사가 되라고 가르치는 것으로 이해해야 한다고 주장했음을 회고한다(cf. Bartholomew, Murphy). 그러나 전도서가 먹고 마시며 즐김을 삶에서 가장 중요하게 여기라고 권면하는 것으로 보아 책이 지향하는 삶이 수도원의 삶과는 잘 어울리지 않는다(cf. 2:24; 3:13; 8:15).

전도서에 대해 극과 극으로 대립하는 관점은 최근에 출판된 주석들 사이에서도 확연히 드러난다. 어떤 주석가들은 전도서가 모든 삶이 절망적이고 허무하며 하나님이 이런 삶을 살고 있는 인간을 먼발치에서 바라볼 뿐 어떠한 개입도 하지 않는다는 사실을 강조한다고 한다(Crenshaw, Delitzsch, Scott). 이에 반해 다른 주석가들은 전도서가 삶은 이해하기 힘든 신비(mysterious)이지만 하나님의 지배 아래 있는 한 모두를 누리고 즐길 수 있다는 긍정적인 메시지를 담고 있다고 한다(Ogden, Whybray). 옛적 유대인들은 전도서의 메시지를 상당히 긍정적으로 이해했다. 그래서 유대인들은 매년 기독교의 추수감사절과 비슷한 절기인 초막절/장막절(Feast of Booths)에 전도서를 읽고 묵상했다.

이러한 이유에서 전도서는 독자들을 상당히 당혹스럽게 하지만 그렇다고 해서 우리가 등한시할 수는 없다. 무엇보다도 전도서의 시사성 때문이다. 전도서가 제시하는 질문들은 오늘날 크리스천들을 포함한 세상 모든 사람의 고민과 같다: 인간의 삶에 의미와 목적이 있는가? 의미와 목적이 있다면 무엇인가? 정의가 이 세상을 지배하는가? 세상이 끝날 때 의인이 승리하고 악인이 망하는가?

인류는 지난 수천 년 동안 이런 질문을 해 왔고, 지금도 하고 있으며, 앞으로도 계속 할 것이다. 전도서가 이 같은 질문들을 제기하고 고민한다는 사실은 이 책이 2000년 전에도, 그리고 지금도 매우 중요한 시사성을 갖고 있음을 보여 준다. 종교는 사람들의 끊임없는 실존적 질문들에 대해 솔직하고 현실적인 답을 제시하도록 노력해야 한다(Wright). 이런 차원에서 전도서는 우리의 신앙이 항상 현실을 의식하도록 권면하는 책이라고 할 수 있다.

저자

전도서의 저자를 논하기 전에 우리는 책의 중심인물인 '전도자'와 이 책을 저작/편집한 사람이 서로 다른 사람이라는 것을 염두에 두어야 한다(이 부분에 대해서는 나중에 자세히 논할 것이다). 전도서는 책에서 가장 중요한 역할을 하는 사람을 '코헬렛'(새번역 각주, TNK) 혹은 '설교자'(preacher)(공동, 새번역, 아가페, 현대인, NAS, ESV, NRS), 혹은 '선생'(teacher)(NIV, NRS, CSB, NIRV)이라고 밝히는데, 이러한 호칭은 히브리어 '코헬렛'을 소리 나는 명사(קֹהֶלֶת)로 음역하거나, 이 단어의 어원인 동사 '모으다'(קהל)를 근거로 해석한 것들이다. 어떤 이들은 이 동사를 근거로 그를 '잠언과 지혜에 관한 문장들을 모은 사람'이라고 하기도 한다(Crenshaw).

'코헬렛'은 전도서에서 7차례 사용되었다. 이 명사가 여성형이라는 것 외에는 의미가 확실하지 않아(Towner, cf. HALOT) 대부분 학자와 일부 영어 번역본은 이 히브리어 단어의 소리에 따라 그를 '코헬렛'(Koheleth)이라고 칭하는 것을 선호한다(cf. TNK). 우리말 번역본 중 현대어성경은 '솔로몬'을 1:1에 삽입하는데, 마소라 사본에는 솔로몬의 이름이 없다. 코헬렛을 솔로몬으로 간주하는 것은 그가 '다윗의 아들 예루살렘 왕'(1:1)이라는 말과 솔로몬이 이스라엘 백성을 '모아 가르쳤다'(קהל)는 열왕기상 8:55-61을 근거로 한다(Garrett, cf. Longman). 그러나 솔로몬이 저자라는 것은 추측일 뿐 이렇다 할 증거는 없다(cf. Fredericks & Estes, Gordis, Murphy, Provan).

일부 학자들은 '코헬렛'이라는 이름으로 불린 사람에 대한 기록이 성경 안팎 그 어디에도 없고, 이 단어가 뜻하는 바가 사람의 이름이 아니라 역할에 대한 기능적 호칭에 더 적합하다 하여 이 단어를 고유 명사가 아닌 일반 명사로 간주한다(Shepherd). 12:8이 이 단어에 정관사를 붙여 그를 '그 코헬렛'(the Koheleth)(הַקּוֹהֶלֶת)이라고 부르는 것에 근거한 해석이다(cf. 7:27). 사람의 이름 등 고유 명사는 정관사를 함께 사용하지 않는 것이 일상적이므로 이 호칭이 일반 명사일 가능성이 다분하다(Towner, cf. Whybray). 칠십인역(LXX)은 이 단어를 일반 명사 '엑크레시아스테스'('Εκκλησιαστής, '성회/모임의 멤버')로 번역을 했고, 라틴어 번역본(Vg.)도 이 헬라어 단어의 의미와 소리를 그대로 유지하여 책의 이름을 '엑크레시아스테스'(Ecclesiastes)로 했으며, 이 헬라어와 라틴어 호칭이 별 변화 없이 영어권으로 도입되어 전도서의 영어 이름 'Ecclesiastes'가 되었다.

다른 학자들은 코헬렛을 책에 등장하는 주요 인물의 별명으로 간주한다(Bartholomew, Longman). 이미 언급한 것처럼 코헬렛이 여성형 명사이고, 성경에서 여성형 명사가 관료들의 직위나 보직을 표현할 때 사용되기 때문이다(스 2:55; 느 7:57, 59). 이렇게 해석하면 코헬렛이 누구든 상관없이 정해진 역할을 한 사람이 된다. '코헬렛'은 백성들을 가르치는 지혜자를 부르는 호칭이었다(cf. 12:9). 그러나 이렇게 단정하기에는 이슈가 너무 복잡하다.

이 '코헬렛/에크레시아스테스'는 과연 누구였을까? 일부 학자들은 그가 실제 인물이 아니라 가상적인 존재라고 하지만(Fox, Lohfink, Provan, Shepherd), 책은 그가 실재 인물이었음을 전제하는 듯하다. 전도서가 그에 대해 제공하는 정보를 살펴보자. 코헬렛은 자신을 다윗의 아들이고 예루살렘에서 통치했던 왕이라고 한다(1:1, 12). 그는 이미 많은 지혜를 지녔지만(1:16), 끊임없이 더 많은 지혜를 추구했다(1:12). 코헬렛은 큰 부를 누렸고(2:4-10), 큰 건축 사업을 했으며(2:4-6), 많은 첩들을 거느렸다(2:8). 이처럼 그는 세상의 모든 부귀영화를 다 누려 본 사람이었다는 사실을 감안할 때, 코헬렛이 솔로몬이라는 추측은 자연스럽고 당연한 것이라 할 수 있다. 특히 코헬렛이 자신의 업적을 회고하고 있는

2:1-10은 솔로몬과 가장 잘 어울린다(cf. 왕상 1-11장; 대하 1-9장). 그래서 예전에는 많은 사람이 전도서를 솔로몬이 노년에 자신의 죄(cf. 왕상 11:1-13)를 회개하며 집필한 책이라고 했던 것이다.

솔로몬은 분명히 코헬렛이 될만한 능력과 자격을 지닌 왕이었다. 그는 잠언 3,000개와 노래 1,005곡을 지은 사람이다(왕상 4:29-34). 지혜자로서 그의 명성은 온 세상에 자자했으며, 심지어는 시바의 여왕까지 그를 만나고자 찾아왔다(왕상 10:7). 솔로몬은 이스라엘 역사에서 가장 많은 지혜를 소유한 '왕—지혜자'(king-sage)였던 것이다(cf. Shepherd).

그러나 오늘날에는 솔로몬을 코헬렛이라고 하는 학자는 거의 없다(cf. Fox, Murphy, Provan, Shepherd). 대부분 학자는 솔로몬이 코헬렛이 아니라고 단정하며(Barton, Ginsberg, Torrey), 가장 보수적인 학자들마저도 이미 오래전부터 솔로몬은 코헬렛이 아니라고 했다(Delitzsch, Hengstenberg, Kidner, Young). 설령 책이 솔로몬과 어떠한 연관성이 있었다 하더라도 이 같은 연관성은 처음 2장으로 제한이 되며 3-12장은 솔로몬과의 연관성이 전혀 없다고 한다(Scott, cf. Childs, Towner). 진보와 보수 진영을 막론하여 거의 모든 학자는 솔로몬이 코헬렛이 아니라고 주장하는 것이다(Harrison, Leupold).

학자들이 전도서가 솔로몬과 무관하다며 제시하는 증거들이 여럿 있지만, 가장 확실한 증거는 전도서에서 사용되는 히브리어다. 이 책의 히브리어가 주전 10세기에 살았던 솔로몬이 사용하기에는 당시 히브리어와 너무나도 다르다는 것이다(Cheyne, Ginsberg). 델리츠(Delitzsch)는 전도서에서 아람어적인 요소를 지닌 히브리어 단어 96개를 발견했다. 그는 이 단어들 대부분이 포로기 이후 시대의 것들이라고 결론 지었다. 일부 학자들은 이 같은 현상은 원래 전도서가 아람어로 저작되었다가 누군가가 히브리어로 번역하면서 빚어진 일이라고 한다(Zimmermann, Ginsberg, Torrey, cf. Burkitt, Whitley).

더 나아가 전도서는 '과원'(פַּרְדֵּס)(2:5)과 '징벌'(פִּתְגָם)(8:11) 두 개의 페르

시아 단어들을 도입해서 사용하고 있는데(Archer, Fredericks, Seow), 이 같은 현상도 전도서가 매우 늦게 저작되었음을 입증한다고 생각하는 사람들이 있다(Dahood, Eaton). 그러나 최근 들어서는 전도서가 지닌 '아람어적인 요소'들에 대해 신빙성 문제를 제기하거나 다른 방식으로 설명하는 사람들이 많다(Crenshaw, Fredericks, Gordis, Towner, Whitley, cf. Seow).

대부분 학자는 전도서에서 사용되는 히브리어가 구약 전반에서 사용된 전통적 히브리어(classical Hebrew)에서 정경이 완성된 후인 주후 2세기쯤에 미쉬나(Mishnah) 등을 제작하는 데 사용된 히브리어(post-biblical Hebrew)의 중간/변환기 히브리어라고 단정한다(Schoors). 그러나 이 같은 결론 또한 논란의 소지가 다분하다. 학자들은 전도서의 히브리어가 분명 중간 단계 히브리어이기는 하지만, 미쉬나의 히브리어보다 전통적 히브리어에 더 가깝다고 결론 짓는다(Fredericks, Seow, Shepherd).

전도서에서 쓰인 히브리어가 언제 사용된 것인가는 난제로 남아 있고, 책의 양식도 논쟁의 대상이다(cf. Loader). 책을 구성하고 있는 내러티브(narrative)와 시(poetry)의 비율이 번역본마다 현저한 차이를 보인다. NIV는 60%를 시로 분류하지만, NRSV는 75%가 내러티브라고 한다. 전도서에서 유일하게 시 양식을 취하는 곳은 3:2-8이라고 하는 번역본들도 있다(Good News Bible, REB). 이 주석에서는 새번역의 구분을 따를 것이다.

책의 내용을 분석해 보면 자서전적 회고, 수사학적 질문들, 비유들, 축복과 저주 등 다양한 장르를 반영하고 있는 것이 확실하다. 또한 전반적으로는 '지시'(instruction)와 '묵상'(reflection)으로 구성된 것으로 간주하는 것이 무난하다(Murphy).

코헬렛은 자신이 예루살렘에서 통치했던 모든 왕보다 더 많은 지혜를 지녔다고 하는데(1:1, 16; cf. 새번역, 공동, 아가페, 현대인 NIV, TNK), 만일 이 사람이 솔로몬이라면 예루살렘에서 그보다 앞서 통치한 왕은 다윗뿐이다. 그러므로 코헬렛은 솔로몬 이후에도 한참 세월이 지난 다음에 예루살렘에서 통치한 유다 왕이었을 것이다. 그래서 한 학자는 히스기야도 솔로몬만큼이나 코헬렛이 상징하는 인물이라고 한다(Shepherd, cf. 잠 25:1).

만일 솔로몬이 이 책과 연관이 있다면, 전도서는 왜 그 사실을 명확하게 밝히지 않는 것일까? 잠언과 아가서는 솔로몬의 이름을 구체적으로 언급하는데 말이다(잠 1:1; 10:1; 25:1; 아 1:1). 잠언과 아가서가 솔로몬의 이름을 구체적으로 밝히는 것을 감안하면, 전도서는 솔로몬과 상관없는 책이라는 것이 더 확실해진다.

코헬렛은 누구였을까? 책이 제공하는 정보를 종합해 보자.

첫째, 그는 예루살렘에 거주하는 선생 혹은 가르치는 자였다. 그래서 그에게 '코헬렛'(전도자, 선생)(cf. 1:1–2; 12:8)이라는 호칭이 주어졌다. 안타깝게도 우리는 그가 어떤 정황에서 누구를 가르쳤는지에 대해 아는 바가 없다. 외경에 포함되어 있는 집회서의 저자 벤시라(Ben Sira)가 당시 유대인들의 교육 시스템에 대해 간략하게 언급하고 있는 것 외에는 구약 시대 유대인들이 어떤 교육 시스템을 가지고 있었는지에 관해 이렇다 할 정보가 남아 있지 않기 때문이다. 구약 시대에 선생의 역할을 주로 서기관들이 했다는 점을 감안할 때, 코헬렛은 아마도 지혜자(서기관)였거나, 서기관 제도와 연관된 사람이었을 가능성이 크다. 그가 예루살렘에서 다스리던 왕이었다는 점을 감안하면(1:1), 그는 '왕—지혜자'(king–sage)였을 것이다(cf. Shepherd).

둘째, 그는 지혜자였다. 그는 사람들에게 지혜를 가르치는 사람이었으며(cf. 12:9), 세상을 지배하는 지혜를 연구하는 사람이었다(1:13). 코헬렛은 또한 단순히 지혜를 가르치는 사람이 아니라, 매우 잘 논하는 사람이었다. 그는 많은 사람에게 존경받는 유다 사회의 '정신적 지주'였다.

셋째, 그는 어느 정도 나이가 든 사람이었다. 그가 일부 독자들을 '젊은이들'(בָּחוּר)(11:9)이라고 부르며 권면하는 것과 삶의 희로애락을 모두 경험해 본 사람이라는 점을 감안하면 이 사실이 더 확실해진다. 코헬렛이 어떤 상황에서 어떤 형태로 젊은이들을 가르쳤는지는 알 수 없지만, 그에게 가르침을 받는 사람들을 '젊은이들'이라고 부르는 것은 그가 젊은 학생들과 어느 정도 나이 차이를 지녔던 것을 암시한다.

넷째, 코헬렛은 그 시대 사람들에게 존경받는 사람이었다. 책이 그에 대한 최종적인 평가를 다음과 같이 하는 것에서 이 사실을 알 수 있다: "설교자는 스스로 지혜를 깨친 사람일 뿐만 아니라 민중에게 인생의 길을 가르치고 또 가르치는 분이었다. 그분은 많은 금언들을 마음 속으로 저울질해 보고 그 뜻을 더듬어보고 엮어 주었다. 설교자는 사람을 참으로 기쁘게 해 줄 말을 찾아보았다. 그리고 참되게 사는 길을 가르쳐 주는 말을 찾으면 그것을 솔직하게 기록해 두었다"(12:9-10, 공동).

당대 최고의 지혜를 지녔던 코헬렛은 많은 사람에게 감동과 위로를 주었을 것이다. 그렇다면 그가 모든 사람에게 인정받고 그의 가르침이 모든 사람에게 환영받았을까? 그렇지 않았을 것이라는 것이 대부분 학자의 결론이다. 많은 학자는 그의 파격적인 가르침에 상당수가 반대하고 반박했다는 사실이 12:12에 암시되어 있다고 생각한다: "내 아들아, 이런 말씀에 더하여 다른 가르침을 주의하라. 책을 쓰는 일은 끝이 없고, 공부는 하면 할수록 사람을 피곤하게 만든다"(아가페성경).

이 같은 사실을 종합해 볼 때, 전도서는 언제, 누구에 의하여 저작된 것일까? 이 두 질문 중 먼저 책이 언제 저작되었는가를 생각해 보자. 학자 중에는 전도서가 왕정 시대 혹은 포로기 때 저작된 것이라고 하는 이들도 있고(Fredericks), 페르시아 시대 이전에 저작된 것이라는 이들도 있다(Schoors, Seow). 늦게 보는 사람들은 주전 152-145년을 저작 시기로 지목하기도 한다(Whitley).

대부분 학자는 주전 3세기를 책의 저작 시기로 간주한다(Towner, cf. Whybray). 한 주석가는 더 구체적으로 주전 250-225년을 저작 시기로 제안한다(Crenshaw). 이때쯤이면 구약을 형성하고 있는 전통적 히브리어가 상당한 변화를 겪었으므로 언어적으로 설득력이 있다는 것이다. 반면에 주전 2세기는 책의 저작 시기로 너무 늦다는 것이 대부분 학자의 공통적인 견해이다. 이들이 이같이 결론을 내리는 데는 크게 세 가지 이유가 있다.

첫째, 외경에 포함되어 있는 집회서가 전도서에 대해 언급하고 있는데, 집회서는 주전 180년경에 저작된 것으로 추정된다(cf. Murphy). 그렇다면 집회서와 전도서의 연관성을 고려하면 전도서는 늦어도 주전 3세기 작품이 확실하다고 말한다. 심지어 일부 학자들은 집회서가 전도서의 잘못된 사고 체계를 바로잡으려 한다고 한다(Barton). 전도서는 집회서 이전에 저작되었음이 확실하다.

둘째, 전도서 그 어디에도 주전 160년대에 시작된 셀리우크스 왕조(Seleucid)의 안티오쿠스 4세 에피파네(Antiochus Ephiphane IV)의 핍박에 대한 암시가 없다. 만일 코헬렛이 이 사건을 목격했다면 어떠한 형태로든지 이 사건이 언급되었을 것이다. 삶의 허무함과 부질없음을 강조하는 전도서의 성향에 에피파네 사건은 더없이 좋은 예가 되었을 것이기 때문이다. 그러나 그가 이 사건에 대해 완전히 침묵하는 것은 그가 늦어도 3세기 사람임을 암시하는 증거가 될 수 있다.

셋째, 주전 2세기 유물로 밝혀진 쿰란(Qumran) 사본 중에 전도서 조각이 있는 것은 이때 이미 전도서가 정경으로 자리를 잡았음을 암시한다. 이외에도 여러 가지 정황이 전도서가 아무리 늦어도 주전 3세기 작품이라는 사실을 거의 확실시한다(cf. Crenshaw, Longman). 또한 구약의 사고체계와 확연히 다른 코헬렛의 관점과 철학이 주전 4세기 말부터 팔레스타인 지역에 많은 영향을 미치기 시작했던 헬라 철학과 어느 정도 상통하는 부분이 있다는 점도 이 같은 사실을 뒷받침하는 듯하다. 심지어 일부 학자들은 코헬렛의 사고체계가 헬라 철학과 밀접한 연관이 있다고 해서 전도서가 헬라 철학으로 유명했던 이집트의 알렉산드리아에서 저작된 것으로 추정한다(Humbert, Plumptre, Weiser). 그러나 대부분의 학자는 이와 같은 결론을 내리기에는 증거가 부족하다고 말한다.

전도서의 히브리어가 전통적인 히브리어와 많이 다르기는 하지만 미쉬나 히브리어보다는 전통적인 히브리어에 더 가까운 것을 근거로, 전통적인 히브리어가 변화하기 시작한 주전 5세기 말, 혹은 4세기 초 페르시아 시대에 책이 저작되었으리라는 주장이 설득력을 얻고 있다(Seow, Shepherd). 또한 예전에 학자들이 전도서에 아람어적인 성향(Aramaism)이 짙다며 증거로 제시하기도 했지만(cf. Delitzsch), 오늘날 학계는 이를 더 이상 아람어적인 성향의 증거로 인정하지 않는 추세이다. 이 같은 학계의 정황을 고려할 때, 전도서의 저작 시기를 굳이 주전 3세기로 내릴 필요는 없다. 이보다 1-200년 더 일찍 저작된 것으로 간주해도 어떠한 문제도 없기 때문이다.

두 번째 질문인 누가 전도서를 저작했는가는 저작 시기를 논하는 첫 번째 문제보다 훨씬 더 복잡하다. 전도서의 저작권을 논하는 것은 마치 판도라의 박스를 여는 것과 같다. 가장 간단한 제안은 구체적인 신분은 알 수 없지만, 코헬렛으로 불리는 사람이 직접 저작한 것으로 간주하는 것이다. 그러나 전도서가 코헬렛에 대해 3인칭으로 언급하는 것이 곳곳에서 포착되는 사실을 감안하면(1:1; 7:27; 12:9-14), 저자/편집자는 다른 사람일 가능성이 매우 크다(cf. Longman, Provan, Shepherd).

'코헬렛'이라는 명칭이 '설교자, 선생'이라는 의미를 지녔다는 사실을 바탕으로 저작권을 논하면, 이 책은 코헬렛이 한 곳에서 한꺼번에, 혹은 여러 곳에서 여러 차례에 걸쳐 구두로 전한 가르침을 다른 사람(예, 그의 제자)이 녹취하여 요약하거나 정리한 것일 수 있다. 이렇게 가정하면 전도서가 코헬렛에 대해 종종 3인칭으로 말하는 현상(cf. 1:1; 7:27; 12:9-14)을 충분히 설명할 수 있다. 반면에 일부 학자들은 저자가 자신에 대해 언급하면서 3인칭을 사용하는 사례가 고대 근동 문헌들에서 종종 발견되기 때문에 전도서가 코헬렛에 대하여 3인칭으로 언급하는 것이 반드시 코헬렛의 저작권을 부인할 수는 없다고 한다(Fox; cf.

Garrett). 모세 오경에서 모세가 종종 3인칭으로 묘사되는 것도 이러한 현상 중 하나이다.

오늘날 대부분 학자는 이러한 현상을 코헬렛이 책의 유일한 기여자가 아님을 시사하는 증거로 간주한다. 일부 학자들은 전도서가 여러 편집자들의 손을 거쳐 오늘날의 형태를 갖추게 되었다고 하기도 한다(cf. Krűger, Murphy, Whybray). 만일 편집자(들)가 있었다면, 그(들)는 코헬렛의 가르침에 새로운 내용이나 자신(들)의 생각을 얼마나 많이 첨부했을까? 그들이 새로 삽입한 것들이 코헬렛의 원래 가르침과 생각에 얼마나 많은 변화를 주었을까?

이와 같이 저작권 논의가 우리를 상당히 당혹스럽게 할 수 있고 결코 답할 수 없는 질문들에 당면하게도 하지만, 오래전부터 유대인들은 코헬렛이 아닌 저자/편집자의 가능성에 대해 어느 정도 열린 마음으로 연구했다. 무엇보다도 책이 지니고 있는 모순들(paradoxes) 때문이다. 예를 들자면, 전도서는 의인과 악인이 같은 운명을 맞이한다고 하는가 하면(8:14; 9:1-2), 하나님은 의인과 악인을 그들의 행실에 따라 대하실 것이라고 하기도 한다(2:26; 3:17; 8:12-13). 또한 8:12-14은 이 같이 서로 대립되는 상황을 연속적으로 열거한다.

대부분의 학자는 위와 같은 유형의 모순들 때문에 전도서가 코헬렛이 아닌 사람(들)에 의해 편집되었다고 확신한다(cf. Whybray). 그러나 이 주장 역시 어떠한 역사적 증거가 뒷받침하는 것이 아니라 학자들의 추측일 뿐이다. 게다가 같은 책 안에서 서로 모순되는 원리들이 제시되었다 해서 그것이 꼭 여러 편집자의 손에서 비롯된 것으로 간주할 필요는 없다. 모순된 원리들을 제시하면서 이야기를 진행하는 것은 하나의 좋은 교육 방법이 될 수 있기 때문이다(Longman, cf. Shepherd). 실제로 우리의 삶 자체가 수많은 모순들로 가득 차 있지 않은가? 그리고 우리는 이 모순적인 현상들을 예로 들어가며 사람들을 가르치는 일을 즐긴다. 그러므로 전도서의 모순으로 어떤 면에서는 우리의 삶에 대해 가장 깊은 이해를 보인다고 할 수도 있다.

학자들은 전도서 안에서 최소한 두 명의 기여자(contributors)를 감지한다(Eaton, Garrett, Provan, Shepherd). 쉐퍼드(Shepherd)와 롱맨(Longman)은 코헬렛의 자서전적인 가르침을 담고 있는 1:12-12:7에 다른 사람이 1:1-11과 12:8-14을 틀로 삽입했다고 한다. 세 명의 저자를 감지하는 사람들도 있다. 첫째는 1:2-12:8까지를 집필한 코헬렛이다. 여기에 두 번째 사람이 1:1과 12:9-11을 책의 틀(frame)로 더했다. 세 번째 사람이 12:12-14을 에필로그로 추가했다. 이러한 주장은 코헬렛을 칭찬하는 12:9-11과 그를 비난하는 12:12-14의 관계를 제대로 이해하지 못해서 비롯된 일이다. 우리는 이 두 섹션을 같은 사람의 펜에서 비롯된 것으로 충분히 설명할 수 있다(cf. 본문 주해). 어찌 되었건 책의 틀과 에필로그가 코헬렛과 저자를 구분하는 일에 결정적인 단서가 되고 있는 것은 사실이다.

주석가들이 2-3명의 저자/편집자를 논하는 가장 큰 이유는 책의 중심 부분(1:12-12:7)에 기록되어 있는 코헬렛의 가르침이 상당히 충격적이며, 구약의 전반적인 가르침과 융합될 수 없다고 생각하기 때문이다(cf. Bartholomew). 또한 학자들은 프레임(1:1-11; 12:8-14)을 첨부한 사람(들)이 프레임을 사용하여 코헬렛의 말을 반박하고 있다고 생각한다. 그러나 책에서 코헬렛의 자서전적인 글을 제외하면 저자가 책에 기여하는 부분은 극히 제한적이다. 그래서 많은 사람이 전도서 저자의 역할을 최소화하며 그의 주된 기여가 책의 시작과 끝에 틀(frame)을 제공하는 일이라 해서 그를 '틀 내레이터'(frame narrator)라고 부르기도 한다(Bartholomew, Fox, Longman, Shepherd).

전도서 안에서 두 개의 대립되는 관점이 감지되는 것은 사실이지만, 이 두 관점이 모두 같은 사람에서 비롯되었다고 해석하는 학자도 있다(Fox). 폭스(Fox)는 저자가 코헬렛이라는 가상적 인물을 통해 전적으로 비관주의적인 관점을 지닌 사람을 제시하고는 에필로그(12:9-14)를 통해 자신을 이 코헬렛이라는 가상적 인물로부터 스스로 멀리하고 있다고 한다. 그의 주장은 시간이 지날수록 여러 학자의 지지를 얻고 있다.

동일 인물이 책을 통해 마음에 있는 생각을 모두 표현해 놓고 에필로그에서는 그 가르침에 대해 스스로 반박한다는 주장과 2-3명의 편집자/저자가 있다는 주장의 공통점은 책의 중심 부분인 1:12-12:7이 구약의 다른 부분과 매우 상반된 가르침을 하고 있다는 사실을 인정하는 것이다. 또한 이 사실은 책의 핵심 부분을 어떻게 해석해야 하는가에 대해 매우 중요한 관점을 제시한다. 1:12-12:7에 기록된 코헬렛의 가르침은 어느 정도 문제를 지닌 부분들이 있으므로 정경적인 관점에서 교정이 되어야 한다는 것을 암시한다. 그러므로 중심 부분(1:12-12:7)이 정경의 가르침에 위배된다는 사실을 인정하는 한, 책의 저자가 한 명이든, 두 명이든 별로 중요하지 않다.

코헬렛이 솔로몬과 히스기야를 염두에 둔 가상적 인물이라는 주장도 있다(Shepherd). 유다의 왕 중 솔로몬뿐 아니라 히스기야도 지혜와 깊이 연관되어 있는 왕이었다(cf. 왕하 18-20장; 대하 29-32장; 사 36-39장). 또한 이 두 왕의 공통점은 하나님이 그들에게 큰 지혜를 주셨음에도 불구하고 어리석은 결정을 했다는 사실이다. 그러므로 지혜의 한계를 지적하는 전도서는 이스라엘에 팽배해져 있는 '사변적이고, 의심하는 지혜'(speculative, doubting wisdom)에 대한 경고이며(Longman), 이같이 비관적이고 절망적인 가르침이 율법(Torah)과 경쟁하게 내버려둔 다윗 왕조를 비난하고 있다는 것이다(Shepherd).

코헬렛이 팔레스타인 지역의 기후와 풍습에 상당히 익숙하고(cf. 1:6; 11:3, 4; 12:2, 5, 6) 성전과 제물을 언급하는 사실을 감안하면(cf. 5:1; 9:2), 그는 주전 5세기에 예루살렘에서 활동했던 지혜자이며, 이름을 알 수는 없지만 나이가 지극하고, 지혜로운 가르침으로 예루살렘에서 유명했던 선생이었을 것이다(cf. Longman). 그렇다면 전도서가 코헬렛이 '다윗의 후손이었으며 예루살렘에서 왕'(1:1, 12)이었다고 회고하는 부분을 어떻게 이해할 것인가?

별문제는 되지 않는다. 이 같은 표현은 전도서의 저자/편집자가 주전 5세기에 책을 집필/편집하면서 솔로몬을 포함한 이스라엘 왕 중 지혜로운 자들의 가르침의 일부 혹은 상당 부분을 자기 세대 사람들이 친숙한 히브리어로 바꾸어(paraphrase) 활용한 사실을 암시하는 것으로 간주할 수 있기 때문이다. 또한 코헬렛은 자신을 지혜로 유명한 왕들의 전승을 이어받은 당대 사람 중 하나로 간주했기 때문에 백성을 가르치는 선생이란 차원에서 굳이 이 왕들로부터 자신을 분리할 필요를 느끼지 못했다. 게다가 이스라엘뿐만 아니라 고대 근동에서 왕의 역할 중 하나는 자신의 신(들)에게 받은 지혜를 백성들에게 가르치는 일이었다. 민족의 정신적 지주이자 지혜를 가르치는 스승으로서 그는 자신이 하는 일을 왕의 이 같은 역할에 비교해도 손색이 없다고 생각했을 것이다.

이러한 맥락에서 코헬렛이 비록 이스라엘에 왕이 없는 시대를 살고 있지만, 자신을 지혜로운 왕들의 전승을 이어받은 자로 간주하여 이야기를 진행하고 있다. 마치 오경의 최종 편집자/저자가 모세로부터 유래한 자료들을 바탕으로 모세 오경을 집필한 것처럼 말이다. 그러므로 이 같은 정보는 원래 저자가 활용한 출처에 명시되었던 것을 편집하지 않고 그대로 인용하여 책에 삽입하다 보니 빚어진 일인 것이다. 또한 그의 가르침을 대하는 백성들도 그를 왕에 버금가는 권위를 지닌 사람으로 대했을 것이다. 코헬렛은 '왕—지혜자'(king—sage)로 불릴 만한 자격을 충분히 갖추었다(Shepherd).

코헬렛이 주전 5세기에 자신이 전수받은 솔로몬 문헌들을 인용하여 1:1-12:8을 저작한 이후 책이 누구에 의해 몇 차례의 편집 과정을 거쳤는지에 대한 모든 학자의 제안은 결코 확인할 수 없는 추측에 불과하다. 아마도 1:1-12:8이 코헬렛 혹은 그의 가르침을 모아 정리했던 사람에 의해 저작된 다음에 누군가가 12:9-14을 그의 가르침에 대한 평가로 추가한 것으로 생각된다. 이 저자/편집자는 12:9-14을 통해 삶에 대해 매우 비관적인 견해를 가진 코헬렛의 가르침이 삶의 목적과 의미를 묵상하는 데 많은 도움이 되기는 하지만, 너무 깊이 빠져들지는 말 것을 권면하고 있다.

저자는 코헬렛의 생각으로부터 자신을 구분하기를 원한다(Fox, Longman, Shepherd). 코헬렛은 세상에서 가장 지혜로운 사람이었으며, 그의 지혜는 세상의 이치에 대해 예리한 통찰력을 지닌 사람이 가질 수 있는 최고의 지혜이지만, 분명한 문제와 한계를 지녔다는 것이다. 전도서는 지혜의 예찬론이 아니라, 지혜의 한계를 논하고자 하는 책인 것이다(cf. Childs). 그러므로 전도서의 메시지를 논할 때 코헬렛의 주장과 그의 주장을 인용하여 자신이 하고자 하는 말을 하는 저자의 주장을 분리하여 취급해야 한다(cf. Fox, Perry, Longman). 이 주석은 각 섹션에서 코헬렛의 가르침과 주장을 설명한 다음 그 가르침을 성경적인 세계관으로 보완할 것이다. 동의하는 부분도 있을 것이고, 반박하는 부분도 있을 것이다.

신학적 메시지

일부 주석가들은 코헬렛의 메시지가 매우 긍정적이며(cf. 2:24-26; 3:12-14, 22; 5:18-20; 8:15; 9:7-10) 주어진 나날들을 마음껏 즐기라는 의미로 카르페디엠(Carpe Diem)을 권면하는 메시지를 담고 있다고 한다(Whybray, cf. Gianto, Polk). 반면에 대부분 학자는 코헬렛이 삶에 대한 비관적인 관점을 벗어나지 않는다 하여(Longman, cf. Anderson, Murphy) 그를 쾌락주의(hedonism)를 지향하는 사람으로 간주하기도 한다(cf. Fox). 이 관점에 의하면 책의 메시지를 낙관적으로 보는 것에는 상당한 무리가 있다.

삶에 대해 매우 부정적이고 비관적인 코헬렛과 그의 가르침을 평가

하는 저자의 메시지는 반드시 구분되어야 한다(Rashbam, cf. Anderson). 이 둘의 차이를 고려할 때 고대 근동의 지혜에 대한 이해를 참조하면 도움이 된다. 고대 근동에는 '실용적 지혜'(practical wisdom)와 '사색적 지혜'(speculative wisdom) 두 가지 형식의 지혜가 있었다. 실용적 지혜는 슬기로운 삶과 기술과 예술에 당장 적용할 수 있는 것을 뜻한다. 인간이 삶에서 지향해야 할 '올바른 삶' 혹은 '효과적인 삶'에 대한 지혜인 것이다. 그래서 학자들은 이것을 '실용적 지혜'(practical wisdom)라고 하기도 한다(Berry, Crenshaw).

성막과 성막 도구들을 제작한 브살렐과 오홀리압(출 35:30-36:1)과 제사장 아론의 옷을 만든 기술자(출 28:3)와 옷감을 짠 여인들(출 35:25-26)이 이러한 지혜를 지녔다. 더 나아가 금을 다루는 장인(goldsmith)(렘 10:9)과 항해사(시 107:27; 겔 27:8)와 애가를 부르는 곡하는 여인(렘 9:17)과 요술가와 점쟁이들(창 41:8; 사 44:25)과 군사적 전략가들과 관료들(삼하 20:22; 사 10:13; 29:14; 47:10; 렘 49:7; 단 1:4)이 이러한 지혜를 지녔다. 성경은 솔로몬이 수많은 노래와 잠언을 제작할 수 있었고(왕상 4:31-32) 능수능란한 통치력을 발휘할 수 있었던 것(왕상 2:6; 3:28; 5:26; 11:4ff.; 대하 1:20-12)은 바로 이러한 지혜를 가졌기 때문이라고 한다.

실용적 지혜는 인간과 도시와 농업과 가족과 학업과 정부 등 우리가 상상할 수 있는 모든 것을 생명과 번영으로 인도하는 길이라 할 수 있다. 그러므로 이 지혜는 경험을 통해 얻은 여러 가지 실천적 지식(Crenshaw)을 뜻하기도 하지만, 실용적 지혜는 삶의 방식이자(von Rad), 삶의 모든 것이다(van Leeuwen). 성경에서는 잠언이 이와 같은 지혜의 대표작이다. 또한 실용적 지혜는 삶에 대해 매우 긍정적이다. 그러므로 실용적 지혜는 올바른 삶의 방식을 추구하며 열심히 살면 행복하고 형통할 것이라는 메시지를 선포한다.

'사색적 지혜'(speculative wisdom)는 특별한 장르의 문헌들과 연관된 용어이다(Crenshaw, Berry). 사색적 지혜는 사람들이 오랜 세월 동안 자연을 관찰하거나 세상에서 경험한 일들을 통해 얻은 통찰력과 지식을 축적해 놓은 것이다(von Rad). 사색적 지혜의 가장 기본적인 기능은 실용적 지혜가 지나치게 기계적으로 적용되는 것에 대해 문제를 제기한다. 그래서 이 유형의 지혜는 '반성적 지혜'(reflective wisdom), 혹은 '실존적 지혜'(existential wisdom)라고 불리기도 한다(O'Connor, Gurtner & Stuckenbruck). 사색적 지혜는 실용적 지혜에 비해 '고등 지혜'(higher wisdom)로 간주된다(Sneed, Weeks).

사색적인 지혜는 실용적이라기보다는 이론적이므로 세상과 삶에 대해 상당히 회의적인 성향을 보인다. 사색적인 지혜는 의롭게 살아도 고난과 불이익을 당할 수 있고, 악하게 살아도 형통할 수 있는 현실에 대해 많이 묵상하며 고민한다. 그렇다 보니 자연스럽게 정의로운 창조주께서 다스리시는 세상에 왜 악이 번성하는가를 고민하는 신정론(神正論; theodicy)과 깊은 연관이 있다. 성경에서는 욥기와 전도서가 사색적인 지혜에 관한 대표적인 책들로 간주된다.

지혜에 대한 이 같은 이해를 바탕으로 우리는 평생 지혜를 연구한 일명 '지혜학 전문가'인 코헬렛이 '사색적 지혜'(speculative wisdom)를 가르친 사람이었다는 사실을 알 수 있다(cf. Crenshaw, Berry). 반면에 짧게나마 그의 가르침의 한계를 지적하고 비판하는 저자(편집자)는 실용적인 지혜(practical wisdom)를 지향하는 사람이었다. 코헬렛의 말이 나머지 정경의 가르침과 현저한 차이를 두고 있는 것도 이러한 이유 때문이다. 저자는 성경 전반이 지향하는 실용적 지혜와 종교적 지혜(religious wisdom)에 익숙한 사람이다. 그러므로 그는 코헬렛의 사색적 지혜에 대해 어느 정도 문제의식을 지녔다. 우리는 먼저 허무주의에 빠져 있는 코헬렛의 메시지(1:1-12:8)를 살펴보고, 그다음 저자의 코헬렛의 메시지에 대한 평가와 교정(12:9-14)을 생각해 보고자 한다.

1. 코헬렛의 메시지

한 주석가는 코헬렛의 메시지를 지탱하고 있는 사상적 축으로 다음과 같이 네 가지를 제시했다(Gordis): (1) 사람이 이루고자 하는 업적은 허무한 것이며, 설령 이룬다 할지라도 영원하지 않다; (2) 사람은 누구도 자신의 운명에 대하여 확신할 수 없다; (3) 사람이 세상에 대한 참 지식과 통찰력을 가지는 것은 불가능하다; (4) 하나님은 사람에게 삶에서 즐거움을 추구하고 목표로 삼으라고 명령하셨다. 코헬렛의 이 네 가지 사고의 축을 바탕으로 몇 가지 주제를 생각해 보자.

(a) 지혜와 어리석음

실용적인 지혜를 논하는 책인 잠언에서 명사 '지혜'(חָכְמָה)는 매우 중요한 개념이다. 이 단어는 전도서에서도 26차례 사용되고 있으며, 연관된 '지혜자'(חָכָם)는 22차례, 이 명사들의 어원인 동사 형태로는 4차례 사용된다. 이 단어가 전도서에서 이처럼 많이 사용되는 것은 잠언에서처럼 이 책의 핵심 메시지 중 하나는 지혜와 어리석음을 대조하는 것임을 암시한다. 그러나 코헬렛은 잠언이나 다른 지혜 문헌들처럼 지혜에 대한 예찬론을 펼치지 않는다. 오히려 지혜의 한계를 냉정하게 지적한다. 아무리 많은 지혜를 지닌 사람이라 할지라도 죽을 때 보면 어리석은 자와 별반 다르지 않다(2:16). 그러므로 지혜는 사람에게 생명을 주지 못하는 한계를 지녔다(cf. 2:12-16).

지혜로운 사람이라 할지라도 창조주 하나님이 세상에서 하시는 일을 모두 이해할 수는 없다. 삶의 많은 부분이 오직 지혜를 통해서 이해하기에는 매우 어려우며, 베일에 가려진 듯한 신비로움(mystery)도 지녔기 때문이다. 또한 지혜로운 사람이라고 해서 항상 어리석은 자들보다 더 행복한 것도 아니다. 그러므로 지혜가 사람을 행복하게 하는 것은 아니다. 오히려 지혜는 사람들이 삶을 즐기는 것을 방해할 수 있다.

더 나아가 어느 사회에서든 지혜는 포악한 권력가들과 어리석은 자들의 결정으로 인해 위협을 받는다. 그러므로 지혜도 허무하다. 그렇다고 해서 지혜가 사람의 삶에 부정적인 영향을 끼치거나 전혀 의미가 없는 것은 아니다. 지혜를 지닌 사람은 어리석은 자들보다 조금은 더 나은 삶을 산다(cf. 2:13).

(b) 삶과 죽음

죽음은 지혜의 가치를 가장 절하시키는 요인이다. 지혜로운 사람이나 어리석은 자나 모두 죽기는 마찬가지이기 때문이다(9:5). 아무리 지혜가 많은 사람이라 할지라도 죽음을 피할 수 없으며, 심지어는 자신이 언제 죽을지도 모르며 산다(cf. 10:14; 9:5). 게다가 그가 죽고 나면 그의 모든 수고와 평생 이룬 업적은 곧 잊힐 것이다. 그러므로 만일 지혜가 죽음을 피할 수 없게 한다면, 지혜도 헛된 것이 아니겠는가!

세상 만물 중 가장 지혜롭다는 사람이나, 별다른 지혜 없이 본능에만 충실한 삶을 사는 짐승들 모두 죽음 앞에서는 똑같다(3:20). 아무리 지혜가 많은 사람이라 할지라도 죽음을 피할 수 없으며, 사람은 죽으면 아무것도 모른다. 또한 죽은 사람은 살아 있는 사람들의 기억 속에서 모두 사라진다(9:5).

코헬렛은 책의 마지막 부분에서 늙고 죽어가는 것을 매우 비관적인 이미지들로 묘사한다: (1) 늙고 죽어가는 것은 마치 폭풍과 비가 몰려와 햇볕이 가득했던 좋은 날을 망치는 것과 같다(12:1-2); (2) 늙고 죽어가는 것은 마치 사람이 살지 않는 집이 조금씩 망가져 가는 것과 같다(12:3-5); (3) 늙고 죽어가는 것은 끊어진 줄, 깨진 그릇, 조각난 물그릇, 망가진 도르래와 같다(12:6).

그렇다면 삶은 덧없는 것인가? 아니다. 삶도 나름 가치가 있다. 삶은 마치 아름다운 은줄과 같다. 다만 죽음이 이 은줄을 끊어버릴 뿐이다(12:6). 삶은 은줄처럼 가치가 있지만, 사람이 어떠한 노력을 해도 이 은줄이 끊어지는 것을 막지 못하는 것처럼 죽음도 막지 못한다는 것이 안타까울 따름이다.

(c) 부(富)와 가난

부는 먹고, 마시고, 즐기는 것처럼 창조주 하나님의 선물이므로 그 선물을 받은 사람이 마음대로 조정할 수 있는 것은 아니다(cf. 3:13; 8:15). 또한 부는 가진 사람에게 먹고, 마시며, 즐기는 것을 보장하지 못한다. 세상에는 참으로 많은 부를 가졌으면서도 먹고, 마시며, 즐기지 못하는 사람들이 허다하다(cf. 4:8; 5:12). 그러므로 부는 헛되다.

이 땅에서 가난은 대체적으로 억압과 착취와 연결되기 때문에 삶을 누리게 하지 못한다. 가난한 사람들은 자신이 처한 어려운 환경에서 해방되는 것을 유일한 꿈이자 낙으로 삼기도 한다. 그러므로 가난은 사람을 어려운 현실에 묶어 놓는 매우 부정적인 것이다.

그렇다면 부와 가난은 모두 부질없는 것인가? 사람이 행복을 느끼려면 풍요는 아니더라도 어느 정도의 재산은 필요하다. 또한 모든 사람은 그가 행복해질 정도의 재산을 가질 권리를 지녔다. 안타까운 사실은 사람이 아무리 많은 것을 소유한다 해도 죽으면 남의 것이 된다는 것이다. 더 원통하고 기가 막힐 일은 그가 남긴 재산이 필요 없고, 고마워하지도 않는 어리석은 자들에게 넘어갈 수도 있다는 사실이다(cf. 2:17-23)! 이러한 관점에서 생각할 때 부도 가난만큼이나 부질없고 허무하다.

(d) 수고와 노동

'수고'(עָמָל)라는 단어는 구약에서 총 55차례 사용되는데, 이 중 매우 짧은 책이라 할 수 있는 전도서에서 22차례(40%)나 사용된다. 이 단어는 항상 부정적인 의미, 곧 사람이 이 세상에서 감당해야 할 '고생'을 의미하며 사용된다. 그러므로 삶의 허무함을 노래하는 전도서에서 고생이라는 단어가 널리 사용되는 것은 충분히 예측할 만한 일이다.

사람이 성공할 가능성은 그가 일과 노동에 지혜를 더할 때 높아진다. 그러나 삶에는 항상 예기치 못한 불행이 도사리고 있다. 그러므로 지혜를 더한다고 해서 항상 성공할 수 있는 것은 아니다. 일과 노동은 삶의 필연적인 요소들이다. 일을 하지 않으면 [굶어] 죽는다(4:5). 그렇지만, 일이 행복을 보장하지는 못한다. 그러므로 삶에서 일과 노동의 가치는 상대적이다.

노동은 정황에 따라 긍정적일 수 있는가 하면 부정적일 수도 있다. 질투, 욕심, 부에 대한 욕망, 성공 욕심, 혹은 남들보다 더 잘 먹기 위한 의지에서 비롯된다면, 노동은 악하다(4:4). 일과 노동은 즐거움과 누림으로 인한 행복을 창출할 수는 없지만, 즐거움과 누림은 일과 노동의 일부가 될 수 있다. 사람이 지나치게 일을 하는 것, 특히 삶의 다른 요소들까지 희생하며 일하는 것은 불행한 일이다.

코헬렛은 수고와 삶을 동일시한다(Fox). 곧 산다는 것은 고생하는 것을 의미한다. 그러므로 삶에 애환을 더하는 노동도 헛되다. 물론 사람의 노동이 어느 정도 부를 쌓게 할 수 있다. 그러나 사람은 노동의 대가로 얻은 것을 그것을 얻기 위하여 어떠한 수고도 하지 않은 사람들(자녀, 친지 등)에게 남기고 죽어야 한다(2:17-23). 그러므로 사람의 수고도 헛되다.

(e) 즐김과 절제

먹고, 마시며, 즐기고, 일함은 사람이 삶에서 추구할 만한 가장 중요한 것들이다. 그러나 코헬렛은 향락주의적인 생각에서 이를 주장하지 않고, 모든 사람이 누릴 만한 자격과 권리가 있다는 사실을 강조하는 차원에서 전개한다. 이는 하나님이 주신 선물이며, 이를 견줄 정도로 삶에서 중요한 이슈는 없기 때문이다. 사람이 즐기며 사는 것이 얼마나 중요한지 코헬렛은 7차례나 자신의 비관적인 가르침을 '즐기라'는 권면으로 마무리한다. 다음을 참조하라(Whybray). 물론 그가 말하는 즐김은 온 마음을 다해 기뻐하는 향락주의가 아니라, 삶에서 절망하고 좌절하는 대안으로 제시되는 '마지못한 즐김'일 뿐이다(Fox).

본문	문제/이슈	'즐기라'는 권면
1:12–2:26	쾌락은 만족을 주지 못한다.	2:24–26
3:1–15	미래에 대한 무지(無智)	3:12
3:16–22	불의(不義)	3:22
5:9–19	부(富)가 만족을 주지 못한다.	5:17
8:10–15	불의(不義)	8:15
9:1–10	알 수 없는 하나님, 확실한 죽음	9:7–9
11:7–12:7	늙는 것과 죽음	11:9–10; 12:1

(f) 하나님과 사람

코헬렛은 한번도 하나님을 언약적 이름인 '여호와'(יְהוָה)로 부르지 않는다. 그는 하나님을 항상 '엘로힘'(אֱלֹהִים)으로 부른다. 그는 창조주께서 창조하시고 다스리시는 세상 전반에 관한 이야기를 하고 있는 것이지, 주의 백성 이스라엘이 처한 구체적인 상황에서 여호와의 역할을 논하고자 하는 것이 아니기 때문이다. 그러므로 그는 이스라엘과의 언약 관계를 상징하는 성호인 '여호와' 사용을 의도적으로 피한다.

창조주 하나님의 능력은 시간의 지배를 받는 세상에 의해 제한받지 않는다. 창조주는 시간 밖에 계시기 때문이다. 또한 창조주는 창조된 세계와 거리를 유지하신다. 하나님은 하늘에 계시고, 인간은 이 땅에 있는 것처럼 말이다. 그러므로 하나님은 이 땅에서 일어나는 일에 대해 그다지 큰 관심을 가지시는 분이 아니다.

세상에는 새로운 일이 없으며 이미 오래전부터 그래왔듯이 수많은 일이 지속적으로 반복될 뿐이다: 탄생, 성장, 죽음 등. 그러므로 하나님의 창조 사역은 이미 완성된 것이라 할 수 있다. 무수히 반복되는 일들로 가득한 세상 중에 누림과 즐김은 창조주 하나님이 사람에게 주신 선물이다.

반면에 덧없이 흐르는 시간, 운명, 기회 등은 하나님의 심판이다. '운명' 혹은 개역성경이 '[사람이] 당하는 일'로 번역하고 있는 히브리어 단어(קרה)(2:14)는 구약 성경에서 10차례밖에 사용되지 않는 흔치 않은 단어이다. 그런데 이 10회 중 7회가 전도서에서 사용되었다. 코헬렛은 구약의 그 누구보다도 사람의 미래에 대해 비관적인 견해를 제시하고 있다. 그에게는 사람의 모든 일이 운명적이다. 그러므로 하나님은 사람이 누리고 즐기는 것을 기뻐하신다.

사람들의 관점에서 이미 그들의 운명을 결정지어 놓으신 하나님의 사역은 긍정적으로, 혹은 부정적으로 보일 수 있다. 그러므로 하나님의 사역이 사람들에 의해 심판으로, 혹은 축복으로 간주되기도 한다. 인간이 하나님을 대할 때 지닐 수 있는 가장 좋은 자세는 창조주에 대한 경외이다.

(g) 허무함과 덧없음

코헬렛의 가르침을 이해하는 데 가장 중요한 역할을 하는 히브리어 단어는 '헤벨'(הֶבֶל)이다. 이 '헤벨'은 일상적으로 부질없음을 뜻하며 구약에서 총 69회 사용되는데, 이 중 다섯 차례는 가인이 죽인 동생 아벨(הֶבֶל)의 이름으로 등장한다. 그렇다면 구약에서 이 단어가 명사로 사용되는 사례는 총 64회가 되는데, 이 중 전도서에서 38차례나 사용된다. 전도서는 구약에서 이 단어가 사용되는 전체 빈도수의 60%를 차지한다. 전도서에서 이 단어는 참으로 중요한 위치를 차지하고 있는 것이다.

'헤벨'을 우리말로 정확하게 정의하는 것은 쉽지 않다. 영어권 학자들은 이 단어를 전통적인 번역인 '헛됨'(vanity, meaningless) 보다는 '불합리'(absurd)라는 단어로 번역하는 것을 선호한다(Fox, Murphy, Longman, Provan). 폭스(Fox)는 이 단어를 "원래 함께 잘 어우러져 화음을 내야 하는 것들이 서로 어울리지 못할 때, 혹은 둘 다 옳은 원리들이 융합되지 못하여 비롯되는 갈등/모순"으로 정의한다. 한 예로 여호와를 경외하는 사람이 가장 지혜로워야 하는데, 그렇지 않은 현실은 '불합리'(absurd)라 할 수 있다.

학자들은 흔히 전도서를 '모순의 책'이라며 코헬렛이 자기 스스로를 모순적으로 몰아간다고 한다. 그러나 책을 잘 살펴보면, 코헬렛은 자신이 세운 논리를 반박하는 방식으로 가르침을 진행하지 않는다. 그는 세상에서 목격한 여러 가지 모순을 지적하는 방식으로 책을 전개해 나간다(Fox). 코헬렛이 삶은 불합리(absurd)한 것이라고 하는 데는 바로 이러한 이유가 가장 크게 작용한다. 그러므로 우리는 코헬렛의 메시지를 여러 가지 모순을 제거해야 할 '헤벨'(불합리)로 간주할 것이 아니라, 설명이 필요한 '헤벨'(불합리)로 받아들여야 한다.

삶은 허무함과 무한히 흐르는 덧없음(fleetingness/transitoriness)의 연속이다. 사람은 태어날 때부터 끊임없이 수고하고 고생하다가 결국에는 허무한 죽음을 맞이한다. 또한 사람이 죽을 때 비로소 그의 삶의 허무함과 덧없음이 끝난다. 이 같은 삶의 허무함과 덧없음을 깨닫지 못하면 세상의 모든 것이 헛되고 무의미하다.

코헬렛이 가치를 판단하는 기준과 원리는 죽음과 운명 두 가지다. 사람이 아무리 좋은 것을 추구한다고 할지라도, 그것이 죽음을 피하지 못하게 하면 불합리(absurd)하다. 또한 사람이 아무리 노력하고 수고해도 자기의 운명을 스스로 결정할 수 없고, 알 수도 없다(8:7; 10:14). 사람의 운명이 창조주가 이미 결정하신 대로 진행된다는 것은 삶이 불합리하다는 것을 의미한다(Longman).

(h) 때(시간)와 기회

사람은 자신의 삶에서 앞으로 어떤 일이 일어날 것인가에 대해 전혀 아는 바가 없다. 그러므로 그의 삶은 '때와 기회'에 의해 결정된다고 할 수 있다(9:11). 사람은 심지어 자신이 언제 죽을지도 모르며 산다(9:12). 다만 사람이 아는 것은 그는 언젠가는 죽는다는 사실이다(9:5).

시간은 여러 가지 면에서 사람을 제한한다. 사람의 성공과 실패는 때(정황)에 따라 결정이 된다. 또한 사람은 미래를 알 수 없기 때문에 시간은 그들에게 기회(chance)와 운명(fate)으로 여겨진다. 시간이 사람의 행동과 삶에서의 즐김을 제한한다는 것은 곧 우리가 삶에서 경험하는 모든 것이 하나님의 선물과 심판이 될 수 있다는 것을 암시한다.

(i) 권력과 지배

왕이 가난을 없애 주기를 바라는 것은 어리석은 일이다. 왕이 사회적 정의를 확립해 주기를 기대하는 것도 덧없는 일이다(cf. 4:13-16). 권력자들은 모두 자기 이익과 행복을 추구하는 자들이기 때문이다. 그렇다 보니 지배자들은 자신들이 돌봐야 할 사람들의 고통을 오히려 가중 시킨다(5:8-9).

왕이 때로는 가난한 지혜자의 조언을 구한다. 그러나 대부분의 경우 왕은 주변에 있는 어리석은 자들의 조언에 따라 잘못된 결정을 내리기 일쑤다. 권력자들은 자신들의 능력과 가치를 과대평가하는 성향이 있다. 그러므로 권력가들을 상대할 때는 지혜롭고 신중해야 한다. 창조주께서 모든 인간을 동일하게 창조하신 세상에서 사람이 사람을 지배하는 것은 옳지 않다. 모든 사람은 각자 자기 자신을 다스리는 자가 되어야 한다.

2. 저자의 평가

이미 언급한 것처럼 코헬렛의 가르침에 대한 저자의 평가와 관점은 12:9-14에 간략하게 기록되어 있다. 사색적 지혜의 한계를 보여 주기 위해 당시 세상에서 가장 존경받던 지혜자 코헬렛의 가르침을 상당히 상세하게 기록한 저자는 매우 간략하게 그의 가르침에 대한 자신의 평가를 제시한다. 그의 코헬렛의 가르침에 대한 평가가 모두 부정적인 것은 아니다.

먼저 그는 코헬렛이 이후에도 많은 사람을 가르쳤고, 평생 진솔한 마음으로 지혜를 추구했으며 결과적으로 많은 업적을 남겼다는 사실을 인정한다(12:9-10). 사람들은 코헬렛의 가르침에서 많은 도움을 받았으며 마치 이스라엘의 목자이신 하나님이 자기 백성에게 주신 말씀처럼 그의 가르침을 받아들였다(12:11). 코헬렛은 진정한 지혜자였으며 그는 평생을 지혜를 연구하고 논하고 가르치는 일에 바쳤다. 참으로 지성인의 모습을 보인 것이다.

그럼에도 불구하고 코헬렛의 가르침은 사람을 지치게 하고 절망의 늪에 빠트리기에 충분했다. 저자는 과유불급(過猶不及)이라고, 사람이 코헬렛을 포함한 지혜자들의 책(지혜)을 가까이하는 것은 좋지만, 지나치게 집착하면 오히려 해롭다고 경고한다(12:12). 또한 율법에 근거하지 않아 하나님을 제외하거나 최소화한(marginalize) 지혜는 그다지 큰 의미가 없다. 그러므로 저자는 코헬렛처럼 삶에 대해 비관적인 입장을 취하는 지혜를 갖지 않으려면 하나님을 경외하고 그의 계명을 준수하라고 한다(12:13). 코헬렛이 제시하는 사색적인 지혜는 분명 한계를 지니고 있기 때문에 하나님을 향한 종교적 지혜와 하나님이 주신 율법(실용적인 지혜의 근원)의 가르침으로 보완하지 않으면 사람을 허무주의로 빠트릴 수 있을 정도로 위험하다.

저자는 코헬렛의 지혜가 세상 사람들에게는 설득력이 있을 수도 있겠지만, 주의 자녀들에게는 반드시 하나님의 말씀으로 보완되어야 한다고 주장한다. 창조주 하나님을 경외하는 것이 모든 사람에게 필요한 참 지혜의 시작이기 때문이다(cf. 잠 1:7). 그도 코헬렛처럼 이 세상에서 마음껏 누리고 즐기며 살되, 하나님의 심판을 받게 될 일은 하지 말라고 한다. 우리의 삶이 부질없고 허무한 것처럼 보여도 언젠가는 우리 모두가 창조주 하나님 앞에서 각자 이 땅에서 한 모든 일에 대해 심판받을 날이 오고 있기 때문이다(12:14).

한없이 부질없고 허무하게 보이는 듯한 삶에도 분명 의미가 있다. 창조주께서 창조하신 삶이기 때문이다. 또한 창조주는 즐김과 누림을 사람들에게 선물로 주셨다. 그러므로 우리는 최선을 다해 삶을 누리며 선을 추구하며 건전한 방식으로 살아야 한다는 것이 저자의 권고이다. 또한 그는 사색적 지혜는 반드시 실용적 지혜와 종교적 지혜로 보완되어야 한다고 한다.

통일성

전도서는 정경 순서에서 바로 앞에 있는 잠언과는 매우 다른 성향의 책이다. 잠언은 매우 다양한 주제에 대해 짧고 간략한 문장들을 모아 놓은 것에 반해, 전도서는 몇 가지 주제에 대해 심도 있게 논하는 성향을 지녔다. 그러나 전도서가 체계적인 구조와 논리적인 전개를 지닌 책인가에 대해서는 학자들 사이에 많은 논란이 있다.

일부 학자들은 고대 근동 문학 작품에서는 논리적이고 체계적인 구조와 흐름이 존재하지 않는다며 전도서에도 이런 것들이 없다고 단언한다(Delitzsch, cf. Whybray). 이들은 전도서의 핵심 부분이 코헬렛 스스로 혹은 추종자가 그가 평생을 거쳐 가르친 내용을 선별하여 책을 저작했기 때문에 선집적인 성향을 띠고 있으며, 선집에서는 구조를 파악하는 것이 현실적으로 불가능하다는 논리를 덧붙였다(cf. Gordis, Towner). 이러한 상황에서는 전도서도 잠언처럼 말씀을 어느 정도 주제적으로 구분하여 함께 해석하는 것이 바람직하다. 다음 도표를 참조하라(Towner).

주제	구절
삶의 덧없음과 허무함	1:1
지혜와 부의 장점	6:1–12
죽음	3:16–4:8; 7:1–14; 9:1–12; 11:7–12:8
부러움	3:16–4:8
명성	1:3–11
감정/느낌	7:1–14
어리석음	9:13–10:7
행동할 수 있는 자유	10:8–11:6
행복	1:1; 2:1–11; 24–26; 9:1–12; 11:7–12:8
삶을 미워함	2:12–23; 3:16–4:8
절망	9:1–12
도덕적 완벽주의	7:15–8:1
새로움	1:3–11
질서	3:1–15
하나님이 정하신 운명	3:1–15; 5:8–20; 6:1–12; 7:1–14

부활, 영생, 스올	3:16–4:8; 9:1–12
인간과 짐승들의 결속	3:16–4:8
권면	4:9–5:7
우주적 운명	2:12–23
직업	3:16–4:8; 8:10–17
지혜	1:12–18; 7:15–8:1; 12:9–14
일	1:3–11

위 학자들과는 달리 전도서에서 뚜렷한 흐름과 구조를 감지하는 이들도 많다. 다음 사항들을 생각해 보자.

첫째, 전도서는 뚜렷한 프롤로그(시작하는 말)와 에필로그(끝내는 말)가 있다. 책의 도입 부분인 1:1–3과 마지막 부분인 12:4–8이 한 쌍이 되어 책을 지탱해 주는 '받침대' 역할을 하고 있는 것이다. 이 같은 현상은 우연히 빚어진 일이 아니라 분명 의도적이다(cf. Krűger, Shepherd). 저자/편집자가 자신의 책의 시작과 끝을 알리기 위하여 이런 구조를 준 것이다.

둘째, 프롤로그(1:1–3)와 에필로그(12:4–8)가 지탱하고 있는 본문(1:4–12:7)은 분명한 시작(1:4–11)과 끝(12:1–7)이 있다. 책의 시작과 끝을 알리는 '프롤로그—에필로그' 쌍과는 달리 이 '시작—끝' 쌍은 코헬렛의 사고와 사상에 대해 소개하고 결론을 짓는다. 비록 이 두 쌍이 책의 전개에서 앞뒤로 등장하며 연결되어 있기는 하지만, 주제와 스타일에 있어서는 분명 현저한 차이를 보이기 때문에 따로 취급되어야 한다. 그러므로 전도서는 두 쌍의 '책받침대'로 지탱되고 있다고 할 수 있다. 이 받침대들이 지탱하고 있는 책의 나머지 부분의 구조에 대해서는 학자들 사이에 많은 이견이 있다. 그 중 몇 가지를 생각해 보자.

긴스버그(Ginsburg)는 내용을 중심으로 책을 분석했는데, 그 결과 받침대들을 포함하여 두 개의 반복되는 평행적인 구조로 전도서를 구분했다. 그는 책이 같은 주제를 두 번 반복하며 진행된다고 생각한 것이다. 그렇다고 해서 이 두 섹션의 주제와 논리 전개에 발전이 없는 것은 아니다.

예를 들자면, 3:9은 “일하는 자가 그 수고로 말미암아 무슨 이익이 있으랴”(מַה־יִּתְרוֹן הָעוֹשֶׂה בַּאֲשֶׁר הוּא עָמֵל)라며 “해 아래서 수고하는 모든 수고가 사람에게 무엇이 유익한가”(מַה־יִּתְרוֹן לָאָדָם בְּכָל־עֲמָלוֹ שֶׁיַּעֲמֹל תַּחַת הַשָּׁמֶשׁ)라는 1:3의 질문을 다른 말로 바꾸어 말한다. 그러나 1:3의 질문은 답을 받지 못하는 것에 반해 3:10–13은 3:9이 제시한 질문에 대해 답하고 있다: “인간은 아무것도 얻지 못한다. 하나님께서 모든 일을 미리 계획하셨기 때문이다.” 긴스버그의 제안은 그의 논리에 잘 어울리지 않는 텍스트의 상당 부분을 꿰맞추었다는 이유로 많은 지지를 받지는 못했다(cf. 5:1–9; 9:17–10:19). 다음 구조를 참조하라.

A. 모든 것이 헛되다(1:2–2:26)

  B. 세상의 모든 일이 계획된 것이지만, 예측은 불허한다(3:1–4:3)

A′. A의 펜던트(Pendant, 핵심)(4:4–6:9)

  B′. B의 펜던트(Pendant, 핵심)(6:10–12:8)

전도서의 내용을 바탕으로 책을 분석한 긴스버그와는 달리 책의 문학적 형태(사용하는 용어의 반복 등)를 바탕으로 전도서를 분석한 라이트(Wright)는 책에서 반복적으로 사용되고 있는 ‘바람을 쫓는 것과 같다’라는 문구에 주목했다. 이 표현은 1:12–6:9에서는 반복적으로 등장하지만, 나머지 섹션에서는 전혀 사용되지 않는다는 것이다. 그래서 그는 1:12–6:9과 7:1–12:7 두 파트로 구분했다. 물론 이 두 파트는 더 작은 섹션들로 세분화된다. 라이트의 제안 역시 지나치게 주관적이고 비논리적이라는 이유로 학자들의 지지를 받지 못했다(cf. Murphy).

르소(Rousseau)도 책에서 반복적으로 사용되고 있는 언어를 바탕으로 전도서를 분석했다. 그는 1:4–11:10에서 후렴처럼 반복되는 ‘삶을 즐기라’라는 권면(2:24–26; 3:12–13; 3:22; 5:17–19; 8:15; 9:7–10; 11:7–10)을 바탕으로 책을 섹션화했다. 그는 이 권면을 바탕으로 책을 7섹션으로 구분했다. 그러나 분량과 주제에 있어서 현저한 차이를 보이는 그의 제안 역시 많은 지지를 얻지는 못했다.

갈링(Galling)은 전도서를 서로 연관성이 없는 독립적인 섹션 27개로 나누었다(cf. Crenshaw는 25섹션으로 나눔). 이 외에도 수많은 주석가는 전도서를 여러 섹션으로 나누었는데, 중요한 것은 각자 다르게 책을 나눌 뿐 서로 동의하는 점이 거의 없다는 사실이다. 그러므로 전도서의 저자/편집자를 몇 명으로 보는가와 상관없이 책의 통일성 파악이 매우 어려운 것이 현실이다.

그럼에도 불구하고 최근 들어서 통일성 있는 구조들을 제시하는 학자들이 늘고 있다. 다음은 로핑크(Lohfink)가 제안하는 구조이다. 그러나 로핑크의 구조를 보면 상당 부분 억지로 꿰맞추었다는 생각이 든다(cf. 3:16-6:10). 게다가 대칭을 이루고 있는 섹션들의 통일성이 상당 부분 결여되어 있다. 마지막으로, 그가 각 섹션에 붙인 이름들이 지나치게 추상적인 면모가 있다.

A. 태(frame)(1:2-3)
　B. 우주론(cosmology)(1:4-11)
　　C. 인류학(anthropology)(1:12-3:15)
　　　D. 사회적 비판 1(social critique I)(3:16-4:16)
　　　　E. 종교적 비판(religious critique)(4:17-5:6)
　　　D′. 사회적 비판 2(social critique II)(5:7-6:10)
　　C′. 해체론(deconstruction)(6:11-9:6)
　B′. 윤리(시로 마무리됨)(9:7-12:7)
A′. 태(frame)(12:8)

고대 바빌론 사람들의 일부였던 커태인들(Chuthaeans)이 사용했던 '가상적 자서전'(fictional autobiography)이라는 문학 양식이 있다. 롱맨(Longman)은 전도서가 이 문학과 비슷하다고 하여 전도서를 '틀이 있는 지혜 자서전'(framed wisdom autobiography)이라고 부른다. 그는 이 양식이 취하는 구조에 따라 전도서의 구조를 다음과 같이 제안한다. 안타깝게도 전체적인 메시지를 파악하는 데는 별로 도움이 되지 않는 매우 단순한 구조이다.

A. 틀(frame)—프롤로그(1:1–11)

B. 코헬렛의 자서전적 스피치(autobiographical speech)(1:12–12:7)

a. 자서전적 서론(1:12)

b. 자서전적 이야기(1:13–6:9)

c. 지혜 권면(6:10–12:7)

A′. 틀(frame)—에필로그(12:8–14)

개요

I. 프롤로그(1:1–11)

II. 자서전적 회고(1:12–12:7)

II. 에필로그(12:8–14)

엑스포지멘터리
시가서 개론

아가

EXPOSItory comMENTARY

아가

내 사랑하는 자의 목소리로구나
보라 그가 산에서 달리고
작은 산을 빨리 넘어오는구나
내 사랑하는 자는 노루와도 같고 어린 사슴과도 같아서
우리 벽 뒤에 서서 창으로 들여다보며 창살 틈으로 엿보는구나
나의 사랑하는 자가 내게 말하여 이르기를
나의 사랑, 내 어여쁜 자야 일어나서 함께 가자
겨울도 지나고 비도 그쳤고
지면에는 꽃이 피고 새가 노래할 때가 이르렀는데
비둘기의 소리가 우리 땅에 들리는구나
무화과나무에는 푸른 열매가 익었고
포도나무는 꽃을 피워 향기를 토하는구나
나의 사랑, 나의 어여쁜 자야 일어나서 함께 가자
(2:8–13)

귀한 자의 딸아
신을 신은 네 발이 어찌 그리 아름다운가
네 넓적다리는 둥글어서 숙련공의 손이 만든 구슬 꿰미 같구나
배꼽은 섞은 포도주를 가득히 부은 둥근 잔 같고
허리는 백합화로 두른 밀단 같구나
두 유방은 암사슴의 쌍태 새끼 같고
목은 상아 망대 같구나
눈은 헤스본 바드랍빔 문 곁에 있는 연못 같고
코는 다메섹을 향한 레바논 망대 같구나
머리는 갈멜 산 같고
드리운 머리털은 자주 빛이 있으니
왕이 그 머리카락에 매이었구나
사랑아 네가 어찌 그리 아름다운지,
어찌 그리 화창한지 즐겁게 하는구나
네 키는 종려나무 같고
네 유방은 그 열매송이 같구나
(7:1–7)

소개

아가는 정경에 포함된 책 중 가장 시적(詩的)이며, 가장 아름답고, 가장 신비롭다(Falk, Fredericks & Estes, Hunt). 그러나 처음 접하는 사람을 충분히 당황하게 할 수 있는 책이다. 책의 흐름과 플롯을 포착하는 일이 쉽지 않다. 책을 구성하고 있는 각 섹션의 범위가 어디서부터 어디까지인지 알 수도 없다. 학자들 사이에서도 각 텍스트의 의미와 적용에 있어 끊임없이 논란이 된다. 중심 주제는 정경에서는 거의 접할 수 없는 남녀 사이의 애정 표현이다. 교회는 아가가 사용하는 자극적인 이미지

와 적나라한 표현 등으로 인해 미성년자들이 이 책을 읽는 것을 금하기도 했다.

기독교 역사를 살펴볼 때, 이 책에 관한 논쟁의 대부분은 책의 실용성에 관한 것들이었다. 아가는 하나님과 율법과 이스라엘의 역사 등 구약 전반을 구성하고 있는 중심 주제들에 대해 이렇다 할 가르침을 제시하지 않는다. 책의 주제가 남녀 간의 사랑(eros)과 성(sex)에 관한 것이면서도 이 사랑을 '새 생명 탄생'(procreation)을 위해 사용해야 한다는 말 한마디 없다. 그러므로 부부간의 사랑과 성을 조건 없이 즐기라는 메시지를 선포하는 것으로 해석되기도 한다(Dillows, Gollwitzer). 또한 책은 남녀 간의 사랑에 대한 예찬론일 뿐, 결혼 밖의 관계(extramarital relationships)에 대해 어떠한 코멘트도 하지 않는다. 이러한 책이 주의 백성과 교회와 무슨 상관이 있느냐가 논쟁의 핵심이었던 것이다.

책의 이 같은 실용성 문제를 극복하기 위해 아가는 다양한 방식으로 해석되었다. 이 중 중세 교회가 공식적으로 도입한 방법은 아가를 하나님과 주의 백성, 혹은 그리스도와 교회의 관계를 영해(allegory)화한 것이었다(cf. Fields, Turner, Richardson). 그러나 오늘날 이 같은 관점을 지지하는 학자들은 거의 없다. 그렇게 보기에는 너무나도 많은 문제가 있기 때문이다. 그렇다면 과연 우리는 아가의 가치와 의미를 어디서, 어떻게 찾아야 하는가?

저자

오래전부터 '솔로몬의'(לִשְׁלֹמֹה)(1:1)라는 히브리어 문구를 근거로 아가의 저자는 솔로몬이라는 주장이 유대교—기독교 전통의 관점이 되었다(cf. 1:5; 3:7, 9, 11; 8:11-12). 그러나 '솔로몬의'(לִשְׁלֹמֹה)라는 히브리어 문구가 그의 저작권을 의미할 필요는 없다. 이 문구는 분명 '솔로몬이 저작한 것'(by Solomon)이라는 뜻으로 풀이될 수 있지만(Murphy), 그 외에도 '솔로몬에게 바쳐진[헌정된]'(to Solomon), '솔로몬의 스타일에 따라'(in the style of Solomon)로도 번역이 될 수 있으며(Fredericks & Estes, cf. Harrison), '솔로몬에 대한'(concerning Solomon)(Bergant, Provan)으로도 해석될 수 있다. 게다가 책 안에서 솔로몬은 1인칭이 아니라, 3인칭으로 언급될 뿐이며, 1인칭 텍스트 중 그 어떤 것도 솔로몬과 직접 연관이 있다고 할 만한 것은 없다.

또한 책 안에서 '솔로몬' 혹은 '왕'에 대한 언급이 항상 부정적인 내용과 연결되어 있다는 점도 솔로몬이 저자일 가능성을 더 희박하게 만든다(Provan). 만일 '솔로몬에게 바쳐진' 혹은 '솔로몬의 스타일에 따라'라는 해석을 따른다면, 아가는 솔로몬이 아니라, 그의 왕궁에서 사역하던 음악가(들)에 의해 저작되었을 수도 있다. 유대인들은 전통적으로 히스기야 혹은 이사야를 책의 저자라고 했다(Provan).

최근에 와서 일부 학자 중에는 아가의 일부, 혹은 전체가 여자에 의해 저작되었다고 하는 이들이 있다(Brenner, Goitein, LaCocque, Lavoie, Murphy). 책이 여자의 노래로 시작하고 여자의 노래로 마무리될 뿐만 아니라, 여자가 남자보다 두 배나 많이 말을 하기 때문이다(Lavoie). 노래들이 [술람미] 여인의 감정을 중점적으로 표현하고 있는 것이 여자가 저자라는 증거로 제시되기도 한다(cf. 1:2-6; 3:1-4; 5:17; 10-16).

학자들은 아가가 페르시아어와 헬라어에서 빌려 온 단어들을 포함하고 있으며, 아람어적인 영향을 받은 것으로 생각한다. 또한 사용하고 있는 히브리어가 성경 다른 곳에서 사용된 것보다 늦은 형태를 띠고 있다 하여 책의 저작 시기를 매우 늦게 보기도 한다(Dobbs-Allsopp, cf. Hagedorn, Provan). 그러나 이 학자들의 결론은 논란의 소지를 다분히 지녔다. 예를 들자면 우리말 번역본들이 '가마'(새번역, 아가페) 혹은 '연'(개역, 공동)으로 번역하고 있는 단어(אַפִּרְיוֹן)(3:9)가 헬라어에서 빌려 온 것이라고 하지만, 실제로는 주전 1500년대에 인도에서 사용되었던 산스크리트어에서 유래한 것일 가능성이 더 크다(Gordis, cf. HALOT, Archer).

아람어적인 성향을 근거로 책의 저작 시기를 늦게 보는 이들이 있는가 하면, 오히려 아람어적인 영향이라고 지목되는 부분들(cf. 1:6; 2:11)을 근거로 아가가 분열 왕국 시대에 북 왕국에서 저작되었다고 하는 이들도 있다. 아람어도 히브리어만큼이나 오래된 언어이며, 아가가 사용하는 아람어들은 아람어와 히브리어보다 오래전에 사용되었던 우가릿어에서 비롯된 단어들이기 때문이다(Astour). 그러므로 아가가 아람어적인 성향을 지녔다 할지라도 그것이 반드시 훗날 저작된 증거라고 주장하는 것은 별개의 문제이다(Cooper, Gordis, Pope, Walker, cf. Astour, Kramer).

이 외에도 일부 학자들이 저자가 헬라어에서 빌려와 사용하는 단어들이라고 하는 것들도 늦은 저작권과 상관없이 다르게 설명될 수 있다(cf. Archer). 한 주석가는 아가에서 사용되는 헬라어적인 단어들이 히브리어가 헬라어에서 빌려 온 것이 아니라, 오히려 헬라어가 히브리어에서 빌려 간 것이라고 한다(Pope, cf. Hagedorn). 그러므로 아가 안에 외래어들이 사용된 것이 반드시 책의 늦은 저작 시기를 뒷받침하는 증거로 사용될 수는 없다.

그렇다면 아가는 언제 저작된 것일까? 학자들은 솔로몬 시대와 포로기 이후 시대를, 유대인들의 전통인 탈무드는 히스기야 시대를 지목한다(Fredericks & Estes, cf. Brenner). 또한 책이 여러 개의 독립적인 노래로 구성되어 있다 하여 학자 중에는 이 노래 중 일부는 일찍, 나머지는 이때로부터 많은 세월이 지난 후에 저작된 것들이라고 하는 이들도 있다(Fishbane, Segal, cf. Murphy). 그러나 우리에게 전수된 것은 책의 각 부분이 나눠진 형태가 아니라, 한 권의 책이기 때문에 이러한 논쟁은 별 의미가 없는 매우 소모적인 것이라 할 수 있다(Provan).

아가의 장르와 내용을 고려해 보자. 아가는 주전 2000–3000년대 수메리아에서 유행했던 '신부의 노래'(bridal songs)와 비슷하다(Leick). 아가가 저작되기 오래전부터 근동에는 남녀 간의 사랑 노래가 장르로 자리를 잡고 있었다. 더 구체적으로 아가서가 내용이나 양식에 있어서 주전 1300-1100년경에 이집트에서 흔히 사용되었던 '이집트의 사랑시'(Egyptian love poetry)와 상당히 비슷하다는 것이 많은 학자의 결론이다(Fishbane, Fox, Schwab, White). 그래서 학자들은 아가를 저작한 사람이 이집트 사랑시에 대해 잘 알고 있었고, 이집트 사랑시의 양식에 따라 저작한 것이라고 한다(Fox, Goitein). 이 양식은 이미 주전 1000년대에 가나안으로 도입되었다(Fox, White). 그럼에도 불구하고 이들이 아가가 포로기 이후에 저작되었다고 하는 것은 책이 사용하고 있는 언어가 늦은 것이기 때문이다(Dobbs-Allsopp, cf. White). 이 같은 결론은 아가가 저작된 이후 한 번도 편집이 되지 않고 오늘날까지 전수되었음을 전제한다.

그러나 정경이 저작되면서 오늘날까지 어떠한 개정이나 편집을 거치지 않고 그대로 전수되었다고 전제할 필요는 없다. 오히려 많은 정경에는 편집자들이 오래된 문서를 새로운 독자들을 위해 '현대화한' 흔적이 곳곳에 있다. 그러므로 아가는 솔로몬 시대에 저작되었으며, 포로기 이후에 누군가가 새로운 독자들을 위해 개정한 것으로 보면 이 모든 문제가 해결된다(Fox, cf. Carr, Pope). 또한 아가의 히브리어가 굳이 늦은 시기의 히브리어라고 단정할 필요는 없다(Goitein).

일부 학자들은 아가가 샤론, 레바논, 헤르몬, 다마스쿠스, 갈멜 등 북쪽 지역의 지명을 사용하고 있다며, 분열 왕국 시대의 북 왕국 이스라엘에서 저작된 것으로 보기도 한다(von Rad). 반면에 어떤 학자들은 이 이름들이 이스라엘의 북쪽 영토를 정의하고 있다며, 저작 연대가 통일 왕국 시대(솔로몬 시대)였음을 암시한다고 해석하기도 한다(Goitein). 책이 북 왕국 이스라엘에 속한 지형 이름들을 언급한다 해서 저작 시기를 분열 왕국 시대로 제한할 필요는 없다.

책에 전개되는 관점이 특별히 북 왕국 이스라엘과 연관되어 있어 보이지는 않는다. 저자는 예루살렘과 엔게디 등 남 왕국 유다에 속한 지명들과 요단강 동편에 위치한 헤스본과 길르앗 등도 사용한다. 저자는 북이스라엘로 제한된 지역보다는 '범 이스라엘'(pan-Israelite) 지역을 자기 노래의 지리적 배경으로 삼고 있다(Archer, Pfeiffer). 또한 책이 언급하고 있는 향신료들은 이스라엘과 인도 사이에 무역이 활발했던 솔로몬 시대를 전제하고 있다(Rabin). 책의 사치스러움에 대한 언급도 솔로몬 시대와 가장 잘 어울린다(Assis, Rabin, Segal, cf. 왕상 10:22-25). 결론을 내리자면, 아가가 온 이스라엘 영토를 배경으로 전개되고 있다는 것은 솔로몬의 통치 시대와 가장 잘 어울린다(Archer, Carr, Garrett, Provan, Rabin, Segal, Schwab, cf. Garrett). 물론 이 같은 결론에 모든 사람이 동의하는 것은 아니다. 한 주석가는 책의 저작 연대를 히스기야가 유다를 통치했던 주전 8세기에서 예루살렘이 멸망했던 6세기 사이로 본다(Keel).

학자들이 저작권을 논하는 일에 있어서 가장 중요하게 여기는 지명은 예루살렘과 평행을 이루고 있는 '디르사'(תִּרְצָה)이다(6:4). 디르사는 이스라엘 북쪽 지역의 가장 중요한 요지였으며 오므리(주전 885-874년)가 사마리아를 건설하여 수도로 삼기 전까지 북 왕국 이스라엘의 수도였다. 저자가 이스라엘 남쪽 지역의 대표 도시로 예루살렘과 북쪽 도시 중 예루살렘에 비교될 수 있는 곳으로 디르사를 언급하는 것은 이 도시가 이스라엘 북부 지방의 정치와 삶에 매우 중요한 위치에 있다는 것을 시사한다. 그렇다면 아가는 오므리가 북 왕국의 수도를 디르사에서 사마리아로 옮기기 이전에 저작된 것이 거의 확실하다.

그렇다면 아가는 솔로몬 시대에 솔로몬이 직접 저작했을까? 이미 언급한 것처럼 솔로몬이 저작했다고 보기에는 증거가 부족하다. 그가 저작했을 수도 있지만, 그의 궁에서 사역하던 음악가들이 솔로몬의 지시에 따라, 혹은 그를 기념하며 저작했을 가능성을 배제할 수 없다. 그러므로 실제 저자가 누구였는가에 대하여는 여러 가능성을 열어 두는 것이 바람직하다. 또한 저자는 한 사람(솔로몬)일 수도 있고, 여럿(솔로몬 궁에서 일하던 음악가들)일 수도 있다.

해석 역사

기독교 역사를 살펴보면 아가와 연관하여 한 가지 특이한 현상이 포착된다. 수도원 등에 들어가 금욕주의적으로 살았던 사람들일수록 이 책을 좋아했고, 이 책에 집착했다는 사실이다. 기록에 의하면 알레고리적 해석의 대가였던 오리겐(Origen, 주후 185-254)은 아가에 대해 10권에 달하는 알레고리적 해석 주석을 집필했다(Miller). 베르나드(Bernard of Clairvaux)는 아가 1-2장에 대해 86편의 설교를 했으며, 이 설교의 원고가 라틴어로 총 17만 단어에 달했다(Robertson, cf. Rowley). 그의 설교 또한 알레고리적 해석에 근거한 것이었다. 교부 시대가 끝나갈 무렵부터 중세기 말까지 구약의 그 어느 책보다도 아가에 대한 주석이 많이 출판되었다(Murphy). 수도사들이 남녀 간의 사랑에 관한 시들로 엮어져 있는 아가에서 숭고한 철학과 신학을 찾았다는 사실이 매우 흥미롭다.

교부들이 아가에 대해 주로 알레고리적인 해석을 했다 해서, 알레고리적 해석이 유일한 방법은 아니다. 실제로 정경 중 아가처럼 다양하다 못해 천차만별적인 해석방법이 동원된 책도 없다(cf. Fishbane, Fohrer & Sellin, Pope). 정경 해석 방법에 있어서 가장 논란이 되는 책이 아가이다. 지금까지 시도된 접근 방법들을 정리해 보면 다음과 같다(cf. Fields, Fishbane, Fohrer & Sellin, Murphy, Pope, Rowley, Tanner, White).

1. 알레고리적 해석

오래전부터 일부 유대교와 기독교 해석자들은 아가를 여호와와 이스라엘, 혹은 예수님과 교회의 관계와 사랑을 묘사하는 알레고리로 취급했다(Dryburgh, Young, cf. Boyarin, Cantwell, Harrison, Richardson, Turner). 알레고리적인 접근 방법에도 여러 유형이 있다. 유대인들의 알레고리적 해석은 미쉬나(Mishna), 탈무드(Talmud), 탈굼(Targum) 등에 다양한 유형으로 나타난다(Harrison, Menn, cf. Boyarin). 이 중 탈굼을 예로 들자면, 탈굼은 아가를 이스라엘의 역사를 알레고리화한 다섯 섹션으로 나눈다(Alexander, Loewe, Menn): (1) 출애굽과 시내산과 가나안 정복(1:2-3:6), (2) 솔로몬 성전(3:7-5:1), (3) 이스라엘의 죄와 귀양살이(5:2-6:1), (4) 귀향과 성전 재건(6:2-7:11), (5) 로마 제국에 흩어짐과 메시아 기대(7:12-8:14). 아가에 대한 탈굼의 이 같은 알레고리적인 해석은 주후 7-8세기에 최종적인 형태를 갖추게 되었으며, 상당 부분이 기독교의 아가 해석에 대한 반발로 진행되었다(Loewe).

중세기 유대인 해석자 에스라(Ibn Ezra)는 7:2에 언급되어 있는 '배꼽'은 당시 유대인 공동체에서 오늘날의 대법원 역할을 했던 '대(大) 산헤드린'(the Great Sanhedrin)을, '섞은 포도주'는 율법을, '밀단 같은 허리'는 오늘날의 지방법원 역할을 했던 '소(小) 산헤드린'(the Little/Lesser Sanhedrin)을 의미하는 것이라고 했다(Rowley). 이 외에도 유대인 중에 아브라바넬(D. I. Abravanel)은 주후 16세기에 아가는 솔로몬이 지혜에 대한 사랑과 애착을 표현하는 책이므로 책에 등장하는 '신부'만 지혜에 대한 알레고리로 해석하고 나머지는 문자적으로 간주해야 한다고 주장했다(Pope).

기독교인들이 아가를 알레고리로 해석하는 것은 교회를 예수님의 신부에 비유하는 신약(cf. 엡 5:22-33; 계 18:23-24)의 지지를 받는 듯하지만, 신약은 아가를 이렇게 해석하지 않는다(Carr). 아가 1-2장에 대해 86편의 알레고리적 설교를 남긴 베르나드(Bernard of Clairvaux)는 1:13의 향주머니를 품은 여자의 가슴에서 두 유방은 구약과 신약으로, 그 사이에 있는 향주머니는 예수 그리스도로 해석했다(Robertson). 이 외에도 기독교 역사에서 끊임없이 행해졌던 알레고리적 해석을 보면 입맞춤(1:2)은 하나님의 말씀을, 신부의 까만 피부(1:5)는 죄를, 그녀의 가슴(7:7)은 교회의 교리를, 그녀의 두 입술(4:11)은 율법과 복음을, 깃발을 앞세운 군인(6:4)은 사탄을 대적하는 교회를 뜻한다는 등 수많은 제안이 있었다(cf. Cantwell, Richardson, Rowley, Tanner).

종교 개혁자 루터(Luther)는 중세기 가톨릭 해석자들의 알레고리적 해석을 대부분 거부하고 비난했지만, 상당 부분 그들의 해석을 수용하는 일관성 없는 자세를 보였다(Garrett, Kallas, cf. Longman). 다른 정경에 대하여는 확고한 역사적—문학적 기준에 따라 본문을 해석했던 칼빈(Calvin) 마저도 아가 해석에 있어서는 상당 부분 알레고리적인 성향을 보였으며, 그의 해석은 청교도들에 의해 답습되었다(Garrett).

17세기 개혁자 코케이우스(Johannes Cocceius)는 아가가 종교 개혁에 중점을 둔 기독교 역사에 대한 알레고리라고 했다(Rowley). 당대 개신교 학자였던 브라이트맨(T. Brightman)은 아가를 1:1-4:6과 4:7-8:14 두 파트로 나누고, 첫 섹션은 다윗 시대부터 그리스도가 죽으신 때(주후 33년)까지에 대한 알레고리이며, 두 번째 섹션은 주후 34년에서 예수님의 재림 때까지에 대한 알레고리라고 했다(cf. Pope, Rowley).

전통적으로 가톨릭 해석자들도 알레고리적 해석을 선호했는데, 그들은 아가에 등장하는 신부를 성모 마리아로 해석하여 마리아 숭배에 사용하기도 했다(Murphy). 한 예로 그들은 "내 사랑아 너는 디르사 같이 어여쁘고, 예루살렘 같이 곱고, 깃발을 세운 군대 같이 당당하구나"(6:4)라는 말씀을 예루살렘이 하나님과 인간 사이에 평화를 가져다 준 것처럼, 성모 마리아가 하나님과 사람들 사이에 평화를 가져다 준 것을 의미하는 것으로 해석했다(Pope).

이처럼 아가를 알레고리로 해석하는 것은 교파와 교단을 초월하여 흔히 있는 일이었다. 만일 아가가 단순히 남녀 간의 사랑 노래라면, 어떻게 이처럼 '속된 책'이 정경에 포함되었는가가 그들에게 큰 부담을 주었다. 그러므로 그들은 다른 방식으로 아가를 설명하려 했고, 가장 손쉬운 방법이 바로 하나님(예수님)과 이스라엘(교회)에 관한 알레고리로 해석하는 것이었다(cf. Marsman). 그러나 최근 들어서는 거의 모든 유대교와 개신교와 가톨릭 해석자들이 더 이상 알레고리적인 해석을 하지 않는다(Pope).

성경이 알레고리를 제시할 때는 기상천외한 이미지나 뻔한 암시를 통해 힌트를 준다(Carr). 예를 들자면 요담의 우화(삿 9:7-15)에서는 말하는 나무들이 등장한다. 이와는 대조적으로 아가는 책 어디에서도 이 책이 알레고리라는 힌트를 주지 않는다(Schwab). 또한 책에는 그리스도에 대한 정확한 암시도 없다. 신약 저자들도 예수님과 아가를 연결하지 않았다.

아가는 곳곳에서 남녀의 성관계를 매우 적나라하게 묘사하고 있다. 한 예로 5:1을 생각해 보라: "(남자) 나의 누이, 나의 신부야! 나의 동산으로 내가 찾아왔다. 몰약과 향료를 거두고, 꿀과 꿀송이를 따먹고, 포도주와 젖도 마셨다. (친구들) 먹어라, 마셔라, 친구들아! 사랑에 흠뻑 취하여라"(새번역). 더 나아가 "네 키는 종려나무 같고 네 유방은 그 열매송이 같구나 내가 말하기를 종려나무에 올라가서 그 가지를 잡으리라 하였나니 네 유방은 포도송이 같고 네 콧김은 사과 냄새 같고 네 입은 좋은 포도주 같을 것이니라"(7:7-9a, 개역개정)를 그리스도와 교회에 적용할 수 있을까? 이 같은 표현은 결코 그리스도와 교회의 관계를 비유하는데 적절하지 않다(Ginsburg, Murphy).

알레고리는 원래 유대인들이나 기독교인들이 사용한 문학적 방법이 아니었다(Goppelt). 알레고리는 이교도들이 자기 신들의 비윤리적이고 부도덕한 행동들에 정당성을 부여하고자 해서 만들어 낸 해석 방법이었다. 페레시데스(Pherecydes of Syros, 주전 550년대 활동함)와 테오게네스(Theogenes of Rhegium, 주전 520년대에 활동함)가 오늘날까지 알려진 알레고리 주창자 중 가장 오래된 사람들이다(Garrett, Goppelt). 이러한 이유로 학자들은 아가를 알레고리로 해석해서는 안 된다고 한다. 그렇다고 해서 모든 사람이 알레고리적인 해석을 거부하는 것은 아니다. 일부는 아직도 부분적인 알레고리적 해석을 주장한다(cf. Fredericks & Estes, Schwab).

2. 극적(劇的) 해석

아가를 솔로몬이 술람미 처녀에게 사랑을 고백하는 것을 묘사하고 있는 한편의 드라마로 해석하는 일은 보수적인 크리스천들 사이에 상당히 인기 있는 방법으로 자리를 잡았다(Delitzsch, cf. Carr, Polaski). 아가를 드라마로 간주하여 해석하는 것에는 두 가지 유형이 있다. 등장인물을 둘(남자와 여자)로 전제하여 해석하는 것과 셋(남자와 여자와 여자를 사랑하는 목동)으로 간주하여 접근하는 것이다.

등장인물이 두 사람이라는 전제 아래 책을 해석하는 사람들은 아가가 솔로몬과 술람미 여자가 서로에 대한 사랑을 노래하고 있다고 한다. 이러한 해석은 매우 오래된 것이며 실낙원(Paradise Lost)으로 잘 알려진 밀턴(J. Milton)도 이 해석을 지향했다(Polaski). 주석가 중에는 델리츠(Delitzsch)가 이 해석 방식으로 주석을 집필했다.

아가는 솔로몬이 공주(술람미 처녀)와 결혼한 이야기를 바탕으로 한 드라마라고 하는 학자도 있다(Goulder). 일부 보수적인 학자들은 솔로몬이 술람미 여인에게서 '진정한 사랑'을 발견했다고 하는데, 여자에 대해 솔로몬과 같은 '명성'을 지닌 사람(1,000명의 아내와 첩을 둔 사람, cf. 왕상 11:4)이 참사랑을 논한다는 것이 매우 위선적으로 느껴진다. 물론 바람둥이들이 둘러대는 것처럼 '그 순간만은 진실했다'는 것이 솔로몬의 변명일 수 있지만, 설득력이 없는 변명이다.

등장인물이 세 사람이라는 전제 아래 책을 해석하는 사람들은 아가가 솔로몬이 술람미 처녀가 그녀의 진정한 사랑인 목동을 포기하고 솔로몬을 받아들이도록 설득하는 일에 실패한 이야기라고 한다(Cainion, Driver, Kaiser, Mazor, Weems). 이렇게 해석할 경우 참사랑은 결코 부(富)와 명예 등으로 살 수 없다는 것이 책의 교훈이 된다. 그러나 솔로몬은 자신이 원하는 것은 무엇이든 할 수 있고, 가질 수 있는 위치에 있었다. 그러므로 그가 술람미 여인에게 참사랑인 목동을 버리고 자신과 결혼

하자고 설득했다가 실패했다는 점은 잘 납득이 가지 않는다. 솔로몬은 목동을 얼마든지 죽일만한 사람이었다(cf. 왕상 2장).

아가가 세 사람 이야기라는 해석은 중세기 유대인 성경학자였던 에스라(Ibn Ezra)에 의해 시작되었으며, 야코비(J. F. Jacobi, 1772년)와 로이손(Lowisohn, 1816년)과 에발드(Ewald, 1826년) 등에 의해 더 발전되었다(cf. Fohrer & Sellin, Murphy, Pope). 오늘날에도 이 같은 해석을 지향하는 사람들이 있다(Bullock, Weems). 이 해석은 아가에 기록된 노래들을 남녀 간의 로맨틱한 사랑 이야기로 보지 않고, 솔로몬이 술람미 여인을 유혹하는 일에 실패한 치열한 이야기로 보기 때문에 책의 미학적 아름다움(aesthetic beauty)을 파괴하는 결과를 초래한다. 또한 이 해석은 본문의 의도를 자주 왜곡한다. 한 예를 들자면, 여인이 사랑하는 자에게 '함께 가자'고 하는 7:10-8:4이 그녀와 함께 있는 솔로몬에게 하는 말이 아니라, 그 자리에 없는 그녀의 사랑 목동에게 하는 말이라고 하는데(Bullock), 이 같은 해석은 자연스럽지 않다.

아가를 극으로 보기에는 문제점들이 많다.

첫째, 고대 그리스 사람들은 주전 5세기부터 극(드라마)을 하나의 문학적 장르로 발전시켰지만, 가나안 지역에서 극이 사용되었다는 역사적 증거는 아직 없다(Bakon, Garrett, Sendrey). 게다가 그리스 사람들의 극과 아가는 공통점보다는 차이점이 훨씬 더 많다. 그러므로 아가가 그리스 문명의 영향을 받은 흔적이 없다는 것이 학자들의 전반적인 견해이다. 어떤 이는 가나안 지역에서 이 같은 장르가 사용되었다가 세월이 지나며 잊힌 것이라고 하는데(Bullock), 그렇게 결론짓기에는 어떠한 역사적 증거도 없다(cf. Murphy).

둘째, 아가를 극으로 읽으려면 본문에서 읽어 내는 일(exegesis)보다는 투영해야 하는 일(eisgesis)이 더 중요하게 부각된다(Dell, Fredericks & Estes, Rowley). 억지로 짜 맞추지 않고는 책을 드라마로 읽기가 불가능하다(Carr, Murphy, Rowley). 이 관점을 지향하는 한 주석가는 아가에 등장하는 여인은 아랍계 공주이며, 책은 인종차별에 대항하기 위해 저작된 것이라 한다(Goulder). 그러나 이 같은 세부적인 디테일은 본문에서 의미를 도출한 것이 아니라 오히려 본문에 의미를 투영한 것이다.

셋째, 만일 아가가 극이라면 플롯(plot)과 위기(crisis)와 해결(resolution)이 분명히 있어야 하는데, 이 책에는 이러한 요소들이 전혀 없다. 아가는 매우 애틋한 사랑 노래들일 뿐, 등장인물들이 어떤 위기를 맞았다가 해결하는 식의 스토리 라인은 없다. 물론 아가를 세 사람이 등장하는 극(劇)으로 보는 사람들은 있다고 하지만, 그들의 증거를 보면 항상 본문에 자연스럽지 못한 의미를 도입하는(impose) 것이지, 이러한 의미를 본문에서 읽어 내는 것은 아니다(cf. Murphy).

3. 신화적 해석

아가는 원래 바빌론의 신 담무즈(Tammuz)나 가나안의 신 바알(Baal), 혹은 슐만(Shulman)이라는 신을 숭배하는 다산(多産) 종교에서 유래한 '성적(性的) 문서'(erotic literature)라는 주장이다(Meek, Pope, cf. Hallo, Kramer). 이 신들이 그들의 신전에서 행해졌던 사람들의 결혼식에 관여한 노래들이라는 것이다(Meek). 더 구체적으로 태양의 신인 담무즈와 달의 여신인 이스타르(Ishtar) 사이의 사랑 노래를 모아 놓은 것이라고 주장하는 이들도 있다(Erbt, Meek, cf. Fredericks & Estes). 일부 고대 근동 신화에 의하면 담무즈와 바알은 매년 죽어 저세상에서 어두움과 무질서의 신(들)과 싸우다가 이른 봄이 되면 연인이자 누이인 이스타르 여신의 도움을 받아 부활한다. 이러한 신화들은 이 종교들에 매우 중요한 역할을 했으며, 온갖 성적인 표현들로 가득했다(cf. Sefati). 아가를 이집트의 신(들)과 연결시키는 이들도 있다.

아가는 이스라엘 사람들이 이런 신화들에서 도입해 자신들의 문서로 만든 결과물이라고 한다(Kramer). 이 같은 해석을 입증하는 증거로는 본문에서 남자가 진귀한 것들로 만들어진 우상(동상)으로 묘사되는 일(5:11-15)과 여자의 목이 망대로 묘사된 것(4:4)과 여인의 코가 망대에 비유된(7:4) 것 등이 제시된다(Pope, cf. Black, Meek). 책의 남자와 여자에 대한 묘사가 우상들의 모습을 상기시킨다는 것이다(Meek, Pope).

그러나 아가서를 구성하고 있는 시적(詩的) 표현에 지나치게 문자적인 의미를 부여하는 것은 바람직한 일이 아니다(Fredericks & Estes, cf. 5:12; 4:2). 더 나아가 이러한 해석은 다음과 같은 문제점들을 안고 있다. 첫째, 위 신화들은 모두 다산과 연관이 있는 것들인데, 아가에는 다산과 연관된 테마가 전혀 발견되지 않으며 [신이] 죽고 부활하는 내용도 없다(Childs). 둘째, 아가는 남녀의 사랑 이야기이지 종교적인 문서가 아니다(Schwab, Snaith). 셋째, 이 책에는 남녀의 성행위가 그들에게 다산을 가져다줄 것이라는 주장도 없다(cf. Tanner). 넷째, 이 해석 또한 극적인 해석처럼 이질적인 의미를 억지로 도입하지 않는 한 유지하기가 어렵다. 다섯째, 다산 종교에서 사용되었던 노래와 아가는 서로 완전히 다른 장르의 문서들이다(Murphy). 그러므로 이 둘을 비교하는 것은 사과와 오렌지를 비교하는 것과 비슷하다. 여섯째, 이방 종교에서 유래된 문서가 어떻게 해서 정경에 도입되게 되었는가에 대해 설득력 있는 설명이 필요한데, 이러한 설명은 존재하지 않는다.

4. 장례식 해석

아가의 등장인물들이 바알과 그의 연인이라며 제례(祭禮)적 해석을 제안한 포프(Pope)는 더 나아가 책의 내용이 고대 사회의 장례 예식을 근거로 하고 있다고 주장했다(cf. Tanner). 그는 고대 근동 사회에서 '장례 잔치는 술과 여자와 노래를 동반한 사랑 잔치'였으며, 이 같은 고대 사회의 풍습이 아가의 삶의 정황(Sitz im Leben)이라고 한다. 그는 아가를 우가릿의 제례적 잔치였던 'marzeah-잔치'(מַרְזֵחַ)('cultic feast')에 비교한다

(cf. 렘 16:5-9; 암 6:3-7). 그가 증거로 제시하는 텍스트는 죽음과 음부를 언급하는 8:6이다: "사랑은 죽음 같이 강하고 질투는 스올 같이 잔인하며…" 오직 사랑만이 죽음의 힘을 이겨 낼 수 있다는 사상이 책 전체에 배어 있으며, 이러한 현상은 아가가 장례식에서 사용된 증거라고 한다.

포프의 주장에는 몇 가지 문제가 있다.

첫째, 아가에서는 우가릿 단어 mrzh을 반영한 히브리어 단어가 사용되지 않는다. 그의 주장에 의하면 'marzeah-잔치'에서는 개(dog)가 자주 언급이 된다는데, 아가에는 개에 대한 언급도 없다. 아가와 우가릿 장례식은 서로 무관해 보인다.

둘째, "사랑은 죽음 같이 강하다"(8:6)라는 말씀이 반드시 장례식을 배경으로 읽힐 필요는 없다. 우리는 바로 앞에서 죽음이 모든 것을 파괴하기 때문에 가장 강력한 것이라고 한 전도서를 읽고 이 책으로 들어왔다. 아가는 죽음만큼 강한 것이 사랑이라며 우리에게 소망을 제시하고 있다. 사랑은 얼마나 강한지 죽음이 아무도 놓아주지 않는 것처럼, 사랑도 결코 아무도 놓아주지 않는다는 뜻인 것이다(cf. 전 7:26). 이 말씀은 이 세상 그 무엇도 우리를 그리스도의 사랑에서 끊을 수 없다는 사도 바울의 고백을 연상케 할 뿐이다(cf. 롬 8:38-39). 그러므로 아가는 죽음과 전혀 상관없는 책이며, 사랑이 죽음을 이겨 낼 수 있는가는 책에서 이슈로 부각되지도 않는다(Gordon).

셋째, 아가 8:6("사랑은 죽음 같이 강하다")을 제외한 나머지 부분에서는 그 어디에도 장례식이나 제례적 예식과 연관되어 해석될 만한 텍스트가 없다. 포프(Pope)는 5:1이 언급하고 있는 '몰약과 향 재료'를 장례식에서 시체를 염하는 데 사용하는 것들로 해석할 것을 제안하지만 5장은 신랑과 신부가 주고받는 사랑 노래이지 장례식과 연결시킬 만한 것이 아니다. 또한 아가에서 몰약과 향 재료는 성적인 욕구를 불러일으키는 것들로 사용된다. 그러므로 한 구절을 바탕으로 이 같은 결론을 내린다는 것은 지나치다고 생각할 수밖에 없다.

5. 역사적 해석

일부 주석가들은 극(劇)적인 해석과 역사성을 합하여 아가가 솔로몬의 삶에서 실제 있었던 로맨스를 묘사하고 있다고 해석한다(Alexander, Balchin). 이런 해석의 한 예는 책에 기록된 내용을 다윗이 죽은 후에 솔로몬이 그의 아버지가 말년에 아내로 맞이했던 아비삭(왕상 1:3-4)을 유혹하려 했다가 실패한 이야기로 해석하는 것이다(Waterman). 결국 아비삭은 솔로몬의 유혹을 물리치고 이스라엘 북쪽에 살고 있던 그녀의 참사랑인 목동을 찾아 떠났다는 것이다. 등장인물이 세 명이라는 극적인 해석과 역사적인 사건을 섞은 것이다(Tanner). 황당한 해석이라 할 수밖에 없으며, 더 나아가 이 해석의 문제는 아비삭은 수넴(שׁוּנַמִּי) 여자였고, 아가의 여인은 술람미(שׁוּלַמִּית) 여자이기 때문에 동일시될 수 없다(Harrison). 또한 성경이 허락하지 않는 지나친 상상력을 발휘하고 있다.

6. 연인들의 사랑 노래 해석

일부 학자들은 아가가 결혼식에서 사용되었던 노래라고 한다(Ayo, Fishbane, Kramer, Rowley, cf. Carr, Mason). 고대 근동에서는 결혼식이 1주일 동안 진행되었다. 이 기간에 신랑은 왕이 되고 신부는 왕비가 되어 노래하는데, 신랑이 신부를 흠모하며 부르는 노래들과 신부가 신랑을 칭찬하며 부르는 노래들을 모아 놓은 것이 아가라는 것이다(Alexander, Ayo, Rowley, cf. 새번역). 학자들은 시리아 사람들의 결혼 전통을 이 해석을 뒷받침하는 증거로 제시한다(Wetzstein, cf. Delitzsch). 이 해석은 저자가 신부를 한 번도 '공주' 혹은 '왕비'라고 부르지 않는 점이 문제가 될 수 있다는 점을 의식하여 신부의 고향인 술람미(שׁוּלַמִּית)를 지명 이름으로 해석하지 않고 솔로몬(שְׁלֹמֹה)의 여성형으로 풀이하여 '솔로몬이 왕을' 상징하는 것처럼 '신부가 공주를' 상징하는 것으로 해석한다(Kramer, Schmidt).

고대 근동의 결혼 문화와 비교해 볼 때 어느 정도의 가능성이 있어 보이는 제안이기는 하지만, 아가가 결혼식에서 사용되었을 가능성에 대하여는 신중해야 한다는 것이 대부분 학자의 결론이다(Gordis, Schwab). 또한 이 학설에 의하면 잔치가 7일 동안 지속되었으며, 매일 신랑과 신부가 서로에게 다른 노래를 불러 주었다. 만일 아가가 결혼식 때 이들이 불렀던 노래를 모아둔 것이라면, 책은 분량이 일곱 섹션으로 구분되어야 하는데, 아가에 몇 개의 독립적인 노래가 있는가에 대하여는 학자들에 따라 서로 엇갈린 견해가 난무하다(cf. Gordis). 심지어는 이 책을 23개 혹은 52개의 독립적인 노래로 구분하는 이들도 있다(Krinetzki, Longman). 그러므로 아가가 분명 고대 사회의 결혼식과 어느 정도 연관된 것은 맞지만, 그렇다고 해서 전적으로 결혼식을 배경으로 읽을 필요는 없다(Fohrer & Sellin). 아가는 '결혼식 매뉴얼'이 아니다.

가장 자연스러운 해석은 아가를 결혼식으로만 제한하지 않고 결혼식에서 불렸을 만한 노래를 포함한, 곧 두 연인이 언제든 부르던 사랑 노래로 간주하는 것이다(Carr, Fox, White, cf. Kramer). 아가가 결혼식에서 사용되었다는 것을 부인하지 않지만, 반드시 결혼식에서만 사용되었다고도 하지 않는다. 아가가 남자와 여자 사이의 성관계에 대해 1장에서부터 여러 차례 언급하는데, 성관계는 결혼식 전에는 있을 수 없는 일이다(Dell, Hess). 반면에 결혼식으로만 제한해서 해석하는 사람들은 4-5장에서 결혼식이 드디어 성립된다고 한다. 그렇다면 1-4장의 성관계에 대한 언급은 설명하기가 쉽지 않다. 그러므로 이 책은 결혼에 제한하지 않고 남녀(부부) 간의 사랑 노래로 해석하는 것이 바람직하다.

이 해석이 가장 전통적이고 오래된 해석이다(Sendrey, cf. Fredericks & Estes). 랍비 아키바(Akiba, 주후 40-135년)는 아가를 하나님과 이스라엘 관계에 대한 알레고리로 간주하여 '정경의 모든 책이 거룩하지만(holy), 아가는 그중 가장 거룩하다(holy of holies)'라며 아가를 지성소에 비교했던 사람이다. 탈무드에 의하면 그는 주후 100년경에 아가를 두 사람의 사랑 이야기로 간주하였던 당시의 보편적인 정서에 대해 불편한 심기를 표하며 책을 이렇게 읽는 사람들을 맹렬하게 비난했다(t. Sanh. 12:10, cf. Provan). 랍비 아키바가 비난할 정도라면 아가를 연인들의 사랑 노래로 해석하는 것은 그가 살던 시대 훨씬 전에 자리를 잡았던 것이다. 요세푸스(Josephus)도 아가를 두 연인의 사랑 이야기로 읽는 것은 당연하다고 여겼다.

그러나 주후 553년에 있었던 콘스탄티노플 공의회(Constantinople Council)는 이 같은 해석을 법으로 금했다. 이 공의회는 전통적으로 성경의 문자적 해석을 지향했던 안디옥 학파 중 이미 오래전에 죽었던 데오도르(Theodore of Mopsuestia, 주후 360-429년)가 아가를 솔로몬이 이집트 공주를 아내로 맞이하여 부른 사랑 노래로 해석했다 하여 그를 사후(死後)(posthumous) 이단으로 규명했다(Fohrer & Sellin). 데오도르는 아가를 남녀의 사랑 이야기로 해석하여 정경에서 이 세속적인 책을 삭제할 것을 제안했던 사람이다(Carr, Fredericks & Estes). 주후 1544년에 칼빈(Calvin)은 아가를 두 사람의 사랑 노래로 해석했다 하여 카스텔리오(Castellio)를 제네바에서 추방했다(Longman). 교회가 아가를 두 연인의 노래로 해석하는 것을 금하게 된 것은 순전히 정치적인 결정이었던 것이다.

고대 근동의 우가릿, 이집트, 메소포타미아 등 여러 곳에 아가와 비슷한 사랑시들이 존재했다(Nissinen, Sparks, cf. Fishbane). 이들 중 아가와 가장 비슷한 유형의 문헌은 이집트의 사랑시(love poetry)들이다(Fox, White). 주전 1300-1100년경에 이집트에서 활성화되었던 사랑시들은 아가처럼 신과 인간이 아닌, 남자와 여자의 대화로 구성되어 있다(Fox). 여러 개의 독립적인 시를 모아 놓았던 이집트의 사랑시처럼 아가도 특별한 플롯이나 테마 전개가 없는 여러 개의 시로 구성되어 있다. 아가가 지금까지 발견된 고대 근동 문서 양식 중에 이집트 사랑시와 가장 비슷하다는 것이 많은 학자의 결론이다(Bergant, Fox, Longman, Schwab, Weems). 구약은 종교적인 노래를 히브리어로 '미즈모르'(מִזְמוֹר) 라고 부르는 반면, 일반 노래는 '시르'(שִׁיר)라고 부르는데, 아가가 '시르'(שִׁיר)라고 불리는 것도 이 책이 연인들 사이의 사랑 노래인 것의 증거가 될 수 있다(Bergant, Fox).

아가는 두 사람 사이의 사랑 노래이기 때문에 이스라엘의 역사 중 어느 특별한 정황과 연결하여 해석하는 것은 바람직하지 않다. 책에서 남자 주인공으로 등장하는 솔로몬은 사랑에 빠진 모든 남자의 상징으로, 여자 주인공인 술람미 여인은 남자의 사랑을 받는 모든 여자를 상징하는 것으로 읽혀야 한다(Schwab, cf. Garrett, Murphy). 쉽게 말해서 솔로몬은 신랑(남편)을, 술람미 처녀는 신부(아내)를 상징하는 타이틀이다.

그렇다면 왜 하필이면 솔로몬인가? 솔로몬은 성경에서 가장 큰 부귀영화를 누린 사람이다. 그러므로 신랑의 영화를 상징하는 차원에서 더할 나위 없는 인물이다. 게다가 만일 아가에 기록된 노래들을 저작하고 모은 사람들이 솔로몬 궁전에서 사역했던 서기관들이었다면, 그들이 왕으로 섬기던 솔로몬을 사랑에 빠진 모든 남자의 상징으로 삼는 것은 더욱더 당연한 일이다.

또한 책의 남자와 여자 주인공들은 부부의 상징으로 읽히는 것이 가장 적절하다. 아가는 부부간의 사랑 이야기다. 아가 안에서 솔로몬, 목동, 심지어는 사슴까지 모두 아내를 사랑하는 남편의 상징이다(Garrett). 또한 아내는 책 안에서 공주와 시골 처녀로 묘사된다.

일부 크리스천들에게는 남자와 여자의 사랑 이야기가 정경에 포함되었다는 것이 다소 이상하게 생각될 수 있다. 많은 사람이 남녀 간의 사랑—특히 사랑의 성적인 면과 감정적인 요소를 세속적인(secular) 것이라며 저속하게 생각하기 때문이다. 그러나 인간의 삶에서 성(sexuality)과 사랑(love)은 가장 기본적인 경험이다. 성과 사랑은 사람을 행복하게 하지만, 매우 슬프고 아프게 할 수도 있다. 그러므로 성경이 인간에게 행복과 불행을 줄 수 있는 성과 사랑에 대해 가르쳐 주는 것은 당연한 일이다. 행복한 삶을 사는 일에 있어서 부부 관계는 매우 중요한 요소이기 때문이다.

다른 지혜 문헌들도 자주 성적인 언어를 사용한다는 점을 감안할 때(cf. 잠 7:6ff; 9:1ff), 아가가 남녀 간의 사랑을 성적인 언어로 묘사하는 것이 놀랄 만한 일은 아니다(Childs). 아가는 남녀 간의 사랑을 높일 뿐만 아니라, 이 사랑을 어떻게 해야 하는가를 가르치기도 한다. 행복한 부부 관계를 유지하는 일에 가르침과 도움이 필요한 사람이 성경적 지혜를 얻기 위하여 찾을 만한 책이다.

이러한 해석을 지향하는 것에 한 가지 문제가 될 수 있는 것은 솔로몬이다. 우리는 솔로몬이 1,000명의 아내와 첩을 두었다는 사실 하나만으로도 그의 사랑 고백에는 문제가 있다고 생각할 수 있다(cf. 왕상 11:3). 이렇게 많은 아내를 둔 사람이 참사랑을 알았을까 하는 의구심이다. 물론 바람둥이들이 한결같이 하는 말인 '그때만큼은 진실했다'가 솔로몬의 경우에도 적용되어야 한다고 할 수도 있다. 그러나 꼭 솔로몬이어야 할 만한 이유가 몇 가지 있다.

첫째, 그는 사람이 누릴 수 있는 부귀영화를 마음껏 누린 사람이다. 그러나 그에게 한 가지 부족한 것이 있었다. 부부간의 참사랑이다. 이 사랑은 돈으로 살 수 없다(8:7). 그러므로 아가는 솔로몬이 아내(신부)에게 부른 사랑 노래를 통해 그가 누린 모든 부귀영화로도 대신할 수 없는 참사랑의 가치를 부각하고자 한다. 부귀영화로도 대신할 수 없는 사랑은 세상에서 가장 귀한 것이다.

둘째, 솔로몬은 참으로 큰 지혜를 지닌 자였다. 세상에서 그보다 더 지혜로운 사람은 없었다(cf. 왕상 4장). 안타깝게도 가장 지혜로웠던 솔로몬은 두 가지 지혜를 누리지 못했다. 하나님을 경외하는 지혜(왕상 11:4-10)와 결혼을 통해 한 여자만을 사랑하는 지혜였다(왕상 11:1-3). 아가는 이 같은 사실을 바탕으로 독자들에게 세상에서 가장 지혜로운 자라 할지라도 부부 사이의 사랑의 소중함을 깨닫고 누리지 못하면 무슨 소용이 있느냐는 질문을 하게 한다.

또한 세상에서 가장 지혜로웠던 솔로몬도 갖지 못한 것이 행복한 부부 생활이라며 지혜가 가장 필요한 곳은 우리의 삶에서 가장 가까운 곳이라 할 수 있는 가정(부부 사이)이라는 사실을 강조한다. 지혜 문헌에 속한 마지막 책인 아가는 지혜의 최고봉, 혹은 사람이 지혜를 추구하는 궁극적인 목적은 행복한 가정을 이루는 슬기로움이 되어야 한다는 것을 암시하고 있는 것이다.

이 주석도 아가를 두 연인의 사랑 이야기로 해석할 것이다. 그러나 이러한 관점에서 아가를 해석하는 서양 주석들과 한가지 중요한 차이점을 유지하며 본문을 주해할 것이다. 영어권에서 출판되는 주석들은 대부분 아가를 오로지 남녀 간의 성교(性交, coitus)와 연관하여 해석하는 성향을 보인다. 예를 들자면 '포도주를 가득히 부은 둥근 잔'(7:2)을 여자의 성기의 음문(vulva)이 물기로 축축한 것을 의미하는 것이라 하는가 하면, '청옥 입힌 상아'(5:14)는 발기된 남자 성기라 하고, '백합화로 두른 밀단'(7:2)은 여자의 성기 중 불두덩(mons veneris)이 음모로 덮인 것을 의미한다고 한다(cf. Bergant, Fredericks & Estes, Garrett, Longman, Pope, Provan, Schwab). 서양 주석들은 이 외에도 대부분 말씀에서 성관계와 연결된 은유들을 본다.

이러한 트렌드는 서양 학자들이 아가를 이집트의 사랑 노래의 재현 정도로 보기 때문이다. 이미 언급한 것처럼 아가에 가장 지대한 영향을 미친 근동의 문학은 주전 1300-1100년에 이집트에서 유행했던 사랑 노래들이다. 이 노래들의 일부는 아랍어로 '와쓰프'(waşf) 양식에 따라 저작된 것이라고 하는데 '묘사'(description)라는 의미를 지닌 단어이다. 이 유형의 시는 사람이 보고 느낀 것만 묘사한다. 그러므로 연인들이 상대방의 신체 부위를 매우 적나라하고 노골적으로 묘사하는 것이 특징이다. 아가에서는 4:1-7, 5:10-16, 6:4-10, 7:1-9이 이 양식에 따라 저작된 시로 구분된다. 그렇다 보니 위에서 언급한 사례들 같은 해석이 나오는 것이다.

그러나 이러한 해석은 성경 저자들의 창의성을 인정하지 않는다. 저자가 설령 이집트에서 유행한 양식을 도입했다 할지라도 반드시 그 양식을 철두철미하게 따르며 노래를 지은 것이라고 할 필요는 없다. 저자는 필요에 따라 얼마든지 양식을 변형할(modify) 수 있기 때문이다.

이 서양 주석들의 가장 큰 문제는 이집트 사랑 노래를 지나치게 의식하여 아가를 해석하면서 로맨스는 빼 버리고 성교만 남겨 둔 것이다. 남녀 사이의 사랑은 감성적인 면(로맨스)과 육체적인 면(섹스)을 동반한다. 그러므로 모든 육체적 관계는 배제한 채 정신적으로만 사랑한다는 '정신적 연애'(Platonic love)는 온전한 사랑이 아니다. 이와는 대조적으로 섹스만이 사랑이라 하는 것도 우습다. 본 주석에서는 이 점을 염두에 두고 아가가 구체적으로 섹스를 언급하는 부분은 그대로 설명하겠지만, 로맨스로 해석될 수 있는 부분은 자극적이고 구체적인 언어를 피하며 서양 주석들보다는 상당히 부드럽게 표현하고자 한다.

통일성

아가에서 뚜렷한 플롯을 포착하는 일은 쉽지 않다. 그래서 대부분 학자는 아가를 서로 연관성이 별로 없는 여러 개의 독립적인 노래를 모아 놓은 컬렉션(collection)으로 간주한다(Gordis, Longman, White). 한 학자는 아가에 관한 학자들의 구조에 대한 견해를 21가지로 요약한 적이 있다(Mariaselvam).

반면에 반복되는 단어와 문구, 공통적인 테마, 일관성 있는 등장 인물 묘사(character portrayal) 등이 책의 통일성의 증거로 제시되기도 한다(Fox, Murphy). 설령 책이 통일성을 지니고 있다고 해도 책의 구조를 파악하는 것은 결코 쉬운 일이 아니다.

한 학자는 아가를 여섯 개로 연결되어 있는(interlocking) 시로 구분한다(Exum). 그러나 대부분의 학자는 엑숨(Exum)이 주장하는 것처럼 여섯 시의 연관성이 뚜렷하다고 보지 않는다(Fox, Landy, Murphy). 아가가 교차대구법적 구조를 지녔다는 분석도 있다(Carr, Dorsey, Shea, Webster). 재미있는 발상이지만 학자들을 설득하지는 못했다(cf. Landy, Murphy).

아가에서 확실한 구조를 파악하기는 어려운 일이지만, 저자가 사용하는 단어들과 문구와 이미지들을 살펴보면 그가 분명 이것들을 전략적으로 책 곳곳에 배치하여 사용하고 있음을 알 수 있다. 플롯이나 내용적인 통일성을 찾아내는 것은 어렵겠지만, 단어와 이미지 사용에 있어서는 통일성과 짜임새를 볼 수 있는 것이다. 다음을 참조하라(Alden, cf. Garrett). 우리말과 영어 성경의 표현과 단어의 순서가 다소 차이를 보이기 때문에 영어를 그대로 인용하고자 한다. 다음 구조에 의하면 남자와 여자가 합방하는 4:16-5:1이 책의 중심이다(Garrett, Shea).

- A. 1:1–4a 'Take me away'
  - B. 1:4b Friends speak'
    - C. 1:5–7 'My own vineyard'
      - D. 1:8–14 'Breasts,' 'silver,' 'we will make'
        - E. 1:15–2:2 'House'
          - F. 2:3–7 'His left arm,' 'daughters of Jerusalem… so desires,' 'apple,' 'love'
            - G. 2:8–13 'Fragrance,' 'come my darling,' 'blossoming'
              - H. 2:14–15 'Vineyards,' 'show me'
                - I. 2:16–17 'My lover is mine'
                  - Ja. 3:1–5 'The watchman found me'
                  - Jb. 3:6–11 Description of carriage 'gold,' 'Lebanon,' 'daughters of Jerusalem'
                  - Jc. 4:1–7 Descriptions of girl, 'your eyes… hair… teeth'
                    - K. 4:8–15 'Myrrh,' 'spice,' 'honey,' 'honeycomb,' 'wine,' 'milk'
                      - L. 4:16 'Into his garden'
                      - L'. 5:1a 'Into my garden'
                    - K'. 5:1bc 'Myrrh,' 'spice,' 'honey,' 'honeycomb,' 'wine,' 'milk'
                  - J'a 5:2–9 'The watchman found me'
                  - J'b. 5:10–6:1 'Gold,' 'Lebanon,' 'daughters of Jerusalem'
                  - J'c. 6:4–11 Descriptions of girl, 'your eyes… hair… teeth'
                - I'. 6:2–3 'My lover is mine'
              - H'. 6:13–7:9a[10a] 'Vines,' 'wine,' 'that we may gaze on you'
            - G'. 7:9b–13[10a–14] 'Fragrance,' 'come my darling,' 'blossoming'
          - F'. 8:1–5 'His left arm,' 'daughters of Jerusalem… so desires,' 'apple,' 'love'
        - E'. 8:6–7 'House'
      - D'. 8:8–9 'Breasts,' 'silver,' 'we will build'
    - C'. 8:10–12 'My own vineyard'
  - B'. 8:13 'Friends'
- A'. 8:14 'Come away'

신학적 메시지

아가의 가장 기본적인 메시지는 부부 관계에 관한 것이다. 하나님은 최초의 인간들을 자신의 모양과 형상대로 만드셨다(창 1:26-28). 그리고는 그들을 결혼으로 축복하셨다(창 2:18-24). 결혼은 하나님이 인간에게 축복으로 내려 주신 최초의 제도(institution)이다. 결혼이 얼마나 중요하고 아름다운 것인지 하나님은 성경에 기록된 최초의 노래를 부르는 영광을 결혼식에서 아내를 맞이하는 신랑에게 양보하셨다(cf. 창 2:23). 또한 성경은 하나님과 주의 백성 사이의 언약 관계를 가장 기본적인 결혼 관계로 묘사한다. 남편이신 하나님이 이스라엘을 아내로 맞이하신 것이 바로 시내산 언약이다. 그러므로 선지자들은 하나님을 배반한 이스라엘을 흔히 간음한 여자로 표현한다. 결혼은 하나님과 이스라엘의 관계를 묘사하는 가장 기본적인 모델이 될 정도로 좋은 것이다.

결혼의 테두리 안에서 사랑(eros)과 성(sex)은 부부 관계의 자연스러운 부분이다. 하나님은 이것들을 창조하셨을 뿐만 아니라, 즐기라고 사람들에게 선물로 주셨다. 그러나 세상에 죄가 들어오면서 제일 먼저 파괴된 것 중 하나가 부부 관계였다(cf. 창 3장). 부부 관계가 죄의 영향을 받으면서 한때 두 사람 사이에 존재했던 사랑(eros)과 성(sex)도 변질되었다. 사람들은 때로 사랑과 성이 저속한 것이라며 숨기려 하기도 했고, 이 주제들에 대하여 논하는 것을 꺼리기도 했다.

아가는 부부 사이의 사랑과 성에 대하여 매우 공개적으로, 또한 적나라하게 표현한다. 이것들이 하나님이 정해 주신 관계적 범위 안에서 이루어지는 것은 축복이기 때문이다. 이러한 차원에서 아가는 밀톤(John Milton)의 작품을 연상케 한다. 죄로 인해 깨어져 버린 부부 관계에 대한 일종의 '복락원'(復樂園, Paradise Regained)이기 때문이다. 그래서 많은 사람이 아가를 인류 최초의 연인들이었던 아담과 하와 이야기(cf.

창 2장)와 연결하기도 한다(Landy, Luther, Weems, cf. Kallas). 아가는 삶에서 속된 영역과 거룩한 영역을 지나치게 구분하는 사람들에게 도전적인 메시지를 주고 있다. 일명 '속된 것들'도 하나님의 선물이며 '거룩한 것들'만큼이나 소중하고 좋은 것이라는 것이다.

개요

아가는 몇 개의 노래로 구성되었는가? 책 전체를 아우르는 플롯이나 논리적 전개가 없는 것이 구조에 대한 답을 어렵게 한다(Carr). 일부 학자들은 아가가 연관성이 전혀 없는 다수의 노래로 구성되었다고 하기도 하고(Falk, Landsberger, Nielsen), 14개(Goulder), 혹은 23개(Longman), 심지어 52개(Krinetzki)의 독립적인 노래로 구성되어 있는 것으로 보기도 한다(cf. Fredericks & Estes). 한마디로 말해 책의 통일성과 흐름을 논하는 것은 거의 불가능한 일이라는 것이다. 그러므로 대부분 학자는 아가를 플롯과 전개가 있는 책이 아니라, 사랑에 빠진 주연인의 '사진첩' 내지는 이렇다 할 연관성이 없는 여러 조각으로 구성된 '퀼트'(quilt)로 본다(Ayo, Fredericks & Estes).

아가가 두 사람의 사랑 노래이기는 하지만, 세 가지 음성을 반영하고 있다: '남자', '여자', '우리'. 새번역은 이러한 상황을 '남자, 여자, 친구들'의 노래로 구분한다. '친구들'은 두 사람(남자와 여자)의 로맨스를 축하해 주는 '우리'이다. 본 주석도 새번역의 이 같은 구분을 따라 본문을 10개의 시로 구분하여 주해해 나가고자 한다.

I. 포도주보다 향기로운 사랑(1:1-14)

II. 황홀한 잠자리(1:15-2:7)

III. 사랑은 봄의 날개에 실려 오고(2:8-17)

IV. 꿈에도 그리운 그대(3:1-5)

V. 가마 타고 오시는 님(3:6-11)

VI. 신부에게 바치는 노래(4:1–5:1)

VII. 님은 먼 곳에(5:2–6:3)

VIII. 사랑스럽고 빛나는 그대(6:4–10)

IX. 한 몸 되게 하소서(6:11–7:13)

X. 영원히 함께해요(8:1–14)